本书由乐施会资助出版，内容并不代表乐施会立场

从精准扶贫迈向乡村振兴

CONG JINGZHUN FUPIN
MAIXIANG
XIANGCUN ZHENXING

鲁可荣　杨亮承　著

云南大学出版社
YUNNAN UNIVERSITY PRESS

图书在版编目（CIP）数据

从精准扶贫迈向乡村振兴 / 鲁可荣，杨亮承著. --
昆明 : 云南大学出版社，2019
ISBN 978-7-5482-3758-7

Ⅰ. ①从… Ⅱ. ①鲁… ②杨… Ⅲ. ①农村－扶贫－
研究－中国 Ⅳ. ①F323.8

中国版本图书馆CIP数据核字(2019)第173597号

策划编辑：陈　曦
责任编辑：孙小林
封面设计：殷明月

从精准扶贫
迈向乡村振兴

CONG JINGZHUN FUPIN
MAIXIANG
XIANGCUN ZHENXING

鲁可荣 杨亮承 著

出版发行：云南大学出版社
印　　装：昆明理煌印务有限公司
开　　本：787mm × 1092mm　1/16
印　　张：12
字　　数：215千
版　　次：2019年10月第1版
印　　次：2019年10月第1次印刷
书　　号：ISBN 978-7-5482-3758-7
定　　价：48.00元

社　　址：昆明市一二一大街182号（云南大学东陆校区英华园内）
邮　　编：650091
电　　话：0871-65033244　65031071
网　　址：http://www. ynup. com
E-mail：market@ynup. com

若发现本书有印装质量问题，请与印厂联系调换，联系电话：0871- 64167045。

前 言

近年来，随着国家精准扶贫战略的实施和脱贫攻坚工作的深度推进，贫困地区农村的生产生活基础设施和条件明显改善，同时许多地处山区或大江、大河源头以及森林、草场等生态保护区的贫困村，也因为拥有得天独厚的区域优势而开始彰显独特和丰富多样的乡村价值，例如，青山绿水蓝天，安全美味的土特产品，淳朴的民族风土人情，悠久的传统乡村文化等。随着越来越多的贫困村逐步脱贫出列，脱贫村的基层组织治理能力不断增强，村民生产技能逐步提高，村落后发发展优势逐渐显现，从而为脱贫攻坚后迈向乡村振兴打下了坚实的基础。因此，《中共中央国务院关于打赢脱贫攻坚战的决定》指出，要坚持保护生态，实现绿色发展。要牢固树立绿水青山就是金山银山的理念，把生态保护放在优先位置，扶贫开发不能以牺牲生态环境为代价，要探索生态脱贫新路子，让贫困人口从生态建设与修复中得到更多实惠。

2018 年中央一号文件《中共中央国务院关于实施乡村振兴战略的意见》指出，实施乡村振兴战略是解决新时代人民日益增长的美好生活需要和不平衡不充分的发展之间矛盾的必然要求。实施乡村振兴的最终目标，是通过重塑村落共同体，让农业成为有奔头的产业，让农民成为有吸引力的职业，让农村成为安居乐业的美丽家园。2018 年 6 月中共中央、国务院发布的《关于打赢脱贫攻坚战三年行动的指导意见》指出，坚持大扶贫工作格局，坚持脱贫攻坚目标和现行扶贫标准，聚焦深度贫困地区和特殊贫困群体，突出问题导向，优化政策供给，下足绣花功夫，着力激发贫困人口内生动力……切实提高贫困人口获得感，确保到 2020 年贫困地区和贫困群众同全国一道进入全面小康社会，为实施乡村振兴战略打好基础……统筹衔接脱贫攻坚与乡村振兴，脱贫攻坚期内，贫困地区乡村振兴主要任务是脱贫攻坚。中共中央、国务院印发的《乡村振兴战略规划（2018—2022 年）》（以下简称《乡村振兴战略规划》）进一步指出，要把打好精准脱贫攻坚战作为实施乡村振兴战略的优先任务，推动脱贫攻坚与乡村振兴有机结合相互促进。要准确把握乡村振兴的科学内涵，挖掘乡村多种功能和价值，统筹谋划农村经济建设、政治建设、文化建设、社会建设、生态文明建设和党的建设，注重协同性、关联性，整体部署，协调推进，实现乡村全面振兴。因此，结合新时代乡村振兴战略目标，要立足脱贫村的特色自然资源、人文资源以及特色文化资源等多种功能价值，探索以脱贫村的文化重塑与共同体重构为载体，构建乡村价值再造与乡村振兴的共融共享共建机制，促进精准扶贫与乡村振兴有机衔接的机制与路径。

本书通过系统梳理、总结云南省扶贫办与香港乐施会（以下简称为乐施会）开展国际扶贫合作项目的历程、典型实践与成效及其经验启示，立足新时代乡村振兴和精准扶贫战略需要，深入分析近年来实施的“留住乡村”项目的创新实践，探索通过活化乡村价值，重构村落共同体，促进精准扶贫与乡村振兴有机衔接的机制和路径。主要包括以下六个部分的内容：

第一章梳理、总结了改革开放以来中国政府的农村扶贫历程，以及与国际社会合作开展的农村扶贫实践。改革开放以来中国政府开展的农村扶贫主要分为六个阶段：改革开放初期实行的是通过体制改革推动减贫与区域性扶贫（1978—1985 年），20 世纪 80 年代中期开始实行以政府为主导的大规模开发式扶贫（1986—1993 年），20 世纪 90 年代中期开始强调注重参与的开发式扶贫（1994—2000 年），新世纪之初开始实行整村推进和多元化开发式扶贫（2001—2005 年），2006 年实行以惠农政策与开发式扶贫并举的综合式扶贫（2006—2012 年），2013 年开始进入新时代的精准扶贫以及与脱贫攻坚和乡村振兴有机衔接的新阶段（2013 年至今）。同时，改革开放以来，中国政府也积极同国际社会共同开展农村扶贫交流与合作，注重引进国际减贫的先进理念和成功经验，开展农村扶贫实践，取得了显著的成效，为中国农村减贫事业做出了重要贡献。

第二章系统总结、分析了云南省扶贫办与乐施会在云南省开展的农村扶贫合作项目历程。这一项目主要经历五个阶段：以需求为本的救济式扶贫合作阶段（1992—1997 年）、以社区组织建设与能力培养为主的参与式扶贫合作阶段（1998—2004 年）、基于生计系统分析的综合性扶贫合作阶段（2005—2008 年）、以人为中心的综合性扶贫合作阶段（2009—2014 年）、以“留住乡村”

为主的扶贫合作阶段（2015 年至今）。

第三章在实地调查的基础上系统地分析了云南省扶贫办与乐施会在云南省开展的农村扶贫合作项目的典型实践与成效。主要包括：从就事论事等到“留住乡村”的禄劝县扶贫合作项目、激发村民主动参与促进社区主导发展的昌宁县扶贫合作项目、激发内生动力促进组务自治的双柏县他宜龙村扶贫合作项目、从综合扶贫到促进自我发展的鹤庆县松坪村扶贫合作项目。

第四章主要是基于上述国际扶贫合作项目的典型实践及取得的成效，深入分析该扶贫合作项目的经验与启示。其主要经验包括：以“需求为本”的项目实践满足村民多层次现实需求，注重发挥村民的主体作用为村落振兴发展提供人才保障，注重社区组织建设为村落振兴发展提供组织基础并发掘乡村多元价值，提升村民生活幸福感和社区凝聚力，多元主体参与形成了农村扶贫协同合作的工作格局。因此，上述项目经验对于当下贫困地区的精准扶贫以及与乡村振兴的有机衔接，具有现实的借鉴和启发意义。脱贫攻坚中需要扎根乡村本土资源，精确瞄准贫困农民生产生活需求，依托乡村知识和资源精准开展扶贫项目，避免村民形式化“参与”以及扶贫项目无法落地，因地制宜地开展精准扶贫工作。精准扶贫应该采取多元主体“合作共治”的综合贫困治理模式，充分整合和合理利用乡村价值资源，以传承和再造乡村价值为导向开展精准扶贫，推动脱贫村的精准扶贫与乡村振兴有机衔接，从而有效地促进脱贫村的可持续发展。

第五章从宏观层面和乡村价值的理论视角分析了新时代从精准扶贫迈向乡村振兴的新目标、新机遇。精准扶贫是新形势下中国农村反贫困的新战略新部署，而通过乡村价值再造，可以有效地促进新时代精准扶贫与乡村振兴有机衔接。

第六章主要是基于乡村价值的理论视角，结合新时代“留住乡村”项目实践，探索以脱贫村的文化重塑与共同体再造为载体，促进精准扶贫与乡村振兴有机衔接的机制与路径。通过梳理分析近年来禄劝苗族贫困村在各种扶贫项目中，通过激活和重塑“道法自然”的农耕文化、“天人合一”的生态文化、守望相助的共同体文化等，逐步实现脱贫致富和村落可持续发展的实践经验，立足新时代乡村振兴战略目标，探索以脱贫村的文化重塑与共同体重构为载体，促进精准扶贫与乡村振兴有机衔接的基本路径。

综上所述，本书主要运用乡村价值理论，系统地梳理、总结了云南省扶贫办与乐施会在云南省合作开展的国际扶贫项目历程，较为深入地分析了该扶贫合作项目的典型实践价值及其经验与启示。结合新时期精准扶贫与脱贫攻坚所面临的机遇与挑战，从乡村价值传承与再造的理论视域，探索构建促进精准扶贫与乡村振兴有机衔接的机制与路径。

限于作者的研究水平、研究时间等，本研究只是从脱贫村的微观层面对新时代精准扶贫与乡村振兴的有机衔接作了管中窥豹式的探索性研究，尚存在许多不足之处，恳请各位专家学者、扶贫实践工作者及广大读者批评指正。

目 录

第一章　改革开放以来中国政府农村扶贫历程以及与国际社会扶贫合作的实践

一、改革开放以来中国政府农村扶贫实践历程

改革开放以来，为了不断提高和改善贫困地区人民的生活水平和生活质量，中国政府始终致力于农村扶贫工作。随着经济社会不断发展，中国政府不断调整反贫困的理念和策略，以应对不断变化的贫困形势。总体来看，农村扶贫实践主要经历了以下六个阶段（见表1－1）。

表1－1　改革开放以来农村扶贫实践历程

时间	模式	主要内容或措施	特征
1978—1985年	体制改革推动减贫与区域性扶贫	制度创新促进经济增长、财政转移支付与技术支持	外部输血
1986—1993年	政府主导的大规模开发式扶贫	人力资本投资、基础设施建设	外部造血
1994—2000年	注重参与的开发式扶贫	注重多元主体参与、促进经济增长	内外造血
2001—2005年	整村推进、多元化开发式扶贫	整村推进、产业扶持、劳动力转移培训	多元造血
2006—2012年	惠农政策与开发式扶贫并举的综合式扶贫	多部门、多政策综合参与，开发式扶贫与救济式扶贫相结合	外部输血与多元造血结合
2013年至今	精准式扶贫	扶贫资源到村入户，激发内生发展动力	外部输血激发内部造血

（一）体制改革推动减贫与区域性扶贫阶段（1978—1985 年）

1978 年十一届三中全会以后，中国开始实行经济体制改革。体制改革所释放的能量极大地推动了中国经济社会的发展，改善了广大人民群众的生活，在一定程度上促进了普遍贫困问题的解决。尤其是在农村实行了以家庭联产承包责任制为主的农村经营体制改革，采取了农产品价格逐步放开、发展乡镇企业等多项措施，极大地激发了农民的劳动热情，解放了农村生产力，有效地缓解了农村贫困的情况。同时，中国政府也开始了真正意义上具有明确指向的一系列反贫困行动。一是 1980 年国家财政设立直接与扶贫相关的“支援经济不发达地区发展资金”，专门用来支持“老、少、边、穷”地区的经济发展。① 二是 1982 年中国政府决定对特别贫困的“三西”地区实施扶贫开发建设计划，由中央财政专项拨款，重点支持“三西”地区农业基础设施等方面的建设。该项政策的实施开启了中国区域扶贫和开发扶贫的先河。三是 1984 年中央政府发布了《关于帮助贫困地区尽快改变面貌的通知》，针对当时贫困人口分布的地域状况，提出了集中力量解决连片地区的贫困问题，通知要求各级政府要高度重视贫困问题，要采取切实可行的措施加以解决。四是加大对贫困地区的实物支持力度，中央政府决定实施“以工代赈”政策，用粮棉和工业品支持贫困地区开展以农田水利为主的基础设施建设，所需资金由财政部和国有银行共同负担。

这一时期扶贫工作重点开始由道义性扶贫转向制度性扶贫，扶贫走上了制度化道路。此阶段的扶贫特点主要是瞄准特定区域，采用的仍然是“外部输血”的救济式扶贫方式。与前一阶段所不同的是开始从财政、物资和技术上给予扶持，帮助贫困人口发展生产，范围更大，受益面更广，目标更加明确，政策措施更全面。② 这一阶段，农村扶贫工作取得了巨大成就，相关统计数据显示，农村贫困人口平均每年减少 1786 万人，贫困人口总数从 2.5 亿人减少到 1.25 亿人，由占农村总人口的 33% 下降到 14.8%。③

---

① 朱小玲、陈俊．建国以来我国农村扶贫开发的历史回顾与现实启示[J]．生产力研究，2012（5）：30.

② 陈标平，胡传明．建国 60 年中国农村反贫困模式演进与基本经验[J]．求实，2009（7）：83.

③ 国务院新闻办公室．中国农村扶贫开发白皮书［EB/OL］．http：//www.people.com.cn/GB/shizheng/16/20011015/581724.html.

（二）政府主导的大规模开发式扶贫（1986—1993年）

20世纪80年代中期，绝大多数农村地区凭借自身的发展优势，经济获得了快速增长，但中西部地区因社会、经济、历史、自然、地理等方面的制约，经济发展相对滞后。这些贫困地区与全国平均水平，特别是与沿海经济发达地区相比，有相当一部分人经济收入不能维持其基本的生存需要。1986年，为进一步加大扶贫力度，国家成立了从中央到地方各级的贫困地区经济开发领导小组，专门负责领导、组织、协调、监督、检查扶贫开发工作；安排了专项扶贫资金，制定了有利于贫困地区和贫困人口的优惠政策，确定了开发式扶贫方针，即在国家的必要支持下，利用贫困地区的自然资源，进行开发性的生产建设，逐步形成贫困地区和贫困户发展能力的自我积累，主要依靠自身力量解决温饱、脱贫致富；开始实行县级瞄准机制，确定了331个国定贫困县和368个省定贫困县；重点关注"老革命根据地"和"少数民族地区"，组织劳务输出，推进开发式移民，改善贫困地区的基础设施；还制定了"对口帮扶"和"定点扶贫"政策等，旨在发动全社会力量缓解农村绝对贫困情况。自此，中国开始了有计划、有组织、大规模的开发式扶贫工作，国家扶贫战略也由"救济式"扶贫转变为"开发式"扶贫。

这一时期的扶贫模式实现了从传统的区域性分散"救济式"扶贫向外力推动的全国性"开发式"扶贫转变，意味着扶贫工作开始从一般的社会救济工作中分离出来，成为一项独立的社会工程。开发式扶贫强调通过对贫困地区的人力资本投资，提升产业结构，发展县域经济支柱产业，培养贫困地区自我积累和自我发展能力，是一种典型的"外部造血式"扶贫开发行为。[①] 这一时期农村扶贫取得了巨大的成就，据统计，从1986年到1993年的8年间，国定贫困县农民人均纯收入从1985年的208元增加到1993年的483元。全国农村贫困人口由1985年的1.25亿减少到8000万，贫困发生率从1985年的14.8%下降到1993年的8.7%。[②]

（三）注重参与的开发式扶贫阶段（1994—2000年）

虽然在1986年中国政府就已经开始了有组织的扶贫开发工作，但是扶贫

---

① 李兴江．中国农村扶贫开发的伟大实践与创新[M]．北京：中国社会科学出版社，2005：94－95.

② 国务院新闻办公室．中国农村扶贫开发白皮书[EB/OL]．http：//www.people.com.cn/GB/shizheng/16/20011015/581724.html.

开发工作的关键点则是在 20 世纪 90 年代中期。随着农村改革的深入和扶贫开发力度的不断加大，贫困人口呈现出明显的地域性差异特征，东部和西部经济发展的差距在继续拉大。为此，中国政府相继出台了两个指导扶贫工作的纲领性文件，即 1994 年的《国家八七扶贫攻坚计划（1994—2004 年）》和 1996 年的《关于尽快解决农村贫困人口温饱问题的决定》。这两个文件的颁布实施，标志着中国农村反贫困行动的规范化和制度化体系基本完成。

该阶段的扶贫工作依然坚持开发式扶贫方针，加强贫困地区基础设施建设，解决贫困地区的水、路、电问题，扶持贫困地区根据当地资源发展相关产业和乡镇企业，通过改变贫困地区教育文化卫生的落后状况，落实基本普及九年制义务教育，开展扫除青壮年文盲“两基”工作，改善医疗卫生条件，控制人口自然增长率等措施，提升贫困人口人力资本。在该阶段纳入国家“八七扶贫攻坚计划”的国家级贫困县增加到 592 个。与此同时，中央决定把中西部扶贫工作纳入国民经济发展综合规划，对中西部扶贫工作进行了新的政策部署，制定了资金、权力、任务、责任“四到省”的原则。进一步完善逐年增加财政投入、扶贫到村到户、定点扶贫和对口扶贫政策，鼓励社会参与、加强地区间的协作、支持自愿移民、扩大国际组织间的合作等各项扶贫措施。

这一时期的扶贫特点是更加明确了扶贫到户的开发式扶贫战略，开始注重贫困者及其他主体的参与，注重调动贫困者自身的反贫困积极性，鼓励贫困农户参与决策，采取“内外造血式”扶贫模式。通过实施“八七扶贫攻坚计划”，中国扶贫开发工作取得了巨大成就，解决了 2 亿多农村贫困人口的温饱问题，尚未解决温饱问题的农村贫困人口由 1978 年的 2. 5 亿人减到 2000 年的 3000 万人，贫困发生率从 30. 7% 下降到 3% 左右。[①] 与此同时，贫困地区经济发展速度明显加快，农民收入明显提高，贫困地区的各项社会事业得到全面发展。

（四）整村推进、多元化开发式扶贫阶段（2001—2005 年）

进入新世纪，进一步解决和巩固部分贫困人口的温饱问题，科学应对新时期农村反贫困的新情况新问题（如贫困人口分散化、脱贫群体的脆弱性等），是新世纪新阶段扶贫开发工作面临的艰巨任务。鉴于此，2001 年国务院颁布

---

① 国务院扶贫开发领导小组办公室．中国农村扶贫开发概要［EB/OL］．http：//www. cpad. gov. cn/publicfiles/business/htmlfiles/FPB/fplc/201103/164355. html.

实施了《中国农村扶贫开发纲要（2001—2010年）》（以下简称《纲要》），对扶贫工作的重点与瞄准对象做了重大调整：把低收入人口纳入扶贫对象；针对贫困人口分散化的特点，政府将14.8万个贫困村作为扶持重点，瞄准对象开始由贫困县向贫困村转移，扶贫资源实行重心下移、进村入户、瞄准到人。2001年，中国政府以参与式村级扶贫开发规划作为“整村推进”理念和方法，加上劳动力转移培训、产业扶持，成为该阶段三个重大扶贫举措。[①] 2005年10月，十六届五中全会中国政府提出实施社会主义新农村建设战略，从而促使农村教育、文化、医疗、社会保障等社会事业进入加速发展时期。

与前一阶段相比，此阶段农村扶贫工作做了较大调整，扶贫瞄准对象转向贫困村，并形成了整村推进、农村劳动力转移培训、产业扶持三大扶贫举措，形成了“多元造血式”扶贫的基本格局。此阶段扶贫工作也取得了较好的成效，全国农村未解决温饱的贫困人口由2001年底的2927万减少到2005年底的2365万，减少了562万；低收入贫困人口从6102万减少到4067万，减少了2035万。特别是2004和2005年，贫困人口和低收入人口都有较大幅度的下降。同时，贫困地区的农村生产生活条件有了较大改善，各项社会事业有了长足进步，重点县农民人均纯收入由1277元增加到1723元，年均递增幅度略高于全国平均水平。[②]

（五）惠农政策与开发式扶贫并举的综合式扶贫阶段（2006—2012年）

随着社会主义新农村建设的不断推进，农村扶贫工作也进入了一个新的阶段。[③] 在新形势下，《中国农村扶贫开发纲要（2001—2010年）》提出要不断加大扶贫工作力度和投入力度，大力推进贫困地区新农村建设的目标，并提出以下基本原则：坚持开发式扶贫的基本方针，辅之以救济救助式扶贫；优先解决绝对贫困人口，保护低收入贫困人口；自然资源和人力资源开发并重；贫困地区经济社会全面发展；坚持政府主导、社会参与和群众自力更生相结合；尊

---

① 张巍．中国农村反贫困制度变迁[M]．北京：中国政法大学出版社，2008：70.

② 国务院扶贫开发领导小组办公室．《中国农村扶贫开发纲要（2001—2010年）》中期评估政策报告[EB/OL]．http：//www.cpad.gov.cn/publiciles/business/htmlfiles/FPB/xsdt/201 103/164354.html.

③ 国务院扶贫开发领导小组办公室．《中国农村扶贫开发纲要（2001—2010年）》中期评估政策报告[EB/OL]．http：//www.cpad.gov.cn/publicfiles/business/htmlfiles/FPB/xsdt/201 103/164354.html.

重贫困群体的参与权和受益权等基本原则。同时提出要瞄准贫困群体，因地制宜实施整村推进扶贫开发；加大培训力度，提高劳动者素质；抓好产业化扶贫，调整农业结构，培育增收产业；加强扶贫资金管理，提高使用效益；动员社会各界积极参与扶贫开发等具体措施。

一系列惠农政策的相继出台，有力地促进了农村基础设施建设，增加了农民收入，有效地促进了农村贫困地区的经济生活发展，并产生了较为明显的反贫困效应。首先，农村税费改革政策。2006 年取消了在中国实行数千年之久的农业税费，所有农业人口都从这一政策中受益。对于贫困地区和贫困人口而言，因为其收入主要来源于农业，因此该政策对其意义更加显著。其次，农村义务教育中的“两免一补”政策。从 2007 年起，农村所有义务教育阶段的学生被免除了学杂费和书本费，大大降低了贫困家庭的教育负担，增加了贫困人口的人力资本。最后，农村最低生活保障制度。2007 年农村最低生活保障制度在全国范围内实施，为生活困难的农村贫困人口提供最基本的生活保障。

2010 年末，中共中央、国务院为了继续深入推进扶贫工作，颁布实施了《中国农村扶贫开发纲要（2011—2020）》，该纲要要求各级政府继续加强扶贫开发工作，并指出要在坚持政府主导和统筹发展的前提下，通过转变经济发展方式，增强扶贫对象自我发展能力，强化公共服务均等化，破除发展制约因素等相结合来推动新时期的扶贫开发工作。按照该纲要的部署，下阶段的扶贫工作将继续坚持开发式扶贫方针，实行扶贫开发和农村最低生活保障制度有效衔接，鼓励和帮助有劳动能力的扶贫对象通过自身努力摆脱贫困；把社会保障作为解决温饱问题的基本手段，逐步完善社会保障体系。

该阶段农村扶贫工作的特点是，在继续坚持开发式扶贫的同时，中国政府出台了多项惠农政策，形成了一个多部门、多政策综合参与的“大扶贫”格局。同时，该阶段的扶贫工作以开发式扶贫与救济式扶贫相结合，形成了外部输血与多元造血相结合的扶贫模式，注重经济社会的全面发展，改善贫困人口生存状况，提升贫困人口的生活质量。各项惠民政策和开发式扶贫的结合使得农村贫困人口进一步减少，2010 年农村的贫困人口降到了 2688 万，贫困发生率为 2.8%。各项政策的实施也使得贫困地区的产业结构进一步优化，生产和生活条件得到进一步改善，贫困者的收入水平不断提高。2011 年中国政府将贫困线提升到 2300 元，按此标准，2012 年初中国农村贫困人口仍然有 1.28 亿。这标志着中国的扶贫开发已经从以解决温饱问题为主要任务的阶段转入以巩固温饱成果、加快脱贫致富、改善生态环境、提高发展能力、缩小发展差距为主要任务的新阶段。

（六）新时代的精准扶贫以及与乡村振兴有机衔接阶段（2013 年至今）

党的十八大以来，以习近平同志为核心的党中央高度重视农村扶贫工作。2013 年 11 月习近平总书记在湖南湘西考察时，首次提出了“精准扶贫”：扶贫要实事求是，因地制宜。要精准扶贫，切忌喊口号，也不要定好高骛远的目标。[①] 随之，中共中央办公厅印发《关于创新机制扎实推进农村扶贫开发工作的意见的通知》，国务院机构出台《关于印发〈建立精准扶贫工作机制实施方案〉的通知》，对精准扶贫工作机制、重点工作和总体布局等方面都做了详尽规制，中国精准扶贫工作开始进入实践阶段。

2015 年 6 月 18 日习近平总书记在贵州调研时，强调要科学谋划好“十三五”时期的扶贫开发工作，确保贫困人口到 2020 年如期脱贫，并提出要切实做到精准扶贫。扶贫开发贵在精准，重在精准，成败之举在于精准。各地都要在扶持对象精准、项目安排精准、资金使用精准、措施到户精准、因村派人（第一书记）精准、脱贫成效精准上想办法、出实招、见真效。要坚持因人因地施策，因贫困原因施策，因贫困类型施策，区别不同情况，做到对症下药、精准滴灌、靶向治疗，不搞大水漫灌、走马观花、大而化之。要因地制宜研究实施“四个一批”的扶贫攻坚行动计划，即通过扶持生产和就业发展一批，通过移民搬迁安置一批，通过低保政策兜底一批，通过医疗救助扶持一批，实现贫困人口精准脱贫。[②]

十八届五中全会指出，要实施脱贫攻坚工程，实施精准扶贫、精准脱贫，分类扶持贫困家庭，探索对贫困人口实行资产收益扶持制度，建立健全农村留守儿童和妇女、老人关爱服务体系。[③] 2015 年 11 月初，中共中央办公厅、国务院办公厅印发的《深化农村改革综合性实施方案》进一步提出要创新农村扶贫开发体制机制。首先，着眼全面建成小康社会、不让农村贫困人口掉队的

---

① 曾伟．习近平的“扶贫观”：因地制宜“真扶贫，扶真贫”［EB/OL］．http：//politics. people. com. cn/n/2014/1017/c1001 –25854660. html.

② 习近平．确保农村贫困人口到 2020 年如期脱贫［EB/OL］．http：//news. xinhuanet. com/politics/2015 –06/19/c_ 1115674737. htm.

③ 中国共产党第十八届中央委员会第五次全体会议公报［EB/OL］．http：//news. xinhuanet. com/fortune/2015 –10/29/c_ 1116983078. htm.

要求，分类施策，加快健全精准扶贫工作机制，完善贫困县考核机制，完善干部驻村帮扶机制，完善扶贫资金管理机制，完善金融服务机制，创新社会参与机制，建立扶贫对象动态调整机制，完善扶贫开发与农村低保有效衔接的机制。其次，完善片区联系工作机制，推动片区规划实施与减少贫困人口的目标相结合，将政策、项目等落到实处。同时，抓紧研究制定扶贫开发的重大举措，确保在既定时间节点打赢扶贫开发攻坚战，加快贫困群众脱贫致富、贫困地区全面建成小康社会步伐。①

2015 年 11 月 29 日发布的《中共中央国务院关于打赢脱贫攻坚战的决定》指出，要围绕“四个全面”战略布局，牢固树立并切实贯彻创新、协调、绿色、开放、共享的发展理念，充分发挥政治优势和制度优势，把精准扶贫、精准脱贫作为基本方略，坚持扶贫开发与经济社会发展相互促进，坚持精准帮扶与集中连片特殊困难地区开发紧密结合，坚持扶贫开发与生态保护并重，坚持扶贫开发与社会保障有效衔接。到 2020 年，稳定实现农村贫困人口不愁吃、不愁穿，义务教育、基本医疗和住房安全有保障；确保我国现行标准下农村贫困人口实现脱贫，贫困县全部摘帽，解决区域性整体贫困。坚持政府主导，增强社会合力。强化政府责任，引领市场、社会协同发力，鼓励先富帮后富，构建专项扶贫、行业扶贫、社会扶贫互为补充的大扶贫格局。坚持精准扶贫，提高扶贫成效。扶贫开发贵在精准，重在精准，必须解决好扶持谁、谁来扶、怎么扶的问题，做到扶真贫、真扶贫、真脱贫，切实提高扶贫成果可持续性，让贫困人口有更多的获得感。2016 年，国务院印发了《全国“十三五”脱贫攻坚规划》，这是指导新时期脱贫工作的又一重要文件，标志着我国脱贫攻坚踏上了新征程。

此阶段国家注重扶贫同扶志、扶智相结合，激发贫困群众的积极性和主动性。贫困地区人民要彻底摆脱贫困，就必须提高自身的思想、政治以及科学文化素质。对此，党和政府尤其注重发展贫困地区的教育事业，为贫困地区提供更加良好的教育环境，有效地预防了贫困的代际传递。十八大以来的精准扶贫呈现出多样化的特征，电商扶贫、旅游扶贫等新型扶贫方式在扶贫工作中发挥着重要作用。在党中央的部署下，在全社会的共同参与下，逐渐形成了专项扶

---

① 深化农村改革综合性实施方案［EB/OL］. http：//news. xinhuanet. com/politics/2015 -11/02/c_ 1117016978. htm.

贫、行业扶贫和社会扶贫有机结合的“三位一体”扶贫新格局。[①] 在政府与社会的共同努力下，中国农村脱贫攻坚取得了显著的成就。按现行国家农村贫困标准（即“2010 年标准”）测算，全国农村贫困人口从 2012 年末的 9899 万人减少至 2018 年的 1660 万人，平均每年减少 1300 万人以上。2013 年有建档立卡贫困村 12.8 万个，到 2018 年底还剩 2.6 万个贫困村。[②]

2018 年 6 月 15 日发布的《中共中央　国务院关于打赢脱贫攻坚战三年行动的指导意见》指出，以习近平新时代中国特色社会主义思想为指导，充分发挥政治优势和制度优势，坚持精准扶贫精准脱贫基本方略，……确保到 2020 年贫困地区和贫困群众同全国一道进入全面小康社会，为实施乡村振兴战略打好基础。[③] 脱贫攻坚期内，贫困地区乡村振兴主要任务是脱贫攻坚。乡村振兴相关支持政策要优先向贫困地区倾斜，补齐基础设施和基本公共服务短板，以乡村振兴巩固脱贫成果。

二、改革开放以来中国政府与国际社会扶贫合作的实践

改革开放以来，中国开始在农村开展大规模、有组织、有计划的扶贫工作，并取得了显著的成效。同时，中国政府也非常重视在扶贫领域与国际社会的交流合作。1994 年国务院印发的《国家八七扶贫攻坚计划（1994—2000 年）》明确提出：“积极开展同扶贫有关扶贫开发领域开展交流与合作，注重引进国际减贫的先进理念和成功经验，并且在同国际社会扶贫合作方面取得了显著的成效，为中国农村减贫事业做出了重要贡献。”

（一）中国政府与国际社会扶贫合作的相关政策

改革开放以来，为了更好地开展农村扶贫工作，促进农村经济发展，中国政府积极主动地与国际组织、区域组织、相关国家和非政府组织开展了广泛的合作和交流，让国际社会及海外华人了解我国贫困地区的经济发展状况和扶贫工作，积极扩大和发展与国际社会在扶贫方面的合作，广泛地争取对实施农村

---

① 王玉福，闫艳．改革开放 40 年扶贫开发：历程·成就·经验［J］．理论导刊，2018（11）：7.

② 国务院扶贫办就攻坚克难——坚决打赢脱贫攻坚战答记者问［EB/OL］．http：//www.china.com.cn/zhibo/content_ 74538764.htm.

③ 中共中央　国务院关于打赢脱贫攻坚战三年行动的指导意见［EB/OL］．http：//www.gov.cn/zhengce/2018－08/19/content_ 5314959.htm.

扶贫工作的支持。1996年《中共中央 国务院关于尽快解决农村贫困人口温饱问题的决定》，再次强调“要充分利用目前国际社会关注发展中国家缓解贫困的有利条件，进一步发展与国际组织和非政府组织在扶贫开发领域里的交流与合作，广泛争取国际社会对我国扶贫开发的援助和支持。”[①]

《国家八七扶贫攻坚计划（1994—2000年）》完成之后，中国农村扶贫进入新阶段。2001年国务院颁布《中国农村扶贫开发纲要（2001—2010年）》，对新时期农村扶贫做出部署，强调：“继续争取国际组织和发达国家援助性扶贫项目。为保证其顺利执行，国家适当增加配套资金比例，对地方财政确有困难的可以全额配套。”“通过多种渠道、不同方式争取国际非政府组织对我国扶贫开发的帮助和支持。加强与国际组织在扶贫开发领域里的交流，借鉴国际社会在扶贫开发方面创造的成功经验和行之有效的方式、方法，进一步提高我国扶贫开发的工作水平和整体效益。”[②] 该时期，中国政府采取一系列重大举措，积极动员全社会各界力量参与，广泛争取国际社会支持，不断加大扶贫力度，效果显著，为世界减贫事业做出了重要贡献。2008年12月31日，中共中央国务院颁布《中共中央国务院关于2009年促进农业稳定发展农民持续增收的若干意见》，指出：“充分发挥行业扶贫作用，继续动员社会各界参与扶贫事业，积极开展反贫困领域国际交流合作。”[③] 此后，2009年和2010年的中央一号文件中均再次强调要“动员社会各界参与扶贫事业，充分发挥行业扶贫作用，积极开展反贫困领域国际交流合作”。

2011年中共中央、国务院发布《中国农村扶贫开发纲要（2011—2020年）》，再次强调要“通过走出去、引进来等多种方式，创新机制，拓宽渠道，加强国际反贫困领域交流。借鉴国际社会减贫理论和实践，开展减贫项目合作，共享减贫经验，共同促进减贫事业发展”。2014年国务院办公厅印发《关于进一步动员社会各方面力量参与扶贫开发的意见》进一步部署动员社会各

---

① 中共中央文献研究室．十四大以来重要文献选编（下）[M]．北京：人民出版社，1999：2099.

② 国务院．国务院关于印发中国农村扶贫开发纲要（2001—2010年）的通知[EB/OL]．http：//www.gov.cn/zhengce/content/2016－09/23/content_5111138.htm.

③ 中华人民共和国中央人民政府．中共中央国务院关于2009年促进农业稳定发展农民持续增收的若干意见[EB/OL]．http：//www.gov.cn/gongbao/content/2009/content_1220471.htm.

方面力量参与扶贫开发，打好新时期扶贫攻坚战，该《意见》指出："地方各级政府和有关部门要对社会组织开展扶贫活动提供信息服务、业务指导，鼓励其参与社会扶贫资源动员、配置和使用等环节，建设充满活力的社会组织参与扶贫机制。加强国际减贫交流合作。"[①] 确保到2020年农村贫困人口实现脱贫，是全面建成小康社会最艰巨的任务。2015年《中共中央国务院关于打赢脱贫攻坚战的决定》指出，要通过对外援助、项目合作、技术扩散、智库交流等多种形式，加强与发展中国家和国际机构在减贫领域的交流合作。积极借鉴国际先进减贫理念与经验。履行减贫国际责任，积极落实联合国2030年可持续发展议程，对全球减贫事业做出更大贡献。[②] 2016年11月国务院印发的《"十三五"脱贫攻坚规划》中再次提出，要加强国际交流合作。引进资金、信息、技术、智力、理念、经验等国际资源，服务我国扶贫事业。[③]

新时期虽然中国脱贫攻坚已经取得显著成效，但是仍然欢迎和需要国际援助，深化扶贫开发领域的国际合作，加强国际减贫经验和方法交流、模式创新及理论研究等。[④] 上述一系列政策文件不仅强调扶贫开发领域的国际交流与合作是中国扶贫开发的重要组成部分，是深入推进农村扶贫开发的重要手段，而且为中国政府同国际社会在扶贫开发领域开展交流与合作提供了政策依据。[⑤]

（二）中国政府与国际社会合作扶贫的历程与成效

从国际社会参与中国扶贫开发的实践来看，中国政府与国际社会合作扶贫的历程主要可以分为以下几个阶段：

1. 合作扶贫的初期阶段（1979—1993年）

最早与中国政府开展扶贫合作的是联合国的相关机构。1979年，联合国开发计划署（UNDP）批准了第一个援华方案，标志着中国正式开始接受国际

---

① 国务院办公厅．国务院办公厅关于进一步动员社会各方面力量参与扶贫开发的意见[EB/OL]．http://www.gov.cn/zhengce/content/2014-12/04/content_9289.htm.

② 中共中央国务院关于打赢脱贫攻坚战的决定[EB/OL]．http://www.gov.cn/zhengce/2015-12/07/content_5020963.htm.

③ 国务院．国务院关于印发"十三五"脱贫攻坚规划的通知[EB/OL]．http://www.gov.cn/zhengce/content/2016-12/02/content_5142197.htm.

④ 何玲．中国政府与国际社会在扶贫开发领域合作问题研究［D］．长春：吉林大学，2015.

⑤ 韩广富、何玲．中国政府同国际社会在扶贫开发领域交流与合作问题探析[J]．2015（3）：77.

社会的援助。[①] 中国政府与国际社会的合作扶贫也由此开始。1981 年开始的国际农发基金北方草原与畜牧发展项目（1981—1988 年）是最早的扶贫援助项目。随后，联合国开发计划署、联合国儿童基金会也陆续在贫困地区实施项目。与此同时，一些国际多边双边机构和国际非政府组织也开始进入中国。[②] 例如，澳大利亚国际发展署于 1987 年开始支持中国贫困地区农业和畜牧业开发项目，并于 1988 年开始每年支持若干小型扶贫项目；德国技术合作公司于 1988 年在山东省沂蒙山区实施了规模庞大的粮援项目，内容包括人畜饮水、节水灌溉、水土保持及修路、架电等基础设施建设。[③] 乐施会、世界宣明会、福特基金会、国际小母牛组织等国际非政府组织也纷纷进入中国大陆，并设立办事机构，与中国政府合作开展发展项目。如 1987 年乐施会进入中国大陆，并在广东省实施了第一个扶贫项目。此阶段国际社会在中国政府的扶贫框架下，与事业单位、社会团体，政府职能部门合作参与中国扶贫开发行动，涉及的内容主要包括基础教育、技能培训、环境保护、性别平等、小额信贷等方面。

云南省作为扶贫开发的重点省份，也是国际社会关注的重要地区之一。在中国政府与国际社会合作扶贫的初期阶段，联合国援助机构和一些国际 NGO，如美国福特基金会、英国儿童救助会、香港救世军、香港乐施会等，陆续进入云南省开展发展项目。当时国际社会在云南开展的项目主要集中在基础教育、小型救助项目、小额信贷、小学建设等方面，如 1988 年 12 月美国福特基金会在云南省开展的“云南省贫困山区综合开发试验示范与推广项目（YUM）”；1992 年乐施会在昆明设立项目办公室，开始了在中国云南等西南省份的扶贫工作；1993 年 3 月，联合国开发计划署投入 30 万元，在金平苗族瑶族傣族自治县、文山州麻栗坡县选择了 2000 户农户进行了小额信贷扶贫试点，按照

---

① 张惠君．外资扶贫对云南省民族地区的影响与可持续研究[M]．北京：中国社会科学出版社，2017：65.

② 刘源．精准扶贫视野下的国际非政府组织与中国减贫：以乐施会为例[J]．中国农业大学学报：社会科学版，2016（5）：100.

③ 韩广富、何玲．中国政府同国际社会在扶贫开发领域交流与合作问题探析[J]．2015（3）：78.

“无偿援助，有偿使用，现金在原地滚动”的原则组织实施。[①] 这些项目的实施为云南植入了一些新的扶贫理念和先进的经验，如小额信贷和参与式方法等，引起了地方政府相关扶贫部门的重视，小额信贷也被国务院列为扶贫攻坚的有效方式之一。[②]

2. 合作扶贫的高峰阶段（1994—2005 年）

在此阶段，中国正实施《国家八七扶贫攻坚计划（1994—2000 年）》，基本解决了全国农村 8000 万人口的温饱问题。此后，中国农村扶贫开发进入新时期。在 10 余年的时间里，中国政府在扶贫开发领域投入了大量的人力、物力、财力，动员社会各界力量，取得了显著的减贫成效。该阶段国际非政府组织大量进入中国大陆，并通过与中国政府合作开展发展项目，为中国减贫事业做出了重要贡献。据相关统计，从 1995 年至 1999 年，5 年的时间内有 46 个国际非政府组织首次到中国开展项目活动。从 2000 年到 2004 年，至少有 80 个国际非政府组织来到中国，平均每年约 20 个。[③]

从 20 世纪 90 年代初期开始，以西南扶贫项目为起点，世界银行与中国政府开展了一系列的扶贫项目，如秦巴扶贫项目、甘肃扶贫项目、内蒙古扶贫项目等。这一时期，双方尝试了新的扶贫模式。其中西南扶贫项目总投资 42.3 亿元，其中利用世行贷款 2.475 亿美元，国内相应的配套资金为 21.8 亿元。[④] 项目建设主要包括大农业、基础设施建设、第二第三产业开发、劳务输出、教育卫生和贫困监测等方面，探索跨行业、跨地区的综合式扶贫模式，实施整村推进，“一次规划、分年实施”的扶贫机制、扶贫项目监测机制等。[⑤] 1995 年，在世界银行西南项目办公室的基础上，国务院扶贫办外资项目管理中心成立，具体负责扶贫国际合作项目的组织管理、咨询服务，开拓外资扶贫的领域，研究、探索、总结推广国际社会先进的扶贫理念和行之有效的项目管理模式和方

---

① 张惠君．外资扶贫对云南省民族地区的影响与可持续研究[M]．北京：中国社会科学出版社，2017：65.

② 张惠君．外资扶贫对云南省民族地区的影响与可持续研究[M]．北京：中国社会科学出版社，2017：66.

③ 胡敏．境外公益性民间组织在华发展状况调研报告[D]．北京：清华大学，2004.

④ 国务院新闻办公室．中国农村扶贫开发白皮书[EB/OL]．http://www.people.com.cn/GB/shizheng/16/20011015/581724.html.

⑤ 徐佳君．世界银行援助与中国减贫制度的变迁[J]．经济社会体制改革，2016（1）：187.

法。云南、贵州和广西西南三省区在世行西南项目办的基础之上也相应成立了外资扶贫项目管理中心。① 中国政府与国际社会合作扶贫的重点区域聚焦在了西部贫困地区。合作扶贫项目的重点主要集中在农村基础设施建设、能力建设、社会服务、产业扶持等方面。

2001 年中国政府出台了《中国农村扶贫开发纲要（2001—2010 年）》，宣布中国的贫困问题得到非常大的缓解，为了解决局部贫困问题和巩固温饱、提高扶贫瞄准率和扶贫效率，实施整村推进项目，并且整合扶贫资源，形成“大扶贫”的格局。在政府的主导和支持之下，国际社会成为中国反贫困中的一支特殊力量，参与了中国的扶贫开发。从总体上看，1994—2005 年是国际援助组织进入中国参与扶贫最踊跃和投入较多的时期。

该时期中国政府与国际社会在云南省开展的合作扶贫项目也处于高峰期。1995—2005 年，世界银行、德国政府、英国政府、荷兰政府、欧盟联合国援助机构等数以百计的境外 NGO 以及国际友人等，通过政府主管部门、民间途径以及与国际援助组织有工作联系的机构等，来到云南省参与扶贫，其中境外 NGO 突破 200 多家，成为全国最多的省份之一。这一期间也是云南省获得国际援助资金最多的时期，来自国际援助组织的扶贫贷款、赠款突破了 20 亿元人民币。②

3. 合作扶贫的深化改革阶段（2006 年至今）

2006 年至今，中国政府与国际社会合作扶贫进入了新的阶段。自 1980 年以来，在中国政府和国际社会的共同努力之下，中国的脱贫人口在发展中国家脱贫人口中占 75%，中国的减贫成就举世瞩目。联合国《2005 年人类发展报告》中指出：“2005 年中国人类发展指数排名列第 85 位，比 1990 年排名上升了 20 位。按照 1 美元贫困标准，中国贫困发生率自 1990 年以来已经下降一半，提前完成了千年发展目标。”③ 也正因为中国综合国力的不断发展，国际社会调整对华发展援助定位，总体上减少了援助资金、缩小了援助规模、援助

① 张惠君．外资扶贫对云南省民族地区的影响与可持续研究[M]．北京：中国社会科学出版社，2017：12.

② 张惠君．外资扶贫对云南省民族地区的影响与可持续研究[M]．北京：中国社会科学出版社，2017：67.

③ 刘坚．新阶段扶贫开发的成就与挑战．中国农村扶贫开发纲要（2001—2010 年）中期评估报告[M]．北京：中国财经出版社，2006：4.

重点聚焦于“千年发展目标”的相关主题。由于大量国际非政府组织的资金来自于海外机构或公众捐赠，中国国力的强劲增长现实也使得这些机构逐渐面临中国项目在国际社会上的筹款挑战。① 该时期不少国际非政府组织也停止了对中国大陆的扶贫援助，但是中国政府与国际社会的合作扶贫依然是中国扶贫实践中的重要组成部分。据不完全统计，截至 2010 年，扶贫领域共利用各类外资 14 亿美元，加上国内配套资金，直接投资总额近 200 亿元人民币，共实施 110 个外资扶贫项目，覆盖了中国中西部地区的 20 个省（区、市）300 多个县，使近 2000 万贫困人口受益。同时，国际上的一些先进的减贫理念和方法，例如参与式扶贫、小额信贷、项目评估和管理、贫困监测评价等，被逐步应用于中国扶贫实践中，在创新扶贫开发机制、提高扶贫工作水平、开发扶贫队伍人力资源等方面产生了积极影响。②

此阶段，中国逐渐由受援国转变为国际发展援助问题上更积极、活跃的合作与对话角色，中国政府积极构筑国际减贫与交流平台，与广大发展中国家共享减贫经验、共同进步发展。2004 年中国政府与世界银行在上海共同召开全球扶贫大会，并与联合国开发计划署等国际机构联合成立中国国际扶贫中心。从 2007 年开始，中国政府和联合国驻华系统在每年 10 月 17 日“国际消除贫困日”期间联合组织举办“减贫与发展高层论坛”，探讨国际减贫的形势和问题。中国政府还组织举办了“中国—东盟社会发展与减贫论坛”，推动了中国与东盟地区的减贫合作，加快减贫进程，促进区域的发展、稳定与繁荣。2010 年，中国政府与有关国家和国际机构共同举办了“中非减贫与发展会议”，强调通过“在变革中求发展”的方式削减贫穷，推动千年发展目标在非洲的进程。

这一时期，国际非政府机构逐步调整工作重点和工作策略，加大了对自身在华项目总结、中国减贫经验总结等研究工作的支持，并开始推动中国减贫经验与国际社会的分享与交流。

---

① 刘源．精准扶贫视野下的国际非政府组织与中国减贫：以乐施会为例[J]．中国农业大学学报：社会科学版，2016（5）：101.

② 国务院新闻办公室．中国农村扶贫开发的新进展[EB/OL]．2011 - 11 - 16. http：//www. gov. cn/gzdt/2011 - 11/16/content_ 1994683. htm.

第二章　云南省国际扶贫合作项目发展历程

一、云南省扶贫办与乐施会开展国际扶贫合作项目背景

（一）中国政府与乐施会在内地开展国际扶贫合作项目

香港乐施会成立于1976年，是乐施会国际联会的成员机构，最早是一群关注贫困问题的志愿者在香港成立的乐施小组，于1988年正式注册为独立的扶贫、发展和救援机构。从1987年开始，乐施会便在中国内地推行扶贫及防灾救灾工作，项目内容包括：农村综合发展、灾害救援及重建、基础教育、城市生计、社会组织发展、农业与扶贫政策、中国与发展中国家合作等。1992年在云南昆明设立内地首个项目办公室，主要是为了在西南地区开展农村社区发展和灾害救援等工作。自2000年开始，乐施会逐步扩大项目的工作区域，先后在北京、兰州、贵阳等地设立项目办公室，以全面支持和参与内地的扶贫与发展工作。[①]

在过去的二十多年里，乐施会一直秉持“助人自助、对抗贫困”的理念，在中国内地开展扶贫、生计和人道援助等的反贫困工作。至2018年3月，31年来乐施会在国内31个省市和地区开展赈灾与扶贫发展项目超过3500个，投入资金总额超过14亿元港币，受益群体主要是贫困农民、少数民族、妇女和儿童、农民工及艾滋病感染者等，受益人口超过1328万人。[②] 乐施会在中国内地持续多年的赈灾与扶贫工作得到了各级政府、民众、媒体以及国际社会的认

---

① 廖洪涛．超越过往，迎接未来．七年探索路［C］//乐施会中国项目部项目团队．乐施会中国项目经验与总结（2006—2013），2014：IV.

② 乐施会获颁“金桔奖”［EB/OL］．http：//www.oxfam.org.cn/info.php？cid = 23&id = 1668&p = work.

可和好评。2001 年，乐施会获得国务院扶贫办发布的《中国的农村扶贫开发》白皮书的肯定。2003 年，乐施会获得由《南风窗》杂志社颁发的“为了公共利益年度榜——扶贫奖”。2004 年，时任乐施会总干事的庄陈有获得“中国首届消除贫困奖——奋斗奖”。[①] 为了进一步开展地震灾区重建和农村扶贫发展的国际合作工作，2009 年 1 月，乐施会和国务院扶贫办外资项目管理中心、国际扶贫中心签订汶川地震灾区灾后重建合作框架协议，由乐施会与四川、甘肃和陕西三省扶贫办系统合作，提供 8000 万人民币项目资金，参与 80 个贫困村的灾后重建工作，乐施会成为第一家与扶贫办系统签订汶川地震重建协议的国际民间扶贫与发展机构。同年，乐施会获得由《红旗画刊》和《中国报道》杂志社联合颁发的“中华公益事业功勋企业、机构奖”。2010 年，乐施会获得由广东省慈善总会、《南方都市报》和共青团广州委员会主办的“责任中国”2010 公益评选的“公益组织奖”，成为唯一荣获该奖项的机构。[②] 2014 年“乐施米义卖活动”获得内地“京华公益奖”年度公益项目奖。2015 年、2019 年乐施会先后在中国基金会评价榜（2015）暨第二届公益金桔奖评选活动、中国基金会评价榜（2018）暨第三届公益金桔奖评选活动中两次获得“金桔奖”。

纵观乐施会与中国政府在内地合作开展的农村扶贫项目历程与实践，可以发现乐施会与地方扶贫部门沟通合作在不同时期采取不同的反贫困策略，以应对不断变化的贫困问题，取得了较好的农村扶贫与发展成效（见表 2－1）。

表 2－1　乐施会在内地开展的农村扶贫历程及主要模式

时间	模式	主要内容或措施	特征
1992—1997 年	以需求为本的救济式扶贫	提供物质和设施	外部输血
1998—2004 年	以社区组织建设与能力培养为主的参与式扶贫	培育社区组织与能力，注重参与，关注弱势群体	内部造血
2005—2008 年	基于生计系统分析的综合性扶贫	改善社区生计	多元造血

① 施日庄．中国扶贫二十年[C] //乐施会．扶贫毅行：乐施会在中国内地二十年，知识产权出版社，2011：3.

② 廖洪涛．超越过往，迎接未来．七年探索路[C] //乐施会中国项目部项目团队．乐施会中国项目经验与总结（2006—2013），2014：V.

续 表

时间	模式	主要内容或措施	特征
2009—2014 年	以人为中心的综合性扶贫	生计改善、能力提升、权利保障、政策倡导	多元化、多层次造血
2015 年至今	以“留住乡村”为主的扶贫与发展	挖掘和重塑乡村多种功能和价值	多元主体参与、内生发展

（二）云南省扶贫办与乐施会开展国际扶贫合作项目

根据乐施会在内地开展农村社区发展和灾害救援等工作的总体部署，从1987年起香港乐施会开始在中国内地开展各类援助活动。1992年成立了乐施会西南项目办事处，随后与云南省对外经贸厅、云南省民委和昆明市对外经贸委等部门成为正式合作伙伴。乐施会结合西南地区农村贫困状况，先后与云南、贵州、广西等地的扶贫办、农牧业局、民委等部门合作，分别在云南省禄劝县、剑川县、鹤庆县、澜沧县和西盟县，贵州省晴隆县、麻江县，广西壮族自治区巴马县、大化县等地有针对性地开展了多种形式的扶贫济困、农村发展、赈灾救济等工作，取得了良好的效果，产生了良好的社会效益。而其中与各级扶贫部门开展的合作是历时最久、效果最突出的。

自1997年起，云南省扶贫办与乐施会每三年一次签订一轮合作框架协议，并按协议约定在云南省内开展扶贫和灾害应对的合作项目（以下简称云南国际扶贫合作项目）。从1998年至2017年底，云南省扶贫办国际扶贫与发展中心（2016年11月由原云南省外资扶贫项目管理中心改为现名，以下简称云南省国际中心）与乐施会分别在云南省昆明、楚雄、大理、保山、丽江、迪庆、怒江、红河、文山、普洱、德宏、曲靖和昭通等13个州市的30多个贫困县市区累计投入各类援助资金8500多万元人民币，共同开展了农村综合发展、灾害救援和管理监测等援助项目上百个，受益人口达20多万人。同时，从1998年开始合作到2018年底，云南省级财政相应累计安排了2535万元的财政扶贫资金予以配套投入。项目的实施取得了很好的效益，受到了当地政府和群众的欢迎和好评。在合作方式上，云南省国际中心与乐施会建立了阶段性的长期合作关系，从1998年起至2010年期间每三年签订一次合作协议；2010年至2016年云南省执行《云南省规范境外非政府组织活动暂行规定》期间，双方按《规定》要求改为每两年签订一次合作协议，至今已连续签订了7次共计

20 年的合作协议，即 1998 年至 2001 年、2001 年至 2004 年、2004 年至 2007 年、2007 年至 2010 年、2010 年至 2012 年、2012 年至 2014 年、2014 年至 2018 年。2005 年经上报云南省政府批准，还成立了云南省香港乐施会合作项目办公室，设在云南省国际中心。2017 年 7 月底，按照国家《境外非政府组织境内活动管理法》的规定和要求，在云南省扶贫办作为业务主管单位的情况下，乐施会（香港）云南办事处获得了云南省公安厅的准予登记。2018 年，乐施会云南办计划投入 560 万元，在昆明、楚雄、大理、保山、德宏、普洱和昭通等州市的 10 多个县市区合作开展多个领域的项目活动。

云南省国际中心与乐施会合作在云南省开展的各类扶贫项目及其活动，都是严格按照“加强境外非政府组织在华活动管理工作联席会议”和《云南省规范境外非政府组织活动暂行规定》的有关要求进行的。现正在合作开展项目的楚雄、大理、保山和普洱等州市的九个项目县市区都在政府领导下设立了县市区的乐施会项目工作领导小组，由地方政府分管领导任组长，并在县市区扶贫办设立了项目办公室，由扶贫办主任或副主任担任项目办负责人，项目乡镇亦安排一名扶贫专干担任项目联络员，以具体负责组织实施乐施会项目。乐施会在各个项目县市区、乡镇和村社没有另行建立和发展其他组织机构和人员。合作期间，云南省国际中心作为项目管理和实施主体，通过中心负责项目合作的官员以及相关领导对各地项目开展情况进行定期和不定期的实地访点跟进，发挥了重要的监督、指导以及协调的作用。同时通过双方不断的深入合作，探索和总结了大量扶贫和灾害应对方面的工作经验。多年的合作实践证明，这样的合作和管理方式是卓有成效的。

本章主要通过梳理云南省国际中心与乐施会在云南省开展的农村扶贫合作项目历程及实践，总结评价取得的成效及经验与反思。

二、以需求为本的救济式扶贫合作阶段（1992—1997 年）

乐施会在内地开展反贫困行动的初期，针对农村社区道路、电力、农田水利等基础设施严重不足等现实问题，在贫困农村的项目点实施了大量农田水利、田间道路、架电、人畜饮水、公路等基础设施建设以及种植养殖技术培训等项目，希望通过大量的基础设施建设的投入，促进贫困村的经济发展，提升农户的收入水平。乐施会在该阶段的反贫困实践是“以需求为本”的救济式扶贫，针对贫困村村民的现实需求，直接提供相应的物资和设施。经过几年的摸索与大量的资金投入，这种反贫困实践当时在贫困地区的农村取得了较为显著的成效。

案例2－1：禄劝项目。

仅以此阶段乐施会在禄劝开展的项目为例，项目共涉及10个乡镇，126个贫困村，3766户村民，实施项目的村庄基础设施得到极大改善，村民生活水平显著提高，粮食生产从96公斤/人提升到186公斤/人，经济收入从196元/人提升到287元/人。例如，中屏乡务茂德村[①]在20世纪70年代时，全村12户50余人，粮食根本不够吃，靠政府发放救济粮、自己上山挖野菜。村民住的都是茅草房。当时种的都是老品种苞谷，产量低，只有70～80公斤/亩。20世纪80年代基层政府为村民提供新品种玉米，推广薄膜覆盖技术，促使玉米产量提高到200公斤/亩。1982年分田到户，村民年人均收入大约为70～80元，1985年左右才初步解决温饱问题。20世纪90年代初，乐施会开始在务茂德村实施扶贫项目，包括架电、修桥修路、建设人畜饮水等基础设施以及推广农作物新品种、开展种养殖技术培训等，为村民发展经济提供了基础条件，有效地提高了农作物产量和农民经济收入。1993年，务茂德村村民在政府和项目办的宣传推广和指导下，开始改善种植技术，种植玉米新品种“会单4号”。同时，地里除了用农家肥之外，也开始适当施用化肥，有效地提高了玉米产量，亩产量由原来的200公斤提高到400～500公斤。

然而，随着项目的持续推进以及农村经济社会的发展，这种“授人以鱼”的扶贫方式的问题逐渐凸显。农户在项目的确定、决策、设计、实施过程中缺乏参与性，只是项目的被动接受者、受益者，而作为资助方的项目办则在项目规划与实施过程中起到了决定性作用，扮演着管理者角色，难以满足农户的迫切需求。由于参与性不足，农户在项目实践中缺乏主体性，容易产生“等、靠、要”的思想，不能充分调动农户的能动性，不利于农村经济可持续发展。

① 案例一般多从当地村民或工作人员等处了解所得并经整理形成，因口语化原因，务茂德村民小组常被说成务茂德村，因此，在案例中作务茂德村处理，亦有其他类似情况，统一作此处理。

三、以社区组织建设与能力培养为主的参与式扶贫合作阶段（1998—2004年）

“授人以鱼”的救济式扶贫方式，虽然能够直接解决贫困村村民面临的现实问题，但是这种“外部输血式”的扶贫模式，只能够暂时解决其发展需求，扶贫项目缺乏可持续性。因此，从1998年以来，乐施会在满足贫困村村民基本发展需求的同时，更加注重村庄内部发展动力的发掘和能力的培育。首先，在项目决策、规划、管理、实施过程中，注重农户的参与。通过参与式需求评估（PRA）的方式，引导农户发现自己的发展需求，确定需要开展的发展项目，决定项目实施的先后顺序与开展方式。同时，培育社区组织——社区发展委员会（或者社区发展管理小组）。乐施会在贫困村开展项目的同时，积极引导农户成立社区发展委员会，协助村民小组组长在社区开展工作，主要包括：社区公共事务的管理、组织与协调，社区公共资源的管理，社区组织人员换届，社区发展规划等公共事务，制定相应的管理制度与决策机制。注重妇女等弱势群体的参与和能力提升，鼓励和引导妇女成为社区发展委员会成员，并成立妇女小组，行使社区发展委员的职能。此阶段的参与式扶贫项目，通过发动和组织农户参与以及社区组织的建立，使得村民们的组织化程度、自我管理能力、分析问题和解决问题的能力得到提升，村民参与管理的意识和能力得到锻炼，同时也使得村民们的生活水平到进一步提升。据统计，乐施会在云南开展的社区发展项目主要是覆盖到高海拔的贫困社区，共涉及135个村的4362户14718人，共投入资金1324.24万元。

案例2－2：昆明市禄劝县团街乡马樱花村民小组组织建设与培训项目。

自1999年开始，乐施会先后在该社区开展社区[1]组织建设及培训、社区发展基金、杂交玉米种植培训、人畜饮水、科技文化室修建等项目，到2004年初，全社区的年经济收入从原来的10000元增加到120000元，粮食从原来的6000公斤增加到162000公斤（其中有玉米60000公斤、洋芋80000公斤、大豆10000公斤、麦子12000公斤）。社区自我管理、自我监督等能力得到提升，

---

① 乐施会在贫困村开展项目的同时，积极引导农户成立社区发展委员会（或者社区发展管理小组），故项目村、项目村小组也有社区一称，后亦有此种情况，不作赘述。

自1999年开始设立的社区发展基金一直运行良好。

案例2－3：通过开展社区主导型的扶贫项目，罗坝、团箐村民小组的村民终于不用排队而饮上了清洁水。

2005年7月，云南省保山市隆阳区窝角村的罗坝、团箐两个村民小组（为一个自然村）的200立方米蓄水池和3立方米的取水池及360米管道铺设项目竣工了，引来清凉泉水，灌满了这个200立方米的蓄水池。同时建成的还有30个24立方米的家庭用小水窖。从此，该村53户190多名村民饮用上了清洁水源，彻底解决了旱季村民须在取水点排队挑水的问题，妇女们也不用为起早贪黑取水做饭而发愁了。

以前，窝角村的大部分小组都缺乏水源，基本上靠小水窖在雨季积攒雨水，待雨水澄清后作为饮用水。罗坝、团箐两个小组没有水源点，人畜饮水主要也是靠小水窖收集雨水解决。村外400米外的山箐里有一处水源，水量虽然不大，但是村民们在旱季水窖积存的雨水用完后，便不分白天黑夜地在这儿排队等候取水，一定程度缓解了村民的用水问题。这个水源在雨季的时候出水量较大。要解决村民们的人畜饮水困难问题，还得从这个水源点和小水窖上想办法。

2004年5月，乐施会决定与隆阳区妇联合作开展社区主导型的扶贫项目（以下简称CDD项目）①，项目旨在在扶贫资源的分配、使用和管理等方面充分赋予贫困社区农户自我决策和自我管理权，充分调动广大贫困社区农户参与扶贫开发和新农村建设积极性并发挥其主体作用，充分整合社区、政府及社会各方面资源，提高扶贫资源的使用效率，在有效改善贫困社区农户生计的同时，提升贫困社区的自我组织和自我管理能力。

隆阳区妇联在对多个地方进行调研后，选取了较为贫困、基础设施较差，以及没有太多项目介入的窝角村开展CDD项目。区妇联希望在两年的综合发展项目的管理经验基础上，选择窝角村为CDD项目试点村，按要求稳步推进项目的每一个步骤，通过CDD扶贫新机制，提升社区村民的发展意识、增强社区内部资本，整合社区的内外资源，从而改善当地社区生存状况，推动社区

① 社区主导型发展（Community Driven Development，简称CDD）项目是以世界银行为先导的国际机构，自20世纪90年代开始在发展中国家倡导并积极探索社区发展的新途径。

的可持续发展。

妇联工作人员经过多次深入社区动员和培训，窝角村8个村民小组分别选取了各自的项目申报管理小组代表，参与了项目评审规则的制定。村民代表从几个方面制定了项目的立项打分规则，各村申报项目根据得分高低排序，确定项目是否获得通过。分别按照紧迫性（10分）、贫困程度（15分）、受益面（10分）、社区内部讨论充分程度（10分）、项目方案的可操作性和科学性以及预算科学合理性（25分）、项目管理制度的制定（10分）、自身具备的条件和优势以及自力更生的程度（15分）、5万元以下项目加分（5分）8个方面共计分值100分的内容现场唱票。由每个自然村推选出3个村民代表组成评审委员会，对各村小组申报的每个项目进行逐项打分，总评后确定是否通过。按照得分从高到低排列，最终有7个村民小组申报的项目准予立项，1个村民小组的项目落选。罗坝、团箐的饮水蓄水项目和小水窖项目即为其中获得通过的7个项目之中的2个。

引水蓄水项目获得申请资金156818元（其中引水蓄水工程77618元，30个小水窖79200元），群众集资8743元，投工492个。修建了200立方米蓄水池一个，3立方米取水池1个，铺设引水管道360米，修建24立方米小水窖30口。外部补助资金主要用于材料购买和机械设备租赁，村民们自己制定管理办法、自己组织管理并实施项目。遇到困难，村民在一起讨论、想办法、出主意，有效协调处理了项目实施过程中遇到的占地、用工等小矛盾。项目通过有效整合外部资源（资金、技术支持）和村庄内部资源（资金、劳力、管理），较彻底地解决了罗坝、团箐两个小组的人畜饮水困难问题，现在不论是雨季还是旱季，村民们再不用起早贪黑排队挑水了。在项目实施过程中，因为强调村民对项目的预算、实施方案、制度和账务的规范管理，社区学会了一些自我管理的方法和制度建设。同时，通过自己实施项目，一部分不懂技术的村民也学习到了一些浇筑、支模等建筑劳动技能。

案例2-4：大理州永平县龙街镇羊街村扶贫与生态环境恢复项目。

为了将农村扶贫与生态环境恢复与保护工作有机结合，2000年4月至2002年10月，乐施会与云南省环保局联合实施“澜沧江——湄公河流域农村扶贫和生态环境恢复示范项目”，在大理州永平县龙街镇羊街村开展了一系列扶贫与生态恢复工作。该项目的主要内容包括：农户及社区综合发展示范、信贷资金支持及增加收入来源示范、资源合理利用和生态恢复与保护示范、参与式生态建设规划编制等。在项目实施过程中，开展了修建农田灌溉设施、建沼气池、农业技术推广、经济林和防护林建设、社区环保和资源管理能力建设等一系列活动，主要包括：修建输水渠 7.3 公里、投入小额信贷资金 19.5 万元支持当地发展经济、种植 1000 亩经济林木、建沼气池 50 口，种植绿肥示范田 50 亩、开展水稻和玉米良种以及畜禽疾病防治等农业实用技术培训、参与式生态建设规划编制以及社区组织建设等近 30 个项目活动。

通过各项项目活动的开展和成功实施，村民们不仅学到了实用的农业生产技术，提高了自身发展能力，增加了经济收入，而且开始关注和积极参与社区各项活动，对环境保护意识和社区自身发展能力重要性的认识以及社区组织能力不断提高。例如，在项目实施前的 1999 年，该村农民年人均收入为 716 元，到 2001 年为 932 元；年人均粮食由 1999 年的 305 公斤上升到 2001 年的 377 公斤；贫困人口由 1999 年的 693 人下降到 2001 年的 354 人。在修建输水渠的过程中，村民不仅积极投工投劳，而且通过选举产生了施工监督小组配合技术人员对施工全过程进行监督。此后，在水渠的使用与管理上，多次召开群众大会讨论，制定了《水资源管理办法》，解决了困扰多年的水资源分配问题。在小额信贷发放与管理上，通过多次群众大会，选举产生了群众信任的信贷管理部，制定了《信贷管理办法》，使信贷项目运行工作非常顺利。在两年多的项目实施过程中，该村建立了项目公示制度，建立了民主决策的方法，保证了参与决策农户的代表性和参与决策过程中的权利的公平性，越来越多的农户热心关注村里的公共事务和村庄的未来发展。①

乐施会在此阶段的反贫困行动过程中，转变了上一阶段救济式的扶贫理念，通过以社区为本的参与式扶贫方式，解决了农户参与性不足问题。乐施会从项目的主导者和管理者的角色转变为协助者与外部监督者角色，突出社区、农户在项目实施中的主体性，社区成为项目的受益者与管理者，同时提升社区组织化程度和发展能力，发掘社区发展的内部动力，是一种典型的“造血式”扶贫模式。但是，此阶段过多注重社区组织建设和能力培育，而在一定程度上

① 杨新柱．为了希望的田野鲜花盛开——记香港乐施会援助“澜沧江——湄公河流域农村扶贫和生态环境恢复示范项目”建设[N]．云南日报，2003 -01 -21.

忽视了生计发展的可持续性、生计系统的分析与改善，以及项目之间的关联性，在一定程度上阻碍了社区的发展。

四、基于生计系统分析的综合性扶贫合作阶段（2005—2008 年）

随着乐施会“参与式”反贫困项目的不断开展，项目村村民的自我发展能力得以提升，但是如何保持社区自我管理、组织能力的延续性，如何充分利用村落自身所具有的资源，找到适合村落实际情况的发展模式，实现可持续发展等，成为促进农民生计提高和项目村可持续发展迫切需要解决的问题。

2005 年，乐施会开始注重社区生计综合发展与规划，依然坚持“参与式”的扶贫手法，社区组织、农户、乐施会以及相关部门机构等主体共同合作，以推动社区生计系统的良性运作为中心，对项目村种植、养殖、经济、粮食、教育、卫生、生态等与村民生产生活息息相关的环节进行系统分析，综合评估分析村落发展面临的阻碍与风险，发掘所具有的优势和内外部资源，有针对性、综合性地规划开展扶贫工作。该阶段的扶贫行动注重社区生计项目之间的关联性和发展规划的综合性，推动社区生计改善；注重培育农民专业合作社等社区组织，进一步提升村民们的社区组织化程度，提升其获取市场信息和抵御市场风险的能力，同时培养其对外部资源的争取与整合能力。经过此阶段的扶贫行动，农村贫困户生计得到改善，社区发展能力得到进一步提升。

案例 2－5：禄劝县翠华乡汤郎箐村委会秧草堆村民小组项目。

2005 年，在乡政府、村委会、当地科技人员等的协助下，禄劝县香港乐施会项目办公室（以下简称禄劝项目办）在秧草堆开展社区生计改善项目，主要包括：农田灌溉项目、社区发展基金项目、牧草种植项目、科技示范户项目、科技培训项目、科技文化活动中心建设 6 个项目活动，并取得了显著成效。村民年人均粮食从 2005 年的 944 公斤提升到 2008 年的 1768 公斤，年人均经济收入从 2005 年的 1612 元增加到 3856 元。同时，村民生产生活条件得到进一步改善，社区发展能力得到提升。

案例2－6：波多罗村民小组——大山深处的生计综合发展项目。[①]

波多罗村（波多罗在彝语中是“第一”的意思，有人说是“第一高”或者是“第一穷”。当地山下拉市海边的纳西族常称该村为“洋芋厂”）地处云南丽江拉市海上游海拔3000多米的高寒大山深处，是一个彝族少数民族自然村寨。

1998年以前，波多罗村主要靠砍伐木材为生。无序的滥砍滥伐导致大量的植被破坏、水土流失，洪水和泥石流频发，生态环境不断恶化。1998年国家开始实施天然林保护和退耕还林政策。直到2007年，土豆种植收入和退耕还林补偿款是村民们最主要生计依靠。自2000年开始，在乐施会的全面支持下，云南省大众流域管理研究及推广中心（以下简称为绿色流域）[②]与拉市海彝族山区村民们共同携手开展了“彝族山区森林保护与可持续发展生计项目”。

1999年，绿色流域进入村庄时引入“希望工程”，捐助了一批孩子读书。其中一名叫刘雁的孩子现在已经大学毕业。在同龄人纷纷外出打工的潮流下，刘雁选择留在绿色流域、留在自己长大的波多罗村为故乡的发展贡献力量。

项目进入波多罗村之初，彝族妇女们基本不识字，不会说汉话，家庭地位比较低，生活也相对封闭。从2004年开始，绿色流域在波多罗村和妇女们讨论后成立了妇女夜校，教妇女们识字、说汉话、算账等，逐步提高了妇女们的日常生活技能，她们开始克服语言障碍，敢于和外界接触，增强了自信心以及与外界接触交往的能力。由于汉话说得好，一些妇女外出打工可以挣到钱，有的比男人挣得还多。妇女们在村里的地位也不断提升。随着项目不断推进，其他人也都逐渐参与到妇女夜校活动中，不仅参加生态旅游培训、种养殖技术培训，还开展村庄公共事务讨论，妇女夜校已经演变成村庄公共讨论和决策的平台。

2007年开始，乐施会支持村民逐步开展多元生计发展，主要内容包括：引进经济农作物的种植与推广（中草药种植与推广、土豆和油菜籽种改良）、推动畜牧业发展（饲料绿肥的引入、种养殖技术培训等）、支持生态旅游发展

---

① 根据云南省大众流域管理研究及推广中心（绿色流域）、乐施会中国项目部农业与扶贫政策团队编制的“波多罗：大山深处的发展故事”以及“边远山区少数民族生态脆弱贫困村落的外部援助与内源发展”等材料整理。

② 云南省大众流域管理研究及推广中心成立于2002年8月，在云南省民政厅正式注册的民间环保组织，致力于在中国西部推广可持续综合流域管理。

(支持开展生态旅游发展规划、建立彝族文化展示中心、改善接待基础改造、协助社区发展与市场对接的能力以及组建马队等)。经过7年多的努力，波罗多村已经走出经济结构单一的困境，形成了立体多元化的生计来源渠道。土豆、油菜籽、云木香、续段、黄芪、玛咖、虫楼等中药材种植成为村民们的主要收入来源，牛羊养殖以及生态旅游收入更让村民们的生活锦上添花。村民的生活从以前的“闲得慌”变为现在的“忙得紧”。

从整体看，通过组织建设、生计发展和各种能力提升等活动，波多罗村已经获得了自我组织、共同参与、共同决策、公平与效率相平衡的可持续发展能力。

在此阶段，乐施会通过与地方政府相关部门的共同合作，采取“多元造血”的扶贫模式，通过在项目村实施产业发展、技术培训、能力提升、基础设施建设等，注重扶贫项目的综合性与系统性，促进了贫困村村民的生计改善与发展。然而，此阶段虽然项目实施方比较注重对项目村所具有的资源发掘，但是村民获取和整合外部资源的能力依然不足，村落可持续发展问题依然令人担忧。

五、以人为中心的综合性扶贫合作阶段（2009—2014年）

随着国际反贫困形势的变化以及中国农村经济社会发展，乐施会在内地的反贫困理念也在随之调整。在2008—2009年度报告中，乐施会提出了“负责任的美好生活——为每一个人谋求最好的生活条件”的行动理念。贫穷是一个多维现象，需要用多维方法来解决，乐施会以实现让“人们过上负责任的美好生活”为终极目标，“负责任的美好生活”这一理念可以从自足、自尊、自主和社会责任感四个维度来衡量，而且彼此之间是强调关联性而不是差异性，因此，应该有一个健全且足够广泛的框架来评价反贫困工作成果，并且能够在不同类型、背景、层面和尺度的干预中体现相似的策略（见图2－1）。

关注美好生活也提升了社区对发展、人道救援、政策倡导和发展教育工作的理解度及参与度，有助于实现共同的发展目标。“负责任的美好生活”关注的焦点主要包括：运用参与式方法体现人们与美好生活的关联及设想，分析框架、政策、实践、观点和信念是推动还是阻碍了实现负责任的美好生活，根据美好生活的定义及衡量转变的关键维度来制定反贫困目的和目标，制定有助于实现美好生活的策略，报告干预后的效果，以求同存异的方法来促进区域或国家层面的制度学习。

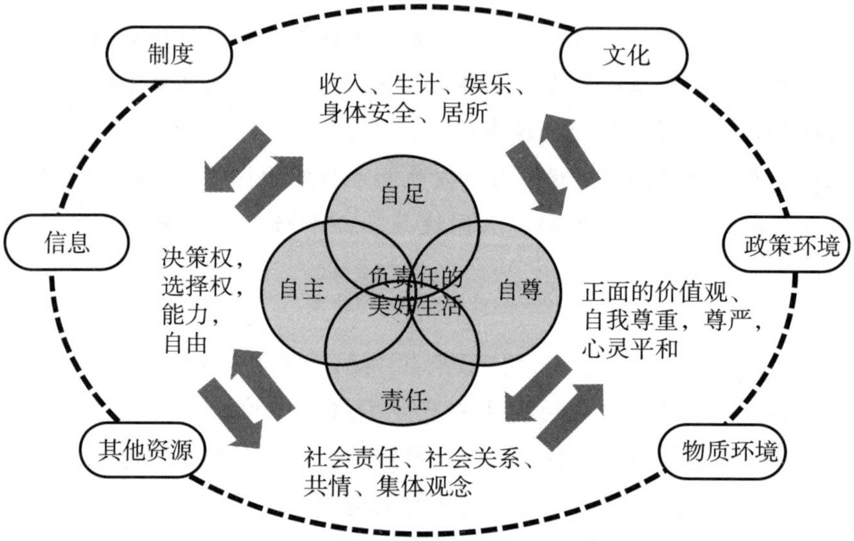

图 2-1 “负责任的美好生活”发展框架

近年来，乐施会在中国内地一直践行“负责任的美好生活”的反贫困理念，为贫困人口谋求最好的生活条件。在反贫困实践中，主要是通过不同的发展干预方法来实现负责任的美好生活。例如：以权益为本，为实现负责任的美好生活需要关注权益问题；与不同的、有责任感且具有代表性的机构友好合作等。乐施会在其中也历经不同角色的转变，如从策略制定者、到推动者、再到发展实践者。

乐施会在此阶段继续坚持参与式的扶贫手法，引导村民从实际情况出发，民主讨论社区发展方向与现实需求，协商社区发展的实现路径，注重引导妇女等弱势群体参与项目管理与决策，依靠社区自身力量设计社区可持续发展规划，最大限度地改善社区生计。此阶段，乐施会更加注重培养社区获取和整合外部资源（政府扶贫部门、社会组织、市场等资源）的能力，提升社区可持续发展能力。在改善社区生计的同时，乐施会开始注重营造社区内部互助团结的社会氛围，使社区有一个良好的社会环境。通过建设社区活动中心、装饰房屋、建立卫生设施等项目，改善社区居住环境。开展弱势群体权益保障、反家庭暴力、反性别歧视等实践和政策倡导活动。关注气候变化对农村贫困问题的影响，引导村民参与生态环境保护行动。可以说，该阶段乐施会的反贫困实践已经超越了物质和能力层面，进入了以人为中心，通过多元化的手段与策略满足人自由全面的多层次需求的反贫困阶段。

案例 2－7：波多罗村民小组的“负责任的美好生活”——以人的发展为核心的生态旅游发展之路。①

波多罗村村民源自同一个祖先，全村 31 户近百人由五个兄弟分支下的五大家庭组成。2000 年绿色流域在进入波多罗村开展项目时，根据该村具有鲜明的彝族传统家支结构特点，强调社区主导式发展方式，发动和协助村民投票选举成立了流域管理小组。流域管理小组的成员来自五个大家庭，另包含两名种植能手。在项目运作中，绿色流域针对流域小组成员开展能力提升活动，包括协助流域小组进行角色分工和讨论，提供外出参观学习机会，并在项目运作中给予协助和支持。12 年里，在流域小组的协调下，每一个项目都在全村参与的基础上设计、实施、监督和评估，所有项目的信息都公开透明，包括项目的规划与进程，资金的使用与分配，从而使得村民们个个都了解项目，了解自己的权利和义务，享有项目带来的利益，成为参与的受益者。

由于滥砍滥伐森林，2008 年波多罗村遭受到风灾和雪灾的双重打击。为了有效地应对自然灾害，2009 年起，乐施会开始支持绿色流域在波多罗村开展参与式社区管理项目。绿色流域协助村民共同讨论村庄灾害的类型、发生原因，以及有效的应对方法等，并协助制定社区防灾减灾规划。在此基础上，绿色流域协助社区建立防灾减灾小组，支持社区开展防灾减灾活动，如支持村民加固房屋，提升抗震能力；在房前屋后种植防风林木，减少风灾；进行羊圈改造，减少牲畜死亡率等。

通过开展参与式流域资源保护规划，有效地提升了村民生态保护意识，使村民进一步认识到保护森林和生态环境与村庄可持续发展的良性循环关系。村民们通过广泛讨论，制定了《洋芋厂关于保护生态环境的规定》《洋芋厂关于护林员的规定》等村规民约。全村选出两位护林员，由每户村民每年出 10 斤大米作为报酬，护林员由村民轮流担任，全村共同监督。这些制度在波多罗村

① 根据《边远山区少数民族生态脆弱贫困村落的外部援助与内源发展》《纳真友次：坚守波多罗的幸福》等材料整理。

一直被严格执行，并延续至今。为了让村民从保护生态中受益，绿色流域在开展项目的社区动员时提出了“生态旅游”的理念。通过项目的实施，村民保护了两万多亩山林以及黑熊、猕猴等野生动物栖息地，野生动植物数量得到恢复，滑坡泥石流减少了，森林得到休养生息，村庄的生态环境越来越好。波多罗村的乡村旅游业逐步发展起来。在乐施会的资助下，村民建起了小木屋和彝族文化展示中心，把收集的彝族文化资料和传统生产生活用品陈列在这里，还有村寨引以为豪的多种生态资源展示。本村返乡的大学毕业生刘雁和村民们共同挖掘波多罗村的传说故事，自己写旅游手册和讲解词，培训村民讲解员，主导自己文化的解说权。待客餐桌上的彝家坨坨肉、苦荞粑粑、生态老腊肉等彝家特色菜，也是村民们一起整理出的彝家传统菜谱。火把节是彝族文化生活的重要元素，因为种种原因，这一传统节日在波多罗村一度中断了，在项目的支持和村民们的努力下终于恢复了。火把节期间不但有点火把、送火把等传统活动，还设计了专门的迎宾仪式。

2010 年，基于波多罗村在项目发展中已经具备了一定的自我组织发展能力，乐施会和绿色流域决定逐步将项目撤出波多罗村。同时，又支持波多罗村成立了洋芋厂生态旅游合作社，旨在帮助社区增强社区治理、村民共管的机制，确保波多罗村在乐施会撤出后依然能够自我发展，合作社骨干仍由流域管理小组骨干担任，并且增加社区监督委员会。

六、以“留住乡村”为主题的扶贫合作阶段（2015 年至今）

随着城市化和工业化的快速发展，乡村社会衰败凸显，村落空心化、老龄化趋势加剧，乡村优秀传统文化渐趋消失，乡村生活成了很多年轻人所唾弃的生活方式，他们普遍处在“城市不接纳自己，自己不接纳农村”的矛盾状态中。面对脱贫攻坚中一些领先脱贫村的可持续发展问题，乐施会在与地方政府开展的扶贫合作实践中开始调整工作思路，运用乡村价值和优势视角的理念和方法，开展“留住乡村”的合作扶贫实践项目。“留住乡村”项目的主要目的在于引导和组织新民村村民充分发现、发掘和利用村落本身所具有的独特的自然资源、人文资源等优势资源及其所蕴含的农业生产价值、生活价值、生态价值以及文化传承与教化价值等多种功能价值，激发村民们对于乡村综合多元价值的文化自觉，增强村落的内生发展动力。

此阶段，乐施会依然运用参与式的方法，充分激发村民参与村庄发展的积极性和主动性，引导村民重新认识、发掘世代生活的村庄所具有的生产资源、生活资源、生态资源、文化资源、人力资源等优势资源和多元价值。在项目实施中，乐施会主要承担引导者、协助者、资源提供者和链接者等角色。政府部门扮演协助者、政策支持者、协调者和监督者等角色。项目实践活动主要涉及小型基础设施建设、农户能力提升培训、城乡互动市集、民族文化保护与传承、环境治理与生态建设、“静待花开”成长营等（见表2－2）。通过基础设施建设，改善贫困社区的生产生活条件，促进社区增收发展，为建设美丽乡村创造条件。通过“基于能力和条件的家庭发展规划”，指导农户利用自身条件和能力来开展发展项目，推动农户可持续生计发展，改善农户生活水平，逐步实现自己向往的理想生活；通过“城乡互动市集”，以生态农产品为链接点，搭建城乡互动融合的平台，推动城市居民与生态小农相互了解，在消费合作中达成互信与互助的新型城乡关系。通过一系列“留住乡村”项目的实施，营建社区归属和认同感，增强社区自治管理能力与凝聚力，村民具备自主解决社区（教育、养老、基础建设、经济等）问题的能力，使其成为经济可持续、文化可传承、人与自然和谐相处的温度社区。

表2－2　乐施会在云南开展的以“留住乡村”为主题的主要项目（截至2019年1月）

项目名称	项目主要内容	目标
楚雄州双柏县法脿镇“留住乡村”项目	新建人畜饮水、田间公路、三面光沟渠、文化活动场所、建设蓄水池	通过小型基础设施建设，改善贫困社区的生产生活条件，促进社区增收发展，为建设美丽乡村创造条件
楚雄州双柏县安龙堡乡他宜龙村村委会阿上左彝族新村建设项目（一期）	建设太阳能路灯、公厕、垃圾池、停车场道路硬化、文化活动场平整、减灾防灾和彝族文化传承等这些项目活动，进一步改善村庄的生产生活条件，并通过村组自主实施和管理项目，加强村尾团结、凝聚村民精神并丰富村民文化生活	探索少数民族贫困地区社区主导的新农村建设发展模式，为贫困彝族村寨脱贫发展提供有益经验

续 表

项目名称	项目主要内容	目标
楚雄州双柏县安龙堡乡他宜龙村委会阿上左彝族新村建设项目（二期）	在一期项目的基础上，继续帮助阿上左村民小组完善民族文化活动室、防洪排水沟、篮球场以及坡体挡墙建设等	通过这些项目活动，使该村在彝族文化体育活动和村庄减灾防灾等设施方面得到加强，进一步改善生活环境，丰富村民文化体育生活，为建设彝族新村打下坚实基础
楚雄州禄丰县大麦地社区生计发展项目、城乡社区互助合作促进食品安全及生态农业发展项目	生态农业意识宣传、合作社培育、生态农产品加工技术培训、城乡互动乡村生态游、参与城市农夫市集、生态小农互动交流、消费合作社培育，以及为小农户改造卫生猪圈等	通过小农市场意识的提升、非传统市场渠道的培育、小农户生态友好生计模式的改造，协助小农摆脱主流市场的压制，实现偏远乡村社区的可持续发展
禄劝县芹菜塘社区自我发展与负责任的美好生活项目	围绕社区环境保护、社区村民间的交流、社区养老等方面开展一系列活动	鼓励及推动社区有计划的自我发展；鼓励及推动社区在选择发展计划时考虑到可持续发展因素；在社区形成团结互助的氛围。
禄劝翠华镇汤二社区传统节日庆典与生产发展评比项目	支持社区庆祝花山节的相关的专题片拍摄，协助民族体育艺术活动、生产发展能手评选、孝子户评选等节日活动的开展	挖掘少数民族优秀传统文化，激发少数民族村寨的内在活力，促进农村经济社会又好又快发展
禄劝县乐施会“留住乡村”项目（一期）	参观秀丽村庄、苗族民居，帮助学习芦笙舞，加强生态农产品与市场知识、妇女生殖健康知识、儿童环境保护意识等	让村民认识村庄存在的价值，增强民族自信，更好地规划和设计乡村未来

续　表

项目名称	项目主要内容	目标
禄劝县翠华镇汤郎箐村委会汤二社区“留住乡村”项目	盖牛圈、建洗澡室、老房子修缮、修筑防洪沟、家庭卫生整治、修旱厕等	推动农户持续改善生计，改善农户生活水平。以村庄灾害治理为平台，培养农户减灾防灾意识，降低灾害风险
禄劝县翠华镇汤郎箐村委会汤二社区村庄团结发展项目	活动中心建设、村庄道路硬化、村庄绿化和村庄善治，以及进行培训让农户掌握一定的科学生产技术	促进社区可持续性生计发展、环境保育及乡村文化传承
禄劝县团街镇马初村委会马樱花村庄家庭发展与村庄团结发展项目	老房子装修、厨房建盖、卫生圈建盖、社区绿化、社区道路硬化、文化传承	以村民为中心，促使其在项目发展的基础上，利用其自身条件与能力，拓展自身发展空间，逐步实现自己向往的理想生活
禄劝县乡村文化的恢复、重构与传承	城乡互助新市集开发、农户能力提升培训、志愿者/农户交互体验活动、苗族传统文化保护与传承、环境治理与生态建设、静待花开活动等	搭建市集平台，促进村民与城市大型居民相互联结合作，激发有能力和条件的小农户进行种植、养殖规划，推动农户持续改善生计，改善农户生活水平和村庄整体环境生态系统
支持“昆明农夫市集”、推动城乡生态生活项目	搭建市集开发平台、陪伴生态小农、组建市集志愿者团队	搭建市集开发平台：以市集为平台，以生态农产品为链接点，推动城市居民与生态小农相互了解，在消费合作中达成互信互助的新型城乡关系。陪伴生态小农：采用环境友好型种养殖方式，改善村域生态，提供安全农产品，获得稳定合理的收入，自信、自觉地维护生态农耕系统

续 表

项目名称	项目主要内容	目标
宁蒗县龙洞湾麻风康复村“留住乡村”试点项目	采取自建+项目扶持的方式，支持该村开展公共基础设施建设（村内道路、人行便桥建设、家庭旱厕、垃圾池等）；开展健康和环保卫生知识培训，改善环境卫生，提升村民健康卫生意识；开展原生态农耕技术培训，拓宽村民生计渠道，开展社区发展基金项目。结合静待花开项目，为孩子们举办在地冬令营、夏令营等成长营活动	结合村民需求和“留住乡村”的理念，通过开展“留住乡村”项目，使其成为一个有发展潜能，有温度且充满活力的和谐乡村
广南县落松地麻风康复村“留住乡村”项目	修建公共厕所、安装路灯、修建垃圾池等公共基础设施；改造老年人居住环境设施、为老人修建太阳能洗浴室及厕所；营建儿童社区阅览室和游乐场、开展环境卫生与教育教育、设立社区医务护理站	通过开展项目活动，集合政府、社会和社区资源，推动村民协同改善和营造宜居的社区环境，使康复者、青少年在得到有效照顾的过程中，提升社区凝聚力，推动其逐步成为一个生计可持续、文化可传承、人与自然和谐共处的乡村

第三章　云南国际扶贫合作项目的典型实践与成效

一、从就事论事、就事论人、注重生计改善到“留住乡村”——禄劝县扶贫合作项目

1992 年在中国国际经济技术交流中心的支持下，在云南省经贸委、昆明市对外经济贸易合作委员会的牵头下，禄劝彝族苗族自治县人民政府与乐施会签订了合作协议，并从县畜牧局抽调工作人员，成立了禄劝项目办。

20 多年来，禄劝项目办在禄劝县委县政府的领导下，在禄劝县农业局、乐施会的指导支持下，在禄劝边远、贫困的山区实施了输电、社区发展基金、教育、卫生、生态保护、人畜饮水、道路修建、经济林果种植、科技培训、灾害紧急救援与灾后重建等方面的项目，项目涉及转龙、屏山、汤郎、马鹿、云龙、中屏、团街、茂山、翠华、九龙、崇德等 11 个乡（镇）的 36 个村委会，142 个自然村的 4680 户农户，17784 人。据不完全统计，截至 2014 年 5 月，禄劝项目办用于贫困山区发展项目的累计资金达到 3600 多万元。随着在贫困山区项目村扶贫项目的不断深入开展，禄劝项目办在工作理念和实践手段等方面也不断地改变，并对项目村发展产生了不同的影响。从整体上看，禄劝扶贫合作项目共经历了五个不同的阶段（见表 3－1）。

表 3－1 禄劝扶贫合作项目实践历程、成效及存在的主要问题

时间	主要阶段	理念或手段	对村落发展影响	存在的问题
1992—1997 年	“就事论事”	授人以鱼	生产生活条件的改善，收入增加	村民主体性缺失
1998—2004 年	“就事论人”	授人以渔，关注特殊群体	培养村落自我发展能力	项目间的关联性缺失
2005—2010 年	“注重生计改善”	生计系统分析	改善生计，获取外部发展资源	忽视村民尊重、自我实现等精神文化层面需求的满足
2011—2014 年	“负责任的美好生活”	自足、自尊、自主、社会责任	提升生活质量和幸福感	乡村价值理念的缺失
2015 年以来	“留住乡村”	乡村价值	发掘乡村价值，留住美丽乡村	

（一）“就事论事”扶贫合作贫困实践及成效（1992—1997 年）

1992—1997 年，禄劝项目办的扶贫合作实践处于探索阶段，该阶段主要采用的是以需求为本的反贫困理念，即“缺什么，给什么”“村里存在什么问题就解决什么问题”。该阶段，禄劝全县共有 136 个自然村获得项目支持。禄劝项目办向项目村共投入 873.65 万元，实施了大量的基础设施建设、种养殖技术培训与推广等项目。通过扶贫项目的实施，项目村的基础设施得到极大改善，通过种植养殖技术培训，村民生产技术得以提高，农业收入不断增加，有效地解决村民们的温饱问题，改善了村民的生产生活条件，生活水平显著提高。然而，由于该阶段禄劝项目办采用的是“授人以鱼”的扶贫手段，在项目决策、规划设计和实施等方面忽视了村民在项目实施中的主体性地位，从而容易导致村民产生“等、靠、要”的思想。

1. 通过基础设施建设，改善了村民的生产生活条件

针对禄劝县贫困山区农村道路、电力、人畜饮水、农田水利等基础设施严重短缺的问题，禄劝项目办在项目村开展了大量的基础设施建设项目。相关数据显示，从 1992 至 1997 年，禄劝项目办在基础设施建设方面共投入 753.15

万元，包括输电、人畜饮水、灌溉用水、道路修建、科技文化室建设、加工房修建、学校修建等项目。基础设施建设项目的实施改变了项目村生产生活条件，给村民日常生产生活带来极大的便利（见表3-2）。

表3-2　1992—1997年禄劝项目办在项目村开展的基础设施建设项目

项目	项目乡镇和村	项目内容	效果
输电	汤郎、翠华、团街、云龙、中屏、屏山等6个乡（镇）13个村委会的24个自然村	架设高压电路90多公里，低压电路300多公里，串户线2600公里	解决了712户农户、2245人的生活用电问题
人畜饮水	翠华、云龙、茂山、团街、屏山、中屏等6个乡（镇）8个村委会的29个自然村		解决852户农户、3238人的饮水问题
灌溉用水	翠华、团街、屏山、中屏等4个乡（镇）7个村委会的10个村民小组	修建水池120个，蓄水3000立方米	解决了500亩的土地灌溉用水
道路修建	九龙、翠华2个乡的3个村委会	整修乡村公路46公里	
饲粮加工点	汤郎、马鹿、九龙、翠华、云龙、茂山、团街、屏山、中屏等9个乡镇16个村委会的38个自然村	建加工房38个，配置加工机器38套	1520户，6380人受益
科技文化室	屏山、翠华、中屏、团街等4个乡（镇）5个村委会的5个自然村	建科技文化室5个，建筑面积480平方米	
空心砖厂	大松园村委会的马基山村民小组和马初村委会的马樱花村民小组	建造2个空心砖厂，无偿提供打砖设备各一套，每村3000元的周转金	
小学校舍建设	团街、翠华、屏山、茂山等4个乡（镇）6个村委会的6个自然村	建乡村小学6所，建筑面积379平方米	解决了500多名小学生上学的校舍紧缺问题

同时，村庄精英也主动争取架电、加工房等项目，发动村民积极参与项目建设，改善村民们的生产生活条件。因为村庄精英在村里由于具有人力资本、社会资本、生活阅历等方面的优势，既可以为村庄带来发展资源和机遇，又可以在村庄内部动员和带动村民参与社区事务，能够激发内部发展动力，促进社区生活状况的改善。例如，芹菜塘村民小组的老村主任龙德学通过自己积极行动为村里争取到了禄劝项目办支持的架电和加工房等项目，极大地改变了村内的生产生活条件。马樱花村民小组的张学峰带领村民从邻村引来了水，在一定程度上解决了村里生产生活用水问题。

访谈案例 3－1：龙德学（原芹菜塘村民小组村主任）。

1993 年芹菜塘村还没有通电，晚上只能点松明照明。我就去找乡政府要求给村里通电。当时乡长介绍说禄劝项目办有相关项目，可以找他们到村里做项目。当时，县民宗局有一个领导是中屏乡苗族人，我自己便直接去找他。该领导介绍说，中屏乡有一个叫陈桂田的人在项目办工作，让我去找他。通过陈桂田，我们找到当时的项目办经理董天坛，向他介绍了村里的情况。之后，项目办来到村里调查，同时给村里带来了养殖、种植等方面的新技术培训和新品种介绍。两个月后，乐施会开始在村里开展架电项目。

架电项目开始实施后，我开始召集村民开会，告诉村民项目具体实施情况，组织村民分组参与架电工程。村里请电管站的工作人员来确定架电线杆的地点、布置线路，村民出工搬运电线杆、拉线、上山砍木头。该项目进展顺利，只用了 7 天时间，于 1995 年 1 月 5 日村里就正式通电了。每户自己准备灯泡、电表以及进入家里的电线，其他的材料全部由乐施会项目提供。项目办帮助联系好供电所的人来村里接电，村里需要向供电所的人交费用。当天我和供电所的人跑到每家每户看看是否通电，电灯是否亮。供电所的人还告诉每家每户相关的安全事项，嘱咐村民要注意用电安全。通电后，每户有两个灯泡。当时 1 度电电费是 4 毛多，我把村里的电费收起来之后，交到供电所。村里基本没有欠电费的，都能够收得齐。芹菜塘村算是通电比较早的村，如果不是村里主动去找，可能还要晚几年才通电。

在 1994 年以前，村民使用小磨磨碎小麦、大麦，磨的不够细，而且麦麸分离不出来，也就一起吃掉。以前苞谷也是用小磨磨，吃的苞谷饭也是有皮。每天晚上村民要轮流磨猪饲料，而且一晚上只够准备第二天的猪饲料。1994

年11月，项目办开始在村里实施建造加工房项目。村里有加工房之后，村民就可以到加工房加工小麦、大麦和苞谷了，苞谷饭里也没有皮了，而且周边其他村里的人也会到村里加工粮食或饲料。

访谈案例3－2：张学峰（马樱花村民小组管理小组组长，父亲曾在供销社上班，20世纪80年代末在昆明肉联厂工作3年）。

以前在离马樱花村300多米远的山里有比较大的水源，村民都是用水桶去背水。此外，在离村子五六百米的地方也有一个水源可以提灌水上来。后来不知道什么原因水源越来越小了。在禄劝项目办的资助下，村民投工投劳，修建了一个大水池，通过水管抽水上来或背水上来，水池里的水来自于雨水和山上流淌下来的泉水。后来由于村子上方开了两个石场，放炮将上方的石头炸空了，水源也消失了。于是，村民们不得不四处寻找水源，费了很大周折才在隔壁中屏乡的大窝塘村找到了水源，当时我们村就与大窝塘村商议取水的事情。大窝塘村提出取水可以，要付5000元的取水钱，以后可以一直用水。我们觉得支付的钱有些多，就与大窝塘村开始了多达9次的谈判，村民代表每次去大窝塘村都带着烟酒和糖果等礼品，最终大窝塘村村民被感动，只收取了我们村3000元的费用。随后，村民们又花了6000多元买水管，准备打通输水线路。这些钱都是由村民自己主动出资，每户出资450元。

然而，在安装管线的时候又遇到了困难，许多村民不确定大窝塘村的水源能否到达马樱花村，许多村民选择持观望态度，因此他们不肯出工出力。那时候输水的时候，感觉压力大啊！为什么呢？村民们都担心水到不了村子，那做到最后岂不财力两空了？因此，我们几个人就拿水平尺从水源地指向马樱花村，测量出来的结果是大窝塘村稍微比马樱花村要高一些，这样我们就开始铺管线了。铺管线的时候也是一边引水一边往前铺，水过来了之后再往前接管子。经过一番周折和辛苦，终于，从水源地将水引到了之前项目办修建的大水池边，我们就把水管和之前已经铺设好的管线接在一起。这样，之前停用的管线就又恢复使用了。去大窝塘村购买水源这件事情做成后，村民们很高兴，以后再做事时就好组织村民了。

2. 通过种植养殖技术培训和推广，提高了村民生产技术，有效地增加了村民收入

在禄劝项目办开展扶贫项目前，项目村村民普遍缺乏科学有效的种植养殖技术。在种植方面，农作物品种落后，产量非常低，难以满足村民们基本生活需要。而在养殖方面，村民缺乏必要的家畜禽饲养和管理技术，出栏率低，而且经常出现瘟疫等情况导致家畜禽死亡。针对这些问题，禄劝项目办联合农牧局等相关部门在项目村开展科技培训项目，一是对村民进行品种改良、种植和养殖技术等方面的培训，向村民介绍新品种和新技术；二是建立技术推广体系，选拔并培训县级、乡级和村级的科技员、防疫员等，负责相应范围内的新品种和新技术的推广。1992—1997 年间，禄劝项目办在科技培训方面共投入 13.2 万元，根据农户的生产需求，请县农技推广站、乡农林水中心、乡畜牧兽医服务中心的工作人员，在屏山、翠华、团街、中屏、九龙等五个乡（镇）的 10 个村委会的 67 个自然村进村入户，以集中讲解和实地示范的方式，完成杂交玉米种植、脱毒马铃薯种植、小麦种植和养猪、养牛等方面的技术培训，共培训 551 场（次），参加培训人数 4012 人次。

通过种植和养殖技术培训，提升村民生产生活状况。禄劝项目办在村内开展科技培训项目之后，芹菜塘、龙潭山、马樱花、汤二等村民小组的村民逐渐改种新品种，同时改变原来的落后种植和养殖技术，开始运用新的生产技术，粮食生产量和养殖技术得到较大提升，村民温饱问题逐渐得到解决，收入增加，生活水平得到提升。

访谈案例 3－3：潘学福（汤二村民小组村民，2007—2014 年先后担任汤郎箐村两委负责人）。

禄劝项目办刚开始在村里时做的是种养殖技术培训和改良品种、饲料等工作。项目办起初直接找技术员到地里教村民种植新品种玉米（会单四号），但是刚开始的时候村民都接受不了新技术新品种，担心换品种之后没粮食吃。于是，项目办就组织村民培训，自带发电机放录像。先是发动村干部带头种植，一年后村民看到新品种玉米产量确实高，就开始慢慢地种植新品种玉米了。以前村民种玉米不讲究种植间距，都是跟着牛种玉米，“隔一犁点一粒，隔一步一行”，植株比较稀。有些地方植株间距很大，而有些地方三四棵种在一起。培训之后，采取适当的株距，也有效地提高了玉米产量。

在饲养方面，以前村民都是将猪草用水煮熟喂猪。那时候是天天砍柴、做猪食、背水，其他农活都没时间做。之所以把猪草煮熟了再喂猪，是因为村民认为煮熟之后，猪食有汤，猪吃了可以显得肚子很大。经过培训之后，村民才知道猪草是可以生吃的，不需要煮熟。同时，村民养猪不知道何时催膘何时出栏，白白地浪费了许多饲料。于是，项目办对村民进行养猪技术培训，要注重猪食的营养均衡搭配，要适时出栏等。按照以前的饲养方法，一头猪需要两三年才能够出栏，培训后一年就能够出栏，村民养猪数量也增多了，收入也相应增加了。

建立农业技术推广体系，培养村级科技员。禄劝项目办建立了较为完善的乡镇、行政村、自然村三级技术推广体系，每个层级都有一个负责人，分别负责各自层级的防疫工作。禄劝项目办想让项目村里有一个永久的技术人员，所以决定在每个村里培训科技员，让他们去推广新技术新品种。禄劝项目办开展防疫项目的时候，村里的科技员都会积极主动地去项目办接受培训，学打预防针、参加饲养技术培训和新饲料推广活动等。

访谈案例 3－4：龙文聪（龙潭山村村主任，47 岁，初中毕业，项目进村时兼任科技员）。

项目进村后修了水池，村民就不用背水了，干农活的时间就更长了。那时候 5 个村轮流选出一个人管理水池，其他的人就可以到地里干活。当时我在村里当农技员，推广玉米芯品种会单四号，就自己带头种新品种，产量提高到 300～350 公斤/亩，而且植株比较矮，不容易倒伏，老品种玉米非常容易倒。其他农户看到实际效果后，就慢慢地开始种新品种玉米了。

访谈案例 3－5：张学峰（马樱花村民小组村民，项目进村时当科技员）。

在没有给鸡打预防针以前，村民们养的鸡经常得瘟疫而死，那时候村里也没有什么应对措施，只能看着鸡全部死去。禄劝项目办通过培训科技员给鸡打预防针后，鸡瘟病疫情得到有效控制。该项目是 1992 年开始实施的。当时，项目办来村里考察，向村民介绍给鸡打预防针，开始村民都不相信，都不愿意给鸡打预防针。但是项目办的工作人员一直在给村民讲解打预防针的好处，并给村民进行现场培训，还组织科技员到县里培训，希望通过培训让科技员给村里的鸡打预防针。而且，项目办工作人员还亲自示范给村里的鸡打预防针，并连续坚持了两年。后来村民逐渐地看到了这个项目所带来的好处，开始主动给饲养的鸡打预防针了。

3. 开展小额贷款项目，为村民提供发展生计所需要的资本

为了更好地促进村民发展生计，禄劝项目办在项目村开展种植养殖技术培训项目的同时，还积极推行小额贷款项目。该阶段的小额贷款每户可贷款额度为300～500元，之后逐步地提升贷款额度，月利率0.3%，禄劝项目办和农行合作并签订协议，并与县农业局等相关部门建立合作关系，农户支付利息给银行作为代办费。禄劝项目办将贷款资金存入农业银行。在实施小额信贷项目过程中，农行只是一个代办机构，至于农户的选择（例如需要借款多少）、收款、催款等工作全部由禄劝项目办负责。该时期禄劝项目办共培训156名项目管理人员，负责136个自然村的贷款项目管理，相当于每一个自然村有一个负责人。自然村的贷款项目管理员同时也是该村的技术员。农户不需要申请，禄劝项目办只需要统计各家各户需要的资金数量，形成一个总金额，然后将资金一次性转账到农行。项目管理人员再通知贷款户去农行领款，收款的时候再由这些管理人员去催款。虽然该时期的小额贷款额度较低，但是能够为村民提供急需的生产成本，例如购买种子、化肥、猪仔、羊羔、饲料等。

禄劝项目办在这一时期主要是采取的是“授人以鱼”的包办式的扶贫方式，项目办工作人员在了解项目村村民们的实际需求之后，就包办了从买“鱼”到送“鱼”的全过程，村民们只是被动地接受。长此以往，村民们容易形成“等、靠、要”的思想，一旦项目结束，村民生计又重新回到原来的贫困状况。同时，由于该阶段禄劝项目办开展反贫困项目的村庄较多，针对性不强，从而出现了“撒胡椒面”现象，导致项目难以产生持续性的发展效应。

访谈案例3－6：冯明玲（乐施会云南办项目经理）。

1994年禄劝项目办开始有项目进入芹菜塘村。当时村里还没有通电。老百姓碾米用的是老式的石磨，效率非常低。通过项目投资，建设了输电线路和加工房，老百姓生产生活得到极大改善。以前，用老式石磨加工一家人一天吃的苞谷面要用一个小时的时间。现在，机器半小时可以碾出一家人一个星期要吃的苞谷面。加工房运转两年后的某一天，该村村民走了7公里山路到乡镇，

然后又搭车赶25公里路到县城的项目办公室。拿出一颗断裂的螺丝对项目办工作人员说："你们加工房的螺丝断了，老百姓这几天没办法碾米，你们赶快去给换上吧"。听了这话，项目办工作人员哭笑不得，带着村民到五金店买了螺丝，又告诉他们怎么安装。

当时，类似螺丝钉的事情还有很多，例如，雨季道路损毁无人修，饮水管断裂无人管。"就事论事"的方式导致了村民对项目成果的拥有感不强，扶贫项目中村民的主体性地位缺失，自我参与和自我服务脱贫的意识不够，参与式项目短缺。

（二）"就事论人"扶贫合作实践及成效（1998—2004年）

1997年以后，项目办在总结"就事论事"的反贫困实践经验教训的基础上，改进了扶贫工作理念和手段，变"就事论事"为"就事论人"，引入参与式扶贫发展理念。此时，禄劝项目办在扶贫发展项目中的角色从主导者转变为协助者，村民不仅是受益者，更是项目的决策者、管理者和执行者。同时，禄劝项目办引入社会性别分析、关注弱势等手段和方法，让项目村的特殊群体也参与到项目实践中。

此阶段禄劝项目办运用参与式手法进行参与式项目设计，以村干部为班底，组织成立项目管理小组，通过项目活动来培养村民参与项目的管理与发展能力，项目开展过程中注重参与式决策、关注弱势、社会性别平等，充分体现全体村民的参与性，体现农户的实际需要。在此阶段，禄劝项目办共投入385.56万元，包括基础设施建设、助学、小额贷款、科技培训、产业开发等项目，不再单一地追求项目投入数量和覆盖面，而是注重项目村村民自我发展能力的培养。这种"授人以渔"的扶贫工作方式激发了村民们参与项目的积极性和主动性。

1. 运用参与式手法，提升村民参与的积极性，培养村民自我发展意识

禄劝项目办工作人员运用"参与式需求评估"方法，与项目村村民一起探索确定项目村要开展的发展项目，将村民分为老年组、中年组、妇女组、种植养殖能手组等不同类型的组别，分别进行需求调查评估，并采用矩阵打分的方式获得农户的需求情况，根据村民需求的轻重缓解来确定要开展的发展项目。同时，在项目实施过程中组织村民参与管理、决策和规划。调查发现，将参与式理念引入发展项目之后，芹菜塘、汤二等项目村村民参与项目的积极性

逐渐增强，村民的主体性地位得到提升，并逐渐形成自我发展意识和能力。由于该阶段的项目注重妇女的参与，因此妇女在参与项目的积极性和主动性方面的转变尤为明显。

访谈案例 3－7：曹兴福（禄劝项目办经理）。

1997 年乐施会派了两个项目官员运用参与式理念对禄劝项目办工作人员进行培训。经过培训以后，禄劝项目办就开始对项目村进行筛选，选择适合项目开展的项目点。在项目村开展一次项目之后，如果效果好，符合参与式发展理念，而且村子比较有发展潜力，就继续在这个项目点开展新的项目。

刚开始开展参与式项目时，我们工作人员就不停地来到村里组织村民开会，讨论村里发展面临的困难和了解村民的需求，再根据实际情况确定项目。1999 年后，在开展项目时，先在项目村针对妇女、老人、年轻人等不同群体分别进行调研。同时，项目办工作人员还会在项目村长时间地与村民反复协商讨论，建立比较完善的项目管理制度和选举制度等。前期工作做好之后，后面的项目就非常好开展。例如通过项目的实施，芹菜塘村村民各方面的能力都起来了，可以自己去找相关部门寻求资源，自己联系施工人员开展相关项目等。

按照相关项目管理制度中规定参会的人数中必须有 1/3 是女性，开会时妇女都会参加会议，但是基本不会发言。但在芹菜塘村，项目管理小组成员龙秀花的转变是比较大的，不仅发言积极，而且对妇女起到非常大的带动作用。其他妇女刚开始参与的时候是不怎么说话的，有时候好几个小时都说不了几句话。经过多次参加各种讨论会，妇女们的参与程度也逐渐提高。例如，在讨论“负责任的美好生活”的时候有很多建议都是妇女提出来的，在改猪圈、修路等项目中很多妇女的参与度非常高。

访谈案例 3－8：龙美秀（芹菜塘村民小组村民，妇女小组成员）。

项目没有进村之前，村里开会我都不去参加的，老公去参加。禄劝项目办来村里做水池、改猪圈、修路、打地板、建加工房等项目后，我在项目办工作人员的动员下慢慢地便去参加开会了，开会的时候，我也会发言的，都是用苗语讲，不太会说汉语，用汉语就讲不出来。我是 2002 年经过村民选举成为管理小组成员的，他们都知道我性格比较活跃，说我会看情况说话办事，比较灵活。现在村里开展项目的时候，我都会动员妇女参加。

2. 注重社区社会组织建设，提升村民组织化程度，推动村民进行自我管理和服务

禄劝项目办在此阶段除了引入“参与式理念”之外，还依托项目村的村干部和其他精英，协助项目村成立社区社会组织，建立相应的管理制度，提升村民的组织化程度和社区自我发展能力。禄劝项目办在开展项目时都会组织村民成立项目管理小组，为了便于开展工作，起初项目管理小组成员主要由村干部组成。随着项目的不断开展，项目管理小组的职能也逐渐从管理具体项目向管理社区事务转变，项目管理小组也转变为社区管理小组。从2001年开始，禄劝项目办在项目村开展社区发展基金项目，为了保障社区发展基金的正常运行，项目办引导村民成立社区发展委员会，委员会成员由村民直接选举产生。在开展社区发展基金项目时，村民被分为不同的贷款小组，每组选举一名组长，负责本组内部相关贷款事务。此时，项目村依托社区发展基金项目形成了开展社区事务的组织形式。社区发展委员会成员并不一定是村干部，而村干部也不一定是社区管理委员会，于是出现了不协调问题。尤其是基层政府对这些社区社会组织比较敏感，而且与村委会作为基层自治组织在名义上难以区分，于是，禄劝项目办将社区发展委员会改称为社区管理委员会，在开展项目和其他社区事务过程中进行自我决策与管理。此阶段禄劝项目办在开展项目时开始进行社会性别分析，注重妇女在发展项目中的参与性。

访谈案例3-9：龙德学（原芹菜塘村民小组村主任）。

2003年禄劝项目办正好有资金支持，让我们自己决定要做什么项目，我们就提出来建水池。因为1998年之后，引进杂交玉米新品种，如果没有水的话，玉米种下去根本成活不了，所以需要解决种玉米的用水问题。我们把建水池的数量和体积等定下来交给项目办。项目办给我们提供资金和材料（水泥、钢筋等）。水池的建设地点也是村里自己开会讨论决定的。当时确定水池所建地点的时候，村民们直接到地里现场去看，根据灌溉面积来确定水池的地点。第一次讨论确定好建造地点后，项目办就来村里开会通知项目批下来了。但是过两天后，有个村民觉得建造水池的地点对他家来说不方便。村里就又重新进行讨论，重新去现场选择建造地点。第二次决定之后，又有人提出其他意见，村里再进行协商讨论，直到大家都同意。前后共讨论了三次，经历了半个月。选择建造地点时，村民如果有意见并在最终确定建造地点前提出来，可以通过

沟通协商的方法处理，这样以后也就没有矛盾。我主要是组织大家开会，做好协调工作。

村民们经过充分讨论，把考虑到的问题都事先解决好并建立起管理制度。根据一片耕地共用一个水池的原则选出一个组长，当用水量大的时候，组长就组织大家讨论每家每户可以用多少水，并监督大家的用水量。当时项目办提出来要关注弱势群体，要求让弱势群体先用水。村民也接受这一要求。这些都形成了相关的用水制度，大家都能够遵守。用水制度主要包括关注弱势群体、监督用水量（小组长监督）、水池蓄水等。

当时，我还是村里的村主任，但不是管理小组组长，只是项目管理小组成员。项目管理小组组长是王光铭（女），下面又分为五个小组，由村民自己投票选出来五个小组长（贷款小组组长），小组长是没有报酬的。贷款小组组长不仅在贷款的时候组织大家，在平时也负责组织、协调组内成员工作（每个小组 5 ~7 户）。

3. 将小额贷款和社区自我发展相结合，初步形成自我决策、自我管理的社区发展基金运行机制

1997 年后，禄劝项目办在总结上阶段小额贷款项目存在问题的基础上，对贷款项目的组织管理进行了改善。在每个村成立贷款管理小组，将取款和还款的单位提高了一个层次，由贷款管理小组统一组织。1999 年，禄劝项目办借鉴孟加拉国的乡村银行模式（GB 模式）[①]，采取五户联保，分期还款，成立中心组、借款小组等，自然村层面有一个中心管理组，一般都是由三到五个人组成，管理整个村的贷款，有一个小组长，中心组的每个成员则是借款小组的组长，管理五到八户。2001 年，禄劝项目办开始将小额贷款项目与社区自我

① 孟加拉 GB 模式是指孟加拉国格拉米银行发放贷款的方式和管理办法。GB 是 GRAMEEN BANK（格拉米银行）的英文缩写。格拉米银行的服务宗旨和目标是向穷人发放贷款，帮助他们摆脱贫困。贷款类别主要有：帮助穷人从事副业生产的一般性贷款；帮助农民进行季节耕种的季节性贷款；帮助农民修缮和改建住房的贷款；帮助农民打井、解决吃水问题的挖井贷款；帮助农民建厕所、改善家庭卫生条件的厕所贷款；帮助借款人家庭成员从事生产的家庭贷款；鼓励各农户联合从事农副生产的联合贷款；方便农民租用大型农用机械的租赁贷款等。参见什么是孟加拉 GB 模式？http：//www. southcn. com/news/gdnews/sz/gdfp/jbzs/200510130477. htm.

发展结合，在贷款项目中体现村民的主体性和自主性。之后，禄劝项目办将贷款资金直接投放到项目村，并成立社区管理委员会，社区管理委员会在项目办的协助和指导下，负责社区发展基金的运行与管理，村民分成若干个借款小组，并选举出小组长，负责本小组成员的贷款管理工作。村民需要通过申请获得贷款。目前，马樱花、芹菜塘、汤二等项目村均有社区发展基金，在禄劝项目办的协助下，各村的社区发展基金逐渐形成稳定的自我运行机制（见图3－1）。

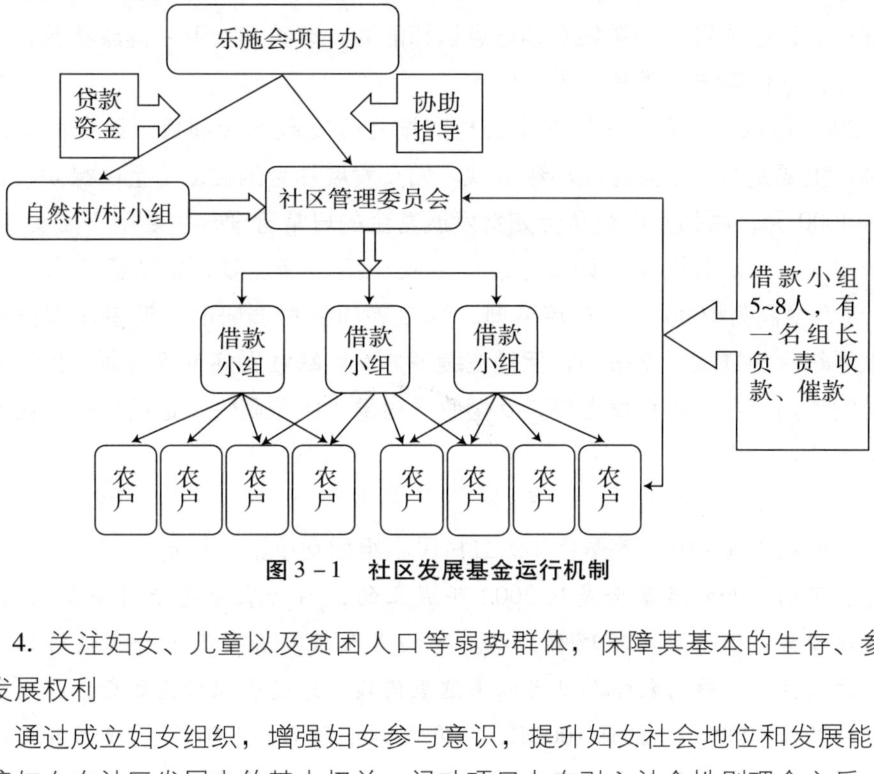

图3－1　社区发展基金运行机制

4. 关注妇女、儿童以及贫困人口等弱势群体，保障其基本的生存、参与和发展权利

通过成立妇女组织，增强妇女参与意识，提升妇女社会地位和发展能力，保障妇女在社区发展中的基本权益。禄劝项目办在引入社会性别理念之后，将妇女权益保障和社会地位的提升作为重要的工作目标，不断探索促进妇女有效参与的方法，例如成立妇女小组、建立妇女发展基金、开展妇女发展项目等，极大地改善了妇女社区参与状况，提高了妇女对发展资源的可获得性。

通过成立妇女小组让妇女在项目实践和社区发展中担任管理者和决策者的角色。禄劝项目办在该阶段开展项目时特别强调妇女的参与，并在项目管理小组中成立妇女小组，妇女小组成员在项目管理小组中担任组长等职务，转变了以前只有男人参与管理社区公共事务的状况。在项目实施过程中，妇女参与社区公共事务也遇到不少的困难与阻碍，主要体现在男性村民的反对，尤其是妇女小组成员们在家里得不到丈夫的理解和支持。例如，务茂德村民小组村民龙学坤的妻子连续三届当选为妇女小组成员，在村里成立妇女小组时，龙学坤觉得“妇女太猖狂了，搞得我们男人都要听妇女们的了”。

开展妇女发展项目，改善妇女日常生活条件，提升妇女自我发展能力和社会地位。除了在社区层面要保障妇女的参与权利之外，禄劝项目办还针对妇女的一些特殊需求开展社会性别项目，例如妇女发展基金、建节能灶、建太阳能浴室等。这些项目在增强妇女参与意识和能力，改善妇女卫生健康状况，提升妇女社会地位等方面发挥了重要作用。

2001 年禄劝项目办开始在项目村实施社区发展基金项目，设立妇女发展基金，主要是面向妇女开展小额贷款。妇女发展基金的启动资金由禄劝项目办提供 4000 元，由妇女小组负责妇女发展基金的日常管理，主要用于妇女治病、买衣服等方面。有需要的妇女可以向妇女小组申请贷款，贷款额度最低的为 100 元，最高为 1000 元。在芹菜塘、汤二等项目村调研时，笔者发现虽然妇女发展基金的贷款额度很小，但是在缓解妇女因缺钱看病难等方面起到了非常关键的作用，在一定程度上使妇女摆脱了对男人的依附性，进而提升了妇女的社会地位。

访谈案例 3 - 10：潘秀兰（汤二村民小组妇女小组组长）。

村里的妇女发展基金是从 2002 年成立的，妇女基金是专门给女人用的。女人比较穷，很多男人不理解女人。一些男人只顾着喝酒不会拿钱给妇女看病，妇女生病没钱打针吃药就可以来这里借钱。通过小组讨论之后，就借给她们，最多借 1000 元，最低 100 元，一年之后还就行。2007 年，我因身体不好需要到医院检查，但是当时家里没有钱，就从妇女发展基金里贷款 400 元去医院看病。后来，老公开农用车赚钱还了贷款。妇女借钱一般情况下都是用来看病。有了妇女基金，现在即使家里男人不给钱，妇女也有钱看病，而且也能够按时还清贷款。妇女在农忙的时候可以打零工、下雨的时候可以捡菌子，还可以通过挖草药等途径赚钱还贷款。目前妇女基金没有出现拖欠贷款的情况，大家都会按时还款，这样妇女基金才能够继续借下去，而且大部分妇女都是在借钱不久之后自己赚钱还款的。

改造节能灶项目也是禄劝项目办在强调社会性别分析阶段实施的发展项目。该项目的实施主要考虑几个方面：一是生态保护。2000 年左右，禄劝县贫困山区村民依然通过上山捡柴砍柴来满足日常生活对燃料的需求，通过节能改造可以节省燃烧柴火数量，从而保护环境。二是改变村民传统养猪习惯。虽然在 2000 年左右，禄劝项目办已经对项目村村民进行了饲养管理等养殖技术培训，但是还是有村民依然将草料煮熟后再喂猪，这样既增加了劳动量，又需要大量的柴火才能煮好一天的猪饲料。三是改善妇女日常生活条件。按照社会性别分工，妇女主要操持家务，做饭、煮猪食等都需要炉灶，而当时很多村民家中的炉灶然仍是没有炉条的老土灶，消耗燃料多，效率低，而且在做饭、煮猪食时，妇女的裙子经常被炉火烧到，威胁妇女安全。1998—2004 年间，禄劝项目办在中屏、团街、翠华三个乡镇的 6 个村委会 16 个自然村 360 户完成节能灶改造。

访谈案例 3－11：潘学福（原汤郎箐村委会党支部书记）。

在禄劝项目办做节能灶改造项目之前，汤二村里都是没有炉条的老土灶，虽然烧水速度快，但是非常费柴火，火太大。当时村民张树文等人去学习改造节能灶，回来之后就帮村民改灶。由项目办提供材料，也有技术人员在现场指导。改灶之后，烧水非常快，而且省柴火。以前一背柴（横背）大约 30～40 公斤，烧一大锅猪食就烧完了，而改灶之后一背柴能够煮 3～4 大锅猪食。改灶前后所用的时间是差不多，大概 30 分钟左右。柴火都是山上砍的树枝。新灶节省柴火，可以少砍树枝。而且以前老灶还容易烧到妇女的裙子，现在新灶既安全，又干净。所以，上山背柴的次数少了，妇女便有更多的时间干其他事情。

丰富妇女日常生活活动和改善妇女卫生健康状况的项目。禄劝项目办提供的相关数据资料显示，在该时期项目办开展了一系列针对妇女的发展项目。1998—2004 年间，禄劝项目办在中屏乡、翠华乡、团街乡等 3 个乡、3 个村委会的 6 个自然村，建盖了 1 个蜡染房、2 个妇女活动中心，并配备了相应的设备，使这些村的妇女们能有一个议事、学习、交流和开展活动的场所，同时，还组织妇女到外面交流参观，学知识、长见识，这些项目共投资 25.8 万元。同时，禄劝项目办在翠华大松园村委会的石丫口、纳岔村委会的安心田、汤郎箐村委会的半坡三个自然村还建盖了村社小药房，为每个药房提供4400元药品周转金，并开展健康教育、妇女病普查及治疗等；在安心田、石丫口两个村配备合作医疗基金12360元，让148户农户可以就近看小病，需要住院的村民能在村里借到村社合作医疗基金。针对项目村妇女妇科疾病多发的状况，禄劝项目办还资助项目村建立太阳能浴室，让妇女们有一个可以洗澡的地方。

开展儿童助学项目，保障贫困家庭儿童获得受教育权。针对山区儿童上学难等问题，禄劝项目办从1992年就开展学校建设项目。1992—1997年间，禄劝项目办在团街、翠华、屏山、茂山等4个乡（镇）的6个村委会建盖乡村小学6所，建筑面积379平方米，投入资金25.3万元，解决了500多名小学生上学的校舍紧缺问题。1998—2004年，禄劝项目办投资36.62万元，在团街、茂山2个乡（镇）的2个村委会建盖乡村小学2所，建筑面积679平方米，解决了200多名小学生上学的校舍紧缺问题。同时该阶段禄劝项目办还在项目村设立助学基金。6年间，禄劝项目办在团街、翠华、中屏、茂山等4个乡镇的6个村委会，为37个村申请到助学资金27.94万元，其中无偿资金15.34万元，资助学生182人次；有偿资金12.6万元，资助学生共859人次。助学基金主要是根据各村人口的多少、在校学生人数决定，同时将助学基金放在村里，由村社自己管理使用，每一学期根据学生的家庭情况评选资助对象及资助金额。目前，项目村助学基金依然在有效运行，有效地帮助了贫困家庭儿童接受义务教育。

访谈案例3－12：潘秀兰（汤二村民小组妇女小组组长）。

我从2013年开始管理助学基金，接手时有3618元，现在是3967元。助学基金主要用于困难家庭儿童的生活费、住宿费、资料费以及给儿童买书包、文具、衣服、鞋子等，一般是借款金额为200～300元。只要家里有学生，就可以从助学基金里借钱。现在借钱多一些的主要是去中心小学读书的学生。村里目前由2个读初中的学生。去年借助学基金的有5家，其中读学前班的1家，读小学的4家，借的最多的是500元，最少的200元。助学基金从没有出现过拖欠不还的情况。

关注其他弱势群体，保障其参与社区发展和利益分享的机会与权益。关注弱势群体是禄劝项目办开展扶贫发展项目的基本原则之一。实际上，注重妇女参与、资助困难家庭学生等项目都是对村庄内部弱势群体的一种关注。除此之外，禄劝项目办在开展基础设施建设、产业发展、社区发展基金等项目时，依然会特别关注贫困、残疾、老年人等特殊困难群体的参与。例如，2003 年禄劝项目办资助芹菜塘村民小组建造蓄水池以解决灌溉用水问题。当时除了那些没有劳动能力的老弱病残村民不需要参加劳动外，其他村民都要参与到该项目中。而且在水池选点和用水分配方面则优先考虑老弱病残等困难家庭的灌溉用水问题。正是由于在项目实施中注重对弱势群体的关注，也激发了弱势群体积极参与扶贫发展项目并履行相应的义务。例如，2011 年芹菜塘村民小组实施社区活动中心建设项目，按照关注弱势群体的原则，老年人和困难户原本不需要参与集资，但是这些村民都主动要求参与筹款。于是，经过村民会议决定，芹菜塘村民小组将农户分为三类：普通村民、老年人和特困户，分别按照 250 元/人、150 元/人和 50 元/户的标准进行筹资。全村 40 户，除了确实困难的一户没有参与筹资外，其他村民均参与出资建造活动中心。

（三）“注重生计改善”的扶贫合作实践及成效（2005—2010 年）

经过地方政府、项目办等相关部门十年多的合作努力，项目村村民基本上解决了温饱问题，而且逐渐具备了一定的自我发展能力、积累了一定的发展资源。然而，项目村村民生计发展依然面临着诸多问题，如资金短缺、市场信息缺乏、先进技术缺乏等。同时，禄劝项目办虽然在项目村开展了大量的扶贫发展项目，但是项目之间的关联性不足，难以为项目村带来持续的发展动力和发展资源。因此，自 2005 年开始，禄劝项目办依然采取参与式发展理念，组织项目村村民进行生计系统分析，发掘可利用的发展资源发展开展项目，注重项目之间的关联性和系统性。同时，禄劝项目办还协助项目村成立合作组织，搭建项目村与金融机构等其他主体的合作平台，并通过各种方式协助项目村获得相关政府部门、金融机构等主体的支持，以获取来自村落外部的金融、技术、市场信息等发展资源，提升项目村获取外部资源的能力，促进项目村的综合性可持续发展。

1. 通过生计系统分析，整合内外部各类发展资源，改善农户生计

针对以前开展项目比较分散、难以在项目村形成合力的问题，禄劝项目办在此阶段开始注重项目之间的关联性和系统性，围绕着村民生计发展需求，实施一系列综合性发展项目，从而实现生计发展项目的可持续性和系统性。这些项目的实施改变了以前各个项目“单打独斗”的状况，使多项改善生计的措施形成合力，促进了社区生计的综合性发展。例如，芹菜塘村民小组围绕养猪

产业发展项目实施了圈舍改造、种猪品种改良、道路硬化、成立养猪专业合作社、养猪技术培训、社区发展基金等具体措施。

访谈案例 3－13：王群明（芹菜塘村民小组组长）。

2007 年，村里开展了改卫生圈的项目，每户一个，共改了 30 多个，全部由禄劝项目办提供资金、材料和设备支持。改卫生圈是村里先讨论决定，再向项目办提出申请的。原来的猪圈是木头做的，用不了几年就被猪拱烂了。而且冬天的时候比较冷，养的肥猪都给冻瘦了。所以大家提出改猪圈。改卫生圈项目总共花费 10 万多元。村里自己计算的材料是非常准确的，瓦 2500 片，空心砖 560 块等，最后这些都正好用完。项目办的预算资金也是按照这些进行计算的。不算投入的劳动力，平均每个猪圈花费材料费 2000 多元。

改卫生圈和道路硬化是一起做的，共投工 2800 多个，两年时间完成。道路硬化之前，村里的路非常难走。用车从家里拉粪拉不出去，收玉米之后也运不回来，以前要是开车运肥料和玉米，就需要套防滑链。修路之后，可以直接把肥料运到地边，玉米也可以直接拉回到家里了。现在只是在下雨后开车进地里时须套防滑链。以前出门走一圈，鞋子上全是泥巴，家里也到处是泥巴，现在家里的泥巴少了，卫生状况也变好了。

改卫生圈的同时，项目办还资助村民改进种猪品种。买种猪的资金 4500 元由项目办、种猪养殖户以及所有村民各出 1/3。同时，还制定了种猪配种制度，村民选举出种猪养殖户，该养殖户必须出资购买种猪，以避免其不精心饲养种猪。种猪产权属于村集体所有，养殖户收取配种费，为本村母猪配种便宜一些，给外村母猪来配种贵一点，而且要优先保证本村的母猪配种。

同时，项目办还组织村民成立养猪合作社。刚开始打算成立养猪协会，主要希望通过协会向信用社贷款，因为散户是很难与信用社对接贷款的。2007 年 7 月 1 日，《中华人民共和国农民专业合作社法》出台后，项目办转而考虑成立合作社，并到村里给村民宣传成立合作社的好处，不仅可以在卖猪的时候有定价格的权利，而且可以与饲料公司进行谈判等，于是村民非常赞同成立合作社。以前，村民只知道养猪，虽然有时候也讨论如何合作养猪、购买饲料，但也不知道具体该怎么办。项目办请中屏农经站负责合作社的工作人员来给村民讲解成立合作社的相关知识，讨论成立董事会等事项。2008 年 3 月，项目办曹兴福老师带领村民去县工商局成功注册了合作社，注册资金 2000 元，由村民集资，每户 55 元，相当于社员费。从商讨到最后成立合作社，前后历时半年左右。

除此之外，在项目办的协助下，芹菜塘村养猪专业合作社与中屏乡兽医服务中心签订养猪技术培训协议，为芹菜塘村养殖户提供技术支持。

多元主体参与社区资源整合，形成相对完善的农户生计系统，促进项目村可持续发展。根据项目村自身的生计发展需求和条件，项目办协调各行动主体参与到项目中，充分整合和利用各种内外部资源，改善社区生计系统，促进项目村的可持续发展。例如，2005—2007 年禄劝项目办在翠华乡汤郎箐村委会的秧草堆和汉排两个村小组，以项目社区为主体，邀请了翠华乡相关政府部门、汤郎箐村委会，以及当地种养能手等一起到社区，结合政府的规划和农户生产生活的实际需要，围绕生计改善目标，用参与式方法来设计项目。另如汤郎箐村委会的汤三自然村和新民村委会的高山自然村，则从提供发展基金和技术培训两个方面来开展生计发展项目。通过技术部门培训、乡土专家培训以及社区互访交流等多种方式对村民开展技术培训，即村民根据实际科技需求与技术部门签订培训合同，达到培训要求时，社区再付给技术部门培训费。同时，村民小组还选举出两名乡土专家，结合一些乡土知识进行跟踪指导，使村民学到的知识技能更加实用。在此基础上，禄劝项目办还组织两个村民小组的村民代表到农作物种得好的村子进行实地参观交流，借鉴其成功经验。由此可见，禄劝项目办在该阶段注重发掘村民小组内外部资源，根据不同项目点村民的不同需求，开展不同模式的生计发展项目，通过社区组织、技术部门、金融机构、市场等多元主体的参与，完善社区生计系统，以保障农户生计的可持续发展。例如，长期以来，芹菜塘村民小组村民就习惯养猪，而且养猪也是他们收入的主要来源。在 20 世纪 90 年代，禄劝项目办进入芹菜塘村民小组开展扶贫项目时，就曾经对村民进行过畜禽防疫和养殖技术的培训，在一定程度上提升了村民养殖收入。然而，如果将养猪作为一种生计产业发展，仅靠单纯的技术培训难以有效地保障该生计产业的持续发展，还需要从猪圈建设、品种选择、饲养管理、市场销售等方面进行改善。2007 年，芹菜塘村民小组向禄劝项目办提出了养猪生计项目申请，并获得了资助。在项目的实施过程中村民始终处于主导地位，从规划设计、组织施工、项目管理等各个方面均由村民自己参与，形成了一套自我决策、自我管理、自我出工出力的项目执行模式。

访谈案例3-14：王群明（芹菜塘村民小组组长）。

建造猪圈的大小（18平方米）是村民共同提出来的。当时村里根据加工房的大小讨论，村民认为猪圈如果和加工房差不多大的话，可以喂六七头猪。当时禄劝项目办考虑1平方米养1头猪，而且设计猪圈时既要有食槽，也要有猪可以活动的地方。村民自己计算墙体和地板所需要的材料，向禄劝项目办提供相关数据。因为村民从前期的项目施工中已经学习掌握了相关的建筑技术和经验，从打砂、打砖到买瓦等都是村民自己根据经验计算所需数量的，最后实际需要的资金基本上与向项目办提供的预算资金一致。项目办找了中屏兽医站的一个技术人员来指导建猪圈。刚开始，技术员建了两个猪圈作为示范，然后村民在技术员的指导下分组建设。技术员主要是在关键技术方面给村民指导，如地板该怎么做才能把粪便排出去等。村民则按照技术员的指导施工建设。

在猪圈建设过程中，村民自己出工出力，运石头、打砂、打砖等。主任（王群明）管全部，副主任（张学良）负责记账，会计（龙正坤）负责项目开支并向项目办汇报。乐施会并不是把打砂、打砖、运费等相关费用一次性全部给村里，而是村里做了哪些事情，先报送给项目办，项目办审核后在拨付相应部分的资金。一个项目的所有资金基本上是要分三四次才全部下拨完。做项目时村里还设有监事（张明德、龙德荣），主要是看村民出工情况、打砖比例以及施工进展情况。如果一个组打了500块砖，而另一组只打了300块砖，那么监事长就会问第二组为什么打的少，并查明原因等。37户村民分为两组，同时开工，一家一户地建造猪圈。

村民在项目实践中的主导地位还体现在，可以根据实际情况对项目规划不合理的地方进行及时讨论和调整，以防止项目实施过程中不切合实际需求的情况出现。我们村里的道路硬化项目和改卫生猪圈项目是一期的。道路硬化的资金为11万多，道路设计是2米宽，1000多米长。后来项目快要实施的时候，村民们发现道路2米有点窄，因为农用车有1.9米宽，即使与摩托车会车时也无法通行。在申请项目的时候，村民们并没有意识到这个问题。所以在施工之前，村民向项目办提出要扩大道路的宽度的请求。但是因为项目已经审批，项目预算无法增加，村民经商量后决定，在项目资金总量不变的情况下，将道路宽度拓宽到2.5米，长度缩短到750米。项目办也同意按照村民们决定的方案来开展项目。

在项目实施过程中，政府各职能部门也积极提供相关服务和支持。按照项目协议，中屏乡兽医服务中心在猪圈建设过程中对芹菜塘村民小组村民进行猪圈建设技术指导，如猪圈结构、选点等，对养殖户进行饲养管理、防疫、品种选择等方面进行技术培训。信用社为芹菜塘村民小组养殖户提供金融支持。2007 年开始，禄劝项目办与禄劝县信用社合作开展小额贷款项目试点，芹菜塘村民小组被选为试点村，以社区发展基金为平台获得信用合作社的金融支持。2007 年芹菜塘村民小组发展基金贷款额度最高为 3000 元，当年共有 22 户获得贷款，总贷款金额为 57000 元，养殖户可以利用贷款购买猪仔、饲料等。据禄劝项目办提供的统计数据，2008—2010 年间，芹菜塘社区发展基金累计贷款 357000 元。截至 2014 年，累计贷款数已超过 100 万。

2. 通过搭建组织化、制度化平台，增强村民参与市场和获取外部发展资源的能力

为了避免项目村村民对项目资助产生依赖，禄劝项目办在关注农户生计系统改善的同时，注重培养项目村村民参与市场和获取外部发展资源的能力。项目村村民具备了获取外部发展资源的能力，一方面可以增强项目村的发展动力和发展能力；另一方面也可以为项目办撤出项目村奠定基础。

访谈案例 3 – 15：王群明（芹菜塘村民小组组长）。

村里成立合作社后，就以合作社的名义到中屏乡与一个饲料经销商协商集体购买饲料的优惠价格，确定村里养殖户购买饲料每包优惠 20 元。同时，饲料经销商还要负责对村里所有猪的病情防治工作（这个饲料经销商的丈夫在兽医站工作），而且给猪看病时给予收费优惠。村民养殖户的猪出现病情都会给他打电话，同时如果饲料有问题，就去找他。双方就上述内容签订了一份协议。

成立合作社之后，村民们养的猪统一销售。2009 年左右，养猪数量比较大，大家会一起去卖。合作社还与屠宰公司进行协商，以高于市场的价格销售。卖小猪也是这样，一起与购买方进行谈判，高于市场价销售。前期的养猪防疫培训是禄劝项目办找技术人员来村里培训，后来合作社根据需要找人来对养殖户进行饲养培训，向培训人员提供车费和伙食费。

虽然我们成立的是养猪专业合作社，但是合作社发挥的作用不仅在养殖方面，还主动与一个从事马铃薯种植的老板谈判，联系新品种，组织农户种植马铃薯新品种。同时，合作社还统一购买化肥，购买合同盖合作社章，既可以享

受价格优惠，又可以防止经销商售卖假化肥。

通过参加合作社，村民也学会了按照市场行情来主动调节生产结构，例如，2010 年养猪行情不好时，合作社理事会打听到汤郎箐村委会种植的紫云 1 号马铃薯收成好、产量高，价格好，就组织农户代表到撒营盘镇的干海子村紫云 1 号马铃薯种植基地考察，并与种植大户进行种植技术交流，学习种植经验。后来合作社看到魔芋市场价格较好，又组织农户到中屏乡安东康村委会考察魔芋种植技术，交流市场行情。通过与农户讨论商量，最后确定先试种植紫云 1 号马铃薯，并主动与禄劝伟顺马铃薯公司联系，2011 年 37 户共种植了 100 亩马铃薯。

在禄劝项目办的协助下，项目村村民的自我发展意识和发展能力得到很大提升，有效地提升了村民们获取外部发展资源的能力，开始主动与外部金融机构合作，获取持续的金融服务。例如，2002 年禄劝项目办在芹菜塘村民小组开展社区发展基金项目，经过几年的运行，社区发展基金逐渐形成了一个稳定的自主运行机制，农户还款率为 100%。2007 年，禄劝项目办又与禄劝信用社达成合作协议，将芹菜塘村民小组作为禄劝项目办的第一个试点村，开展社区发展基金试点。当年年底前村民提前一个月把贷款还清，经过信用社评定，该村 33 户申请借款的家庭有 19 户成为信用社客户，信用额度为 3000 元。2008 年贷款村民按时还款结束，信用额度升到 5000 元，客户增加到 27 户。第三年村民还款结束，信用额度升到 10000 元，信用社不再审查该村村民的客户资格，改为按社区管理层评审推荐为主。经过几年的运作管理，社区共发放 33 户贷款证。芹菜塘村民小组由原来被信用社纳入黑名单的无信用村变为最守信用的村。

3. 通过“面向成果的培训”，进一步激发村民主动获取发展资源的意识，提升社区可持续发展能力

为了培养项目村村民获取外部发展资源的能力，禄劝项目办在对村民们的技术培训方面也改变了原来的工作方式，从直接邀请技术人员培训指导转变为搭建合作平台，由项目村与相关部门签订培训协议。这种培训方式也被称为“面向成果的培训”，即在项目办的协助下，项目村与相关技术部门签订培训协议，技术部门按照规定履行培训义务，参与培训人员评估合格之后，再向培训部门支付相应培训费。这种培训方式改变了以前村民被动接受技术培训的局面，激发村民主动参与技术培训的意识，变“要我去培训”为“我要去培

训”。村民在培训过程中处于主导地位，并根据自身技术掌握情况对培训人员进行打分评估，根据评分结果支付相应费用，有效地激发了村民主动获取外部发展资源的意识，主动选择对社区发展有推动作用的优质发展资源。

访谈案例3－16：曹兴福（禄劝项目办经理）

在禄劝项目办的协助下，2007年芹菜塘村养猪专业合作社与中屏乡兽医服务中心签订《关于养猪圈舍改造技术指导和养猪技术培训的协议》。按照协议，兽医服务中心在芹菜塘村生计完善项目中给予相应的技术指导与培训。兽医服务中心参与芹菜塘村民小组养猪圈舍改造的设计、修改，经过与村民们的共同讨论，确定猪圈改造的规格、结构，指导村民科学选点，保证圈舍冬暖夏凉。在建设过程中由技术人员进行现场指导。圈舍改造结束后，按每户200元收取技术指导费，37户共计7400元。

兽医服务中心在芹菜塘村培训了2名防疫员，采取理论讲解和实际操作相结合的方式，从防疫的重要性、防疫体系的建立、普通病的防治等方面对防疫员进行培训。养猪户中必须有1人学会养母猪（母猪品种的选择、妊娠母猪管理、适时配种等）。针对农户在仔猪培育（特别是出生前期的饲养管理）、育肥猪的饲养管理和适时出栏、防疫等方面存在的问题，兽医服务中心对37户养殖户进行专业培训。培训结束后，参与受训所有人员根据接受培训内容和自己掌握培训内容情况给培训人员进行打分，最高分是100分，70分以下需要培训员做出相应的分析，并与农户讨论后重新进行培训。经村民打分评估全部合格，芹菜塘养猪专业合作社支付兽医服务中心养猪培训费1360元。

（四）“负责任的美好生活”的扶贫合作实践及成效（2011—2014年）

随着国际反贫困形势的变化以及中国农村经济社会的发展，乐施会在内地的反贫困理念也随之调整。在乐施会2008—2009年度报告中提出了“负责任的美好生活——为每一个人谋求最好的生活条件”的行动理念。从2011年开始，禄劝项目办的扶贫实践也进入了“负责任的美好生活”阶段。此阶段禄劝项目办的扶贫实践已经超越以前单纯注重村民物质层面的需求，从强调收入增长向关注村民的内心感受转变，围绕着村民内心所想的“好日子”开展项目，积极引导村民以“什么是好日子、我们自己首先怎么做，需要外部怎么帮助”为切入点，启发村民去思考社区、家庭及个人的发展，以帮助村民过上持续的“美好生活”。同时，这种“美好生活”是“负责任”的。“负责任”的概念可以理解为三层含义：一是对生态负责。纠正传统扶贫过度开发资源，导致生态破坏的行为。对生态负责包括养护森林、保护水源、爱护土地、维系生态平衡，也包括了乡村垃圾分类与利用、生态循环、低碳生活以及保护生物多样性等。二是对消费者负责。传统生产、生活只是对自己和家人负责，乡村的开放性要求村民们的责任意识要扩大到消费者，村民提供的农产品应该是健康的、绿色的、无公害的，是可以信任和值得信赖的；也包括对城市游客、观光体验者提供诚信服务。三是对乡村社区负责。“负责任的美好生活”不再是个人脱贫致富的概念，不是自己顾自己，而是要照顾到左邻右舍，发挥邻里互助的传统，大家采取一致行动，保护社区安全，维护社区荣誉，遵守社区制度和规范。

此阶段禄劝项目办仍然坚持参与式的工作手法，引导村民开展自我决策，进一步强化自我发展意识，提升自我发展能力。在继续完善社区生计系统的同时，引导村民开展改善社区生活环境、丰富社区文化生活、促进社区融合以及保护生态环境等超越物质和生产层面的发展项目。例如，芹菜塘村组自我发展与负责任的美好生活项目、九龙镇罗德尼村组生计和生态环境改善项目、马鹿塘乡松林坪村组主导的气候变化与适应项目、翠华镇汤二村组传统节日庆典与生产发展评比项目等。

1. 围绕“美好生活”项目开展自我决策，提升与强化村民们的自我发展意识和能力

从第二阶段“就事论人”的扶贫实践开始，禄劝项目办就一直强调培养村组自我发展意识，并通过项目的开展来培养和提升村组自我发展能力。到第四阶段“负责任的美好生活”，项目办依然强调村组的自我决策意识，并在此过程中进一步提升和强化自我发展能力。例如，在芹菜塘村民小组，项目办围绕着“什么是好日子、我们自己首先怎么做，需要外部怎么帮助”等问题，引导村民讨论“好日子”的愿望、如何过上好日子等。

经过充分发动全体村民参与讨论，芹菜塘村民小组村民对过上“美好生活”的“好日子”的愿望主要表现在以下方面：

（1）社区干净卫生，漂亮。

（2）社区团结，夫妻和睦，家人团结。

（3）钱多，生病有钱医，孩子有钱读大学。

（4）孩子有出息，不用家长操心，有能力到城里工作拿工资。

（5）老人有所养，老人有玩的地方，还有点闲钱用。

（6）和县城居民一样住上高高的楼房，有自来水，用水方便。

（7）晚上睡觉时有蚊帐，不被蚊子叮咬。

（8）身体健康，不生病，讲究卫生，可以经常洗澡。

（9）养更多的猪，每家能卖更多肥猪，把养猪专业合作社运作得更好。

（10）每户都有车辆，能够拉货也用来赶集和走亲戚。

（11）妇女不要这么劳苦，皮肤好，显得年轻。

由此可见，在温饱问题得到解决之后，村民心目中的“好日子”除了收入的增加之外，更多的是希望过上有质量的生活。

而对于“如何过上好日子”，村民们经过讨论认为，在产业发展方面由合作社主动自我决策，主要措施有：改良品种（示范种植魔芋、试种紫云1号马铃薯）、购买种公猪、合作使用农业机械等。除此之外，村民希望今后可以实现的愿望是：希望有集中的活动地点；希望村民讲卫生，身体好，少生病等；希望村里环境看起来干净漂亮等。围绕着这些希望，村民们经过讨论确定了希望开展的活动（见表3－3）。

表3－3　芹菜塘村民小组村民希望“过上好日子”开展的项目

项目	具体内容
建太阳能洗澡室	安装太阳能，改善个人卫生习惯和健康状况
建多功能活动中心	中心包括：会议室、学习室、兽医室、小药房、小卖部、厨房、公共厕所等
社区人居环境美化	项目办资助粉刷房子外墙，农户负责粉刷室内墙壁
猪品种改良	每户购买一头二元杂交优良种母猪，农户与项目办各出资50%。由社区农户自己购买一头优良种公猪
黑山羊品种提升	选配6只种公羊，以后由农户自行调种换种
核桃种植	从长远稳定增加经济收入角度考虑，后来地方政府实施了此项目

在上述项目的实施过程中，从规划设计、准备材料到施工建设等环节，村民依然处于主导地位，由社区管理委员会组织村民实施。禄劝项目办主要提供

相应的资金支持，并协助管委会邀请相关技术人员指导，充分体现了社区管理委员会自我决策、自我管理的能力。例如，以前芹菜塘村民小组里的卫生状况是非常差的，2013 年村里的水泥路修好以后，卫生状况有所好转。但是村民没有打扫村内环境卫生的习惯，禄劝项目办要求村民打扫卫生的时候，村民也只是应付一下，路边垃圾都不清扫。为了培养村民们自觉自愿的卫生意识，禄劝项目办的工作人员曾亲自带领村民对村里的垃圾进行彻底的清理，同时，也引导村民制定村内卫生管理制度。从那之后，村里的卫生状况慢慢变好了。为了进一步改进村里环境卫生状况，经过社区管理委员会组织村民开会讨论决定建垃圾池。在开会讨论建垃圾池的过程中，村里妇女也积极参与其中。2015 年 7 月，村民利用获评县级“文明村”得到的 1 万元奖补资金，自己设计规划以及投工投劳，在村里建造了 4 个垃圾池。在建垃圾池以前，全村村民讨论决定先把相关的管理制度建立起来，然后把垃圾池建好。现在村里每周三次大扫（周一、三、五）、每天一小扫、门前自己扫。村里打扫卫生主要是妇女负责，村内道路分段负责清扫，家门口各自负责清扫。村里的男劳动力轮流负责全村四个垃圾池的垃圾清运工作，每个月轮换一次，月底交班时，必须把垃圾池的垃圾清运干净。芹菜塘村民小组的卫生管理制度，不仅对村内卫生作出规定，而且也对村民家里面的卫生提出了要求，从而改善了村民家庭卫生状况。另外，在具体的实践中，芹菜塘村民小组依然践行着禄劝项目办倡导的关注弱势的基本原则，老年户、残疾户以及缺乏青壮年劳动力的家庭并没有被纳入轮流清除垃圾池的制度中。全村负责垃圾池清运的家庭共有 13 户，每户负责一个月，大约每年轮流一次。

2. 围绕“美好生活”项目改善生活条件，提升村民生活质量和幸福感

生活条件的改善和生活品质的提升是禄劝项目办在“负责任的美好生活”阶段关注的重点。如上文所提到的芹菜塘村民小组村民对“好日子”的愿望，都是围绕着这两点展开的，通过项目开展帮助村民改善了日常生活条件，提升了村民生活品质和幸福感。

例如，以前芹菜塘村民小组是没有公共活动场所的，村里开会的时候都集中在村干部家里，开会难免会出现争吵，有时会议开得很晚，会影响村干部家人的生活，甚至影响到村干部的家庭和谐。2011 年，村干部们就在一起商量是否可以在村里建个会议室。而建会议室资金是他们最头疼的事，于是，村里向禄劝项目办请求支持。禄劝项目办认为这是一个综合解决村民生活与娱乐活

动基础设施的时机，通过与村民们充分讨论后，认为围绕建造会议室，还可以综合考虑村里存在的其他问题和村民们的实际需求，统筹加以解决。例如：

（1）村里没有公共厕所，平时村民上厕所都是去山上找地方，很不方便，也不卫生。当乡镇或县里的政府工作人员下乡考察，因为没有厕所很不方便，一些女士甚至不敢多喝水。因此，村里需要建一个公共厕所。

（2）村里没有卫生所，村民们看病买药要到乡镇，由于看病买药不方便，有些小病就容易忽视，久而久之小病易累成大病，因此，村里建一个卫生所很有必要。

（3）村里在成立合作社时培养了两名禽畜防疫员，但是在为村民养殖业提供服务时却没有地方办公，需要为他们设计一个兽药房。

（4）村里成立了合作社，合作社的社员们在一起商量事情、技术交流、培训等没有一个固定的场所，需要建一个合作社的培训教室。

因此，禄劝项目办综合考察了村民们的上述需要后，决定并不能简单地建造一个厕所、一个会议室等，而是要建成一个综合性的社区多功能活动中心，其中包括：一个小卖部、一个公共厨房、两间厕所、一间兽医室、一个小药房等。

和其他建设项目一样，村民们对社区多功能活动中心如何建造进行了充分的讨论，决定选择在芹菜塘村民小组的龙正坤的承包地上建造，因为这块地在村中间，方便村民，于是向龙正坤提出用村里所属的荒山与他换地。龙正坤这块地有2亩，是最好的地，可以种玉米。为了村民们共同的利益，龙正坤答应换地。2013年活动中心建好投入使用。从此，村民们有了一个公共的活动场所，不仅村委会在这里开会、合作社在这里培训，而且孩子们喜欢在这里玩耍、大人们也喜欢在这里聊天。该活动中心的建立提升了村民们的凝聚力，促进了村民们之间的交流，增进了村民相互间感情，增强了社区的团结和谐。活动中心甚至成为村民们为子女举办升学、结婚庆祝以及节日开展活动的理想场所。

访谈案例3－17：龙正坤（芹菜塘村民小组村民）。

2013年张荣汉的女儿考取了昆明的一所卫校，儿子考取了昆明的一所技校。这可是村里了不得的大喜事，村上多少年才出一个中专生！孩子临开学前，张荣汉就把全村的村民和外村的亲戚朋友都请来，在活动中心的院子里摆了二十多桌酒席庆祝。方圆几十里的寨子，也只有我们村有这样的条件，不仅如此，还有干净的厨房、自来水、公共厕所，这些都很给我们长面子。所有来的客人都羡慕。

2014年，张富仕家里添孩子，要办喜事，全村人和亲戚朋友共十二桌。张汝坤的儿子要讨媳妇，定亲的那一天，在院子里摆了十五桌。还有张荣先结婚时摆了十二桌。以前办喜事都是在农户家里，脏、乱、拥挤，人多时就摆到路上去。有了活动中心，大家都觉得很有面子，村里人很开心，认为禄劝项目办这件事办得很好。

活动中心除了可以承办宴席，还成为村民聚会和娱乐的理想场所。2016年，大年三十晚上，全村人都来到活动中心一起过年。大家从自己家里带来好吃的、好喝的，放在桌子上，一字排开，全村人在一起聚会，甚为壮观。院子里的男男女女在一起唱歌、跳舞，孩子们在人群中穿来穿去，十分热闹。

外墙粉刷也是村民自己在“负责任的美好生活”的讨论中提出来的。村民们希望将居住的房屋外墙统一粉刷成白色的，这样看上去更漂亮，可以美化村里的环境。项目上报到禄劝项目办后，项目办认为可以通过这个项目来进一步激发村民们自己承担社区发展责任的意识，于是决定与村里合作开展此项目，同时要求村民必须把自家室内的墙壁粉刷，然后项目办再资助村民开展外墙粉刷项目。刚开始有一些村民不愿意做，最后经过讨论，大部分村民同意做这个项目。虽然需要自己出资粉刷内墙，但是村民都非常积极主动参与。禄劝项目办检查之后，开始启动外墙粉刷项目。

访谈案例3－18：龙正坤（芹菜塘村民小组村民）。

当时花这个钱的时候，全家人都愿意出！现在芹菜塘村的年轻人思想都比较开放了，去其他村里或村民家里看，屋里屋外都是白白净净的，再想想自己的房子黑黢黢的，自己心里就害羞，甚至自卑。现在房子刷得干净了，面子上足了！以后出去就抬起头来了！粉刷完屋子以后，整个屋子干净亮堂了！看着心情就好了！人的精气神也就有了。

项目刚开始的时候，村里打算想找施工队粉刷，但是几个施工队来看了之后，都说按照禄劝项目办的标准这个项目是没法做的，不赚钱。于是，村民就决定自己动手粉刷外墙。禄劝项目办把项目资金拨到村里，村民自己组织去买砂、白浆、小桶等工具。看似简单的粉刷墙壁活动，变成了一次实实在在的村庄的集体行动，大家齐心协力地完成了一次全村彻底的大扫除，每个农户也相当于对自己的房屋内部进行了一次装修改造。在这个过程中，村民们充分发扬了社区互助的传统，老人行动不便，年轻人就去帮着做，谁家粉刷墙壁大家都去帮忙。通过这次粉刷墙的项目，得到了一个意外的收获，村里的年轻人大都掌握了粉刷墙的技术，不仅可以为村民提供服务，还可以为邻村村民提供粉刷墙的服务。

访谈案例 3－19：曹兴福（禄劝项目办经理）。

其实村民家里的内墙都是在外墙粉刷之前粉刷过的，但是因为在屋里烧火，把白墙给熏黄了。乡里的书记和副书记来村里，询问粉刷墙壁花了多少钱。村民回答总共花了 77000 元。乡里领导根本不相信。因为之前乡里的工作人员带着几个建筑老板来看这个项目能不能做。这些老板说如果要把村里的房屋、烤烟房、厕所、猪圈等的外墙全部粉刷一遍，没有 20 万元根本做不完，所以当时只有 7 万多元钱的项目经费，他们都不愿意做。因此，当乡里领导听说只用了 7 万多元钱就把项目完成之后，他们是很震惊的。芹菜塘村的发展变化也得到了乡镇的认可，2015 年乡里把芹菜塘村申报为禄劝县“文明村”。

建造太阳能浴室，改善村民个人卫生状况。芹菜塘村民小组太阳能浴室项目是由村里的妇女提出来的。当时禄劝项目办在村里组织村民开展“美好生活”调查，村里的妇女们就说希望能够在冬天可以洗上热水澡。因此，项目办就资助村里开展了这个项目，当时村民自愿报名，大约 70% 左右的村民在家中建造了太阳能浴室。乐施会提供太阳能及相关设备，村民自己建造太阳能所需要的小房子（浴室）。太阳能所用的自来水取自乐施会在 1994 年建造的水池。芹菜塘村民小组的太阳能浴室项目使其成为禄劝县第一个太阳能项目村。在没有太阳能以前，村民很少洗澡的，只是用大盆接水，用毛巾擦洗一下，而且非常不方便，一般十多天洗一次澡，有的老人几个月不洗一次澡也是常有的事。村民们认为太阳能浴室的建造是一件很有意义，也感到很幸福的一件事情。

访谈案例 3－20：王春宏（芹菜塘村民小组村民）。

以前，我们白天干完农活，身上出了一身的汗，在田里倒腾得浑身也都是泥。白天没工夫、也不敢露天洗，怕人看见羞耻。一般是等夜深人静的时候，烧点开水兑点凉水，蹲在院子里，用毛巾擦一擦，就是这样简单。建造太阳能浴室之后，洗澡非常方便了，干完农活以后想洗就能洗澡了，每天晚上都可以洗澡，很舒服。太阳能热水器对妇女帮助更大，不仅可以洗澡，还可以用来烧水、做饭、烫猪食，这样既节省了柴火，也节省了劳动力。

3. 通过组织文化活动，发掘民族文化资源，促进村民的文化自觉与文化自信

丰富的文化生活也是村民所向往的“美好生活”之一。芹菜塘村民小组多功能活动中心的建立为村民提供了开展日常聚会和文化活动的场所。开展文化活动可以促进社区互助团结，提升村民集体意识，而民族文化活动更是能够实现文化的传承和增强村民们对本民族文化的文化自觉。在“负责任的美好生活”阶段，禄劝项目办通过支持项目村开展具有本民族特色的传统节日庆祝活动，弘扬民族传统文化，并探索将民族文化传承弘扬与反贫困有机相结合的减贫路径。

2014 年，禄劝项目办通过与汤郎箐村委会及汤二村村民讨论确定，由项目办支持汤二社区组织开展苗族传统节日——花山节的庆祝活动。具体活动由村民自主决策、自主组织，全民参与。村民们根据苗族花山节的传统，并结合村庄的实际情况，设计了一系列节日庆典活动，既组织了斗牛、爬杆、拔河、苗族舞蹈等传统的民族文化活动，又组织了男女赛跑、妇女穿衣比赛、夫妻摸手相认等文化娱乐活动，还组织了种植能手评比、养殖能手评比、尊长敬老户评选等活动。

访谈案例 3－21：袁加海（原禄劝项目办经理）。

2014 年汤二村组织花山节的时候来了非常多的人，富民、武定县也来了不少人。还有 80 多头牛，20 多支舞蹈队，这是超出预想的。因为人多，所以村里当时讨论决定 8 个人以下自愿表演的队伍，不再安排表演，超过 8 人的舞蹈队才会安排表演。活动总共开展两天，第一天在斗牛场上，开展斗牛、斗鸡、爬杆、赛跑等传统的民族文化活动，这一天大家都可以来参加活动。第二天就只有汤二村的村民参加，评比烤烟、玉米、养猪等生产能手，孝敬老人孝子户等。这些生产能手负责向村民讲解种植、养殖等生产技术。孝子户评比的

条件有帮老人做农活等。还有就是“盲人摸妻”，就是把男人的眼睛蒙上，去摸妇女的手认妻子，猜对的奖励20元，猜错的就要表演节目。

2015年没有搞花山节，2017年当时不想只是简单的热闹一下，就把苗族的民族文化也穿插了进去。比如苗族特色的芦笙舞，而且在开始的仪式上舞蹈人员要跳着舞去敬酒等。主持人发言时不仅要用苗语说一遍、还要再用汉语说一遍，而且宣传材料也是苗汉双语。还有一个专门的地方来展示土特产和进行民族特色活动。在开展某项民族特色活动的时候要有一位老师先介绍一下背景，比如爬杆，就需要介绍一下为什么要爬杆等，然后再开始比赛。这些内容比较丰富，只是苗族的一些特色产品做得不够，比如民族服饰需要有几件来展示，荞麦面也需要有外包装等。

同时，因为政府在五月初五会组织花山节，所以我们不会在那个时间组织花山节。2016年的花山节是在六月初六举办的。花山节没有固定的时间，一年四季只要是村里有条件，大家就会组织花山节。村里根据村民筹集的资金和洋芋等物质资源来决定要准备多少头牛、能够承担多少人吃饭等，然后确定时间。一般是在农闲的时候举办。我们项目办还和县民宗局商量过，在全县统一开展民族文化活动培训，一是芦笙舞培训，每个村选1～2个人到县里培训，然后他们回到村里再给村民培训；二是苗族文字培训，也是一个村培训1～3个人，他们回到村里教村民学习苗文。

4. 在改善生活条件过程中注重生态环境的保护

乐施会倡导的“负责任的美好生活”行动理念中的“负责任”的内涵之一就包含了对生态环境负责。因此，在此阶段，禄劝项目办也有针对性地开展了一些注重生态保护的反贫困项目。例如，2013年，禄劝项目办在九龙镇罗德尼社区从种植业、养殖业、环境保护、清洁饮水、植树、科技培训、健康饮食培训、防灾减灾培训、文化室修建、道路硬化和种植防风树等几方面入手，改善社区生产生活条件，最终达到改善农户生计的目的，同时提高村民的卫生意识和生态保护意识，提高防范自然灾害的能力，创造更加健康、负责任的美好生活。

气候干旱给贫困农户的生计发展带来了严重的影响。2010年以来，云南省连续气候干旱，尤其是山区农村缺水非常严重。例如，马鹿塘乡撒马基村委会的松林坪社区，干旱缺水状况严重，政府采取了积极的应对措施，农户自身也力所能及地开展适应恶劣气候变化方面的行动，但仍然解决不了由于气候干旱带来的对生计发展的影响问题。禄劝项目办在当地政府的配合以及相关气候专家的协助下，多次到项目村组进行调研，与村民讨论，决定开展气候变化与适应项目。该项目由当地政府、气候专家、项目办和农户等多元主体共同参与。开展的主要活动有：恢复与完善饮水灌溉系统（修复水沟、修复和新建水池、新建水窖等）、开展植树与森林保护（植树 800 株）、开展环保与节能培训、安装太阳能、修通进村道路和村内道路硬化、节能灶的推广试验（30 户）、运行社区发展基金、开展妇女健康体检与培训、建文化室等。同时，项目村组还讨论建立完善社区管理与奖励机制，例如，森林管护制度、沟渠维护管理制度、用水办法、垃圾处理公约、公路养护制度等；每年组织村民进行一次节能、环保、应对气候变化行动的评选活动，设立相应的奖励和照顾办法，以此激励更多的人参与到以上行动中，让村民们的生活更加环保、更加健康。在改善村民生计和生活条件的同时，保护生态环境促进可持续发展。

（五）“留住乡村”的扶贫合作实践及成效（2015 年至今）

2015 年之后，结合 20 多年的扶贫合作实践经验以及适应新时代精准扶贫战略需要，乐施会开始调整工作思路，探索开展以“留住乡村”主题的扶贫项目实践。此阶段，禄劝项目办运用乡村价值和优势视角的理念和方法，在一些脱贫项目村开展“留住乡村”实践项目，引导村民充分认识乡村所具有的农业生产价值、生活价值、生态价值以及文化传承与教化价值等乡村综合多功能价值，充分发掘、合理利用村落现有的价值和资源，以社区为主导，激发村民参与积极性和主动性，充分认识乡村所具有的优势资源和多元价值，进一步激发村民的自我发展意识，提升其自我发展能力，促进社区生计可持续性发展、人与生态和谐共生及乡村文化传承保护。通过开展有针对性的“留住乡村”项目，激发村民们的文化自信和内生动力，营建村民们的社区归属和认同感，增强社区自我发展能力与凝聚力，重构经济可持续、文化可传承以及人与自然和谐相处的乡村共同体。

1. 通过“留住乡村”项目探索，让村民认识到乡村存在的价值

针对越来越多的乡村呈现出“空心化”和文化荒漠化的衰败之势，禄劝项目办提出了“留住乡村”项目探索，希望通过项目实施，让村民认识村庄存在的价值，增强民族文化自信，以便更好地规划和设计乡村未来发展方向。该项目主要活动内容有：参观秀丽村庄、参观苗族民居、学习苗族芦笙舞；促

进生态农产品与城市社区消费市场有机对接；开展妇女生殖健康知识培训；培育儿童环境保护意识等。这些项目活动的开展，有效地促使村民认识到乡村所具有的青山绿水、邻里和谐与互帮互助等生态价值、文化价值优势，并结合相关项目探索将村落所具有的优势资源转化成为实现“美好生活”的有效途径。“留住乡村”项目实践，让村民既能在乡村找到生活的价值，促进乡村传统优秀文化的保护传承，又能共享现代社会发展成果。

2. 通过实施“家庭发展规划”与“社区发展”项目，推动农户生计可持续发展，改善农户生活水平和社区生产生活条件

乐施会提出“留住乡村”是项目村组外部协助者与项目村组村民共同努力，充分发掘、合理利用现有资源，建设生计可持续、生态和谐，文化可传承的社区行动。因此，在“留住乡村”项目实施中，在项目村组和农户本身所具有的能力和既有条件的基础上开展了“基于能力和条件的家庭发展规划”项目。禄劝项目办在翠华镇汤郎箐村委会汤二村民小组开展了第一个“家庭发展规划”项目。项目初期，项目办深入到汤二村民小组 40 户家庭做了非常详细的家庭生计调查，根据各家不同的生产经验、发展能力和资源设计出有差异性的家庭发展规划。项目包括：建牛圈、建洗澡室、老房子修缮、修筑防洪沟、家庭卫生整治、修建旱厕等。在项目实施中，通过政府、社会组织和村民共同努力，推动农户持续生计，改善农户生活水平；以村庄灾害治理为平台，培养农户减灾防灾意识，降低灾害风险。在项目实施中，禄劝项目办也十分注重社区整体层面的发展，开展了“村庄团结发展”项目，通过活动中心建设、村庄道路硬化、村庄绿化和村庄善治以及农户科学生产技术培训等活动，促进社区可持续性生计发展、环境保育及乡村文化传承。

团街镇马初村委会马樱花村民小组是禄劝项目办最早开展扶贫项目实践的项目点，通过项目办开展的加工坊和社区发展基金等早期项目在马樱花社区发展中仍然发挥着重要作用。但是由于基础薄弱、自然资源禀赋不足，整个村庄发展状况欠佳。在“留住乡村”项目探索实践阶段，禄劝项目办在马樱花社区实施“家庭发展与村庄团结发展”项目，从社区整体和家庭发展两个层面协助社区探索发展路径，为新时期社区发展积累经验。该项目主要活动包括：老房子装修、建厨房、建卫生圈、社区绿化、社区道路硬化、文化传承等内容。通过项目的实施，引导农户利用自身条件与能力，规划家庭生计发展计划，提高生活质量，增加经济收入，帮助村民们逐步实现自己向往的美好

生活。

3. 组织村民参与城乡互助市集，推动城乡互动融合发展

为了探索传统农耕方式与家庭生计协调发展的路径、激发苗族村民对其民族文化的文化自信与保护传承，禄劝项目办探索开展了“留住乡村—城乡互助市集”活动，这个活动是“留住乡村”项目的重要组成部分。该项目由乐施会、昆明市西山区汉达社会工作服务中心等联合发起，通过与盛高大城社区居民委员会合作，每月定时在盛高大城社区举办“美丽盛高城乡互助市集”，禄劝项目办定期组织项目村村民参加城乡互助市集，让村民将自己生产的生态农产品拿到市集上展销，直接与城市消费者对接。此项目以互助市集为平台，以生态农产品为链接点，推动城市居民与生态小农相互了解，例如，芹菜塘村民小组的老品种米拉洋芋、白萝卜、苞谷饭、豆腐、走地鸡、黑山羊以及汤二村民小组的山药、葛根、马刺根、黑毛土猪肉、豌豆尖等产品均得到了城市消费者的认可，在城乡居民的消费合作中达成互信与互助的新型城乡关系，促进城乡共融发展。同时，通过互助市集，既有效地增加了村民们的经济收入，又激发了村民们生产生态农产品的自信心，更能够引导和激发生态小农采用环境友好型的种养殖方式，保育土地，改善村域生态，提供安全农产品，获得稳定合理的收入，自觉地维护生态农耕系统。在参加市集过程中，村民们除了展销生态农产品之外，还通过表演具有民族特色的歌舞活动，让城市居民了解民族传统文化，进一步增强城市居民与村民们的互动交流。

4. 通过组织文化活动，促进城乡互动融合，激发村民文化自信

随着政府政策性投入的增加，农村基础设施等硬件条件明显改善，现代农业生产技术水平普遍较高，但农民增收困难，农村留守问题、空心化问题、生态环境问题以及农村缺少生机和活力等问题日益凸显。在“留住乡村”项目实践阶段，乐施会尝试以城乡统筹的视角推动城乡融合共同发展，通过开展一系列项目活动，促进城乡互相了解，推动生态农产品与城市社区对接，激发村民对乡村优秀传统文化和生态农耕文化的自信与保护传承。这些项目活动内容主要包括：城乡互助新市集开发、农户能力提升培训、志愿者/农户交互体验活动、苗族传统文化保护与传承、环境治理与生态建设、静待花开课程等，目的在于推动农户持续生计，改善农户生活水平、关爱妇女及儿童的健康成长以及村庄整体环境、人文、生态系统改善。在社会组织的大力协助下，一些项目村通过与城市大型居民区搭建市集平台，发动有合作意愿和生产能力的农户开展生态种

植、养殖规划，推动农户生计持续，改善农户生活水平和村庄整体环境生态系统，促进村民生态生产与城市居民生态消费有机融合，实现城乡融合互助。同时，通过搭建城乡互动的文化平台，举办富有特色的文化活动，让城市居民进一步了解乡村优秀传统文化，在文化活动中实现城乡互动，丰富村庄文化活动内容的同时，激发村民对乡村文化保护与传承的文化自觉和文化自信。

访谈案例 3－22：曹兴福（禄劝项目办经理）。

2018 年 6 月，汤二村在禄劝项目办和昆明市西山区汉达社会工作服务中心的协助下，举办了主题为“花山端午，城乡同乐”的花山节文化活动。汤二村全体村民在项目办的协助下，开展活动策划、准备和组织实施。活动参与者以汤二村村民为主，同时邀请了芹菜塘等其他村民和 10 户城市社区消费者家庭参与。在活动中，汤二村村民身穿苗族传统服饰，通过“拦门酒”、跳芦笙舞、唱苗族歌、吃苗家宴等活动让城市消费者了解并参与到民族特色文化活动中。同时，10 户城市消费者分别与 10 户汤二村村民家庭结对，实地参观村民生态农产品种养殖情况，增加城市社区消费者对所购买生态农产品的了解和认识，促进城乡居民之间的互动与了解，进一步增进城乡互助关系。

2018 年 9 月，芹菜塘村举办“芹菜塘首届丰收节”。活动邀请了城市社区消费者和志愿者及周边其他村民小组村民参加。在乐施会昆明办和禄劝项目办的协助下，芹菜塘村全体村民参与到活动的策划、设计、筹备、组织实施等各个环节，举办了一场由村民自编自演的苗族特色文化活动。通过老照片和村民的讲述，向大家展示村庄发展变迁的历程。通过拦门酒、品尝苗家丰收宴、掰苞谷竞赛等体验活动，让城市消费者和志愿者参与并感受传统农耕文化和民族特色文化中。在参与活动过程中促进城乡互助。

这些活动在促进城乡居民相互了解、增进城乡互助关系的同时，也激发了村民对传统农耕文化的自信，促进了民族文化的保护与传承。

5. 通过开展传统节日庆祝活动，重塑有温度的村落共同体氛围，促进传统文化传承弘扬

例如，2018 年重阳节，禄劝项目办在翠华镇纳岔村委会大窝塘村民小组，举办了“大窝塘社区 2018 年九九重阳节——尊老、爱老、敬老、助老活动”。禄劝项目办动员全体村民参加，通过庆祝重阳节，有效地促进了村组村民相互

学习、相互教育，营造了“爱老、敬老、助老、感恩”的和谐村组氛围，推动了村组团结发展，促进了传统文化的弘扬与传承。主要开展了以下活动。

第一，老人故事汇。该活动通过村里老年人讲故事，讲述村庄的由来和发展变迁，描绘出不同发展阶段的村庄生活状况，女性老年人回忆自己嫁入本村的经过以及前后的生活变化，让村里的年轻人更加了解村庄，增加年轻人对村落的归属感和认同感。

第二，开展孝道评比活动。由村民选出2户孝敬父母的子女户，获奖孝子户通过讲述生活中的故事向村民展示如何孝敬父母。同时，由村民选出2户教育子女杰出父母户，获奖老人讲述教育子女的方法和故事。评比活动结束后，村干部对孝道评比活动给予了高度肯定，并号召全体村民向获奖的村民模范学习。

第三，子女为父母穿衣服。为村组中的16位老人发放小棉衣作为纪念品，并安排子女为老人穿衣服。在活动中，老人和子女相互交流，说出自己的心里话。

第四，为老人拍照留影。因村里有的老人几乎很少出门上街，禄劝项目办给每一位参与的老人照单人照和全家福以作为纪念。

第五，敬老表演活动。村里的文艺队主动为老年人表演节目，给老人创造一个温馨、快乐的气氛，丰富老年人文化生活。

第六，看望重病困难老人。因村中有两位老人长年重病缠身，无法到活动现场，经与村干部商议以慰问的形式到两位老人家里进行慰问。

这是大窝塘村民小组第一次组织重阳节活动，活动整体气氛都很好，经过孝子户和老人教育好子女杰出户的评选活动更是起到了村民相互教育的效果。当场就有村民表态回家一定要好好反思一下自己对老人的态度，老人在当年艰苦的环境中把自己养大着实不容易。活动中，老人和子女的互动交流，也进一步增进了相互之间的情感。在苗族村落，当子女成家后，家中老人无论年纪多大都单独一户在旁居住，不和子女一同居住。这种习俗很容易忽视对老人的日常照料。经过此次举办重阳节活动，村组中的许多年轻子女都有所感触颇深，更加认识到了尊老、敬老、感恩的重要性。

二、激发村民主动参与促进社区主导发展——昌宁县扶贫合作项目

（一）项目背景

CDD 项目是以世界银行为先导的国际机构自 20 世纪 90 年代开始，在发展中国家倡导并积极探索社区发展的新途径。其主旨是将社区发展的决策权、资金等其他资源的控制权和管理权赋予社区成员及其组织，在外界部门的帮助下形成自我决策、自我组织、自我管理、自我监督、自我受益的社区主导发展模式，在社区主导的过程中更加关注社区成员自我发展能力的建设，以期形成长效减贫和可持续发展机制。[①] 中国政府和非政府扶贫组织机构也先后在中国扶贫领域和实践中引入了 CDD 社区主导的扶贫理论和方法。中国 CDD 理论和发展实践是在 21 世纪初通过国务院扶贫办外资中心和世界银行引入到中国的，在其中乐施会也发挥了十分重要的作用。

乐施会作为在中国开展救灾和社区扶贫时间最早、范围最广和最著名的非政府组织的扶贫专业机构之一，在农村扶贫社区扶贫和发展中始终是强调发展的主体性——助人自助，始终强调人的发展和制度的改变，是发展工作的根本要务，而不仅仅是物质生活方面的发展，把促进和发展被援助者的主体性与改变原有发展资源的配置方式及其制度的机会结构，作为实现发展的主体性、内生性和可持续性的基本手段。乐施会与中国政府合作扶贫的三十余年的实践中，根据不同时期的贫困特征和政府的大政方针，运用参与式的工作手法，按照贫困社区的内在需求，开展反贫困实践。合作扶贫实践不仅仅关注于物质层面发展目标的实现，而且将贫困社区和贫困农户的发展能力建设、社会资本建设与项目活动有机地联系起来，实现发展的可持续性。

2009 年，乐施会与广西壮族自治区、云南省两地的扶贫部门合作开展社区主导型发展项目，运用参与式手法，在实施发展项目的过程中，推动社区组织建设，提升社区自我发展能力，促进社区综合可持续发展。为了进一步推动社区主导型发展与参与式扶贫管理机制创新探索，2013 年乐施会在总结农村扶贫和社区综合发展实践和早期 CDD 项目实践经验基础上，与云南省外资扶贫项目管理中心（简称省外资中心，下同）合作开展了“社区主导型发展与

---

① 曲海燕、张斌、吴国宝．社区动力的激发对精准扶贫的启示——基于社区主导发展理论的概述、演变与争议[J]．理论月刊，2018（9）：162.

参与式扶贫管理机制创新”试点项目。乐施会与云南省扶贫部门合作，将社区主导型发展与参与式扶贫管理机制创新云南试点项目作为社区综合扶贫发展的主要方式，通过扶贫管理制度的创新设计，进一步探索在扶贫资源的分配、使用和管理等方面充分赋予贫困社区农户自主决策和自我管理权，充分调动广大贫困社区农户参与扶贫开发和新农村建设积极性并发挥其主体作用的经验和方法，在有效改善贫困社区农户生计的同时，促进贫困社区的自我组织、自我发展和自我管理能力的提升。

（二）CDD 项目实施概况

1. CDD 项目实施基本情况

自 2013 年，乐施会与云南省扶贫部门合作，在云南省昌宁、隆阳、鹤庆、南涧、弥渡、楚雄、双柏七个县市区开展了三轮 CDD 项目。2013—2016 年合作开展两轮 CDD 项目，第一轮项目实施期间为 2013 年 9 月至 2014 年 9 月，共计申报 111 个项目，涉及 7 县 13 个乡镇，14 个行政村，104 个自然村。第二轮项目实施时间为 2015 年 1 月—2016 年 3 月，共申报 105 个项目，涉及 7 县 12 个乡镇，13 个行政村，98 个自然村（见表 3－4）。前两轮合计投入 1680 万元（其中乐施会资金 1120 万元，省级财政配套资金 560 万元）。

项目社区的选择采取了从贫困县到贫困乡镇，再到贫困行政村，而后在行政村内部通过自然村或村民小组之间的项目申请和竞争性筛选这种层层递进的方式，保证了扶贫对象和扶贫项目的精准性。

表 3－4　7 个县市区的 CDD 项目分布情况

县份	乡镇	行政村	第一轮项目个数	第二轮项目个数
昌宁县	卡斯镇	兰山村	6	6
	漭水镇	沿江村	4	7
鹤庆县	六合乡	松坪村	7	8
	龙开口镇	下河川村	7	6
隆阳区	丙麻乡	阿贡田村	5	5
	瓦渡乡	打坪村	3	8
弥渡县	德苴乡	李丰村	10	10
		新和村	5	0
		太平村	0	10

续　表

县份	乡镇	行政村	第一轮项目个数	第二轮项目个数
南涧县	公郎镇	自强村	10	6
	乐秋乡	乐秋村	10	9
楚雄市	大过口乡	蚕豆田	10	0
	东华镇	力峨么村	15	11
双柏县	安龙堡乡	他宜龙村	8	8
	大庄镇	桃园村	11	11
项目合计			111	105

在7个县市区开展的216个项目的内容主要包括道路桥梁（131个）、人畜饮水（45个）、水利建设（26个）、文化活动建设（8个）及其他项目（6个）（见表3-5）。其中道路桥梁建设项目数量最多，占全部项目的60.6%；其次是人畜饮水项目，占20.8%；水利建设项目占12%；文化活动项目建设和其他项目分别占3.7%和2.8%。基础设施项目数量占到70%以上。

表3-5　项目申报主要内容

项目名称	项目个数	涵盖内容
道路桥梁	131	村组路建设，桥涵、生产路、卫生路、砂石路、公路、弹石路的修建，道路的扩改建、维修、硬化
人畜饮水	45	人畜饮水提水工程、蓄水坝（池、塘）
水利建设	26	农田水利、防洪、灌溉引水、水库、水沟、小坝塘、沟渠建设
文化活动	8	文化室、小组活动室
其他	6	畜厩改造、垃圾池、生态恢复、架设农用电网、修建村内物资集散地、球场挡墙

2. CDD项目基本流程与主要内容

在具体项目实践中，主要包括以下四个环节：

第一，宣传动员与社区准备环节。县扶贫办、乡镇项目协调小组、村两委入村做项目信息宣传与社区动员，并协助各社区村民民主选举出本社区项目管理小组。各社区项目管理小组选派3名代表组成行政村的“项目评审与监督委员会”。县扶贫办、乡镇项目协调小组对项目村社区组织准备、政策宣传、信息发布等宣传动员情况进行验收；省外资中心和乐施会对项目村社区准备工作进行抽查。

第二，培训、规划、评审与立项环节。县扶贫办、乡镇项目协调小组对“项目评审与监督委员会”成员就项目规划、项目评审及项目实施流程、规则等进行培训，并协助“项目评审与监督委员会”成员讨论制定项目评审细则、方法、程序。“项目评审与监督委员会”成员回到本社区带领村民完成本社区的项目规划及提交项目申请表。“项目评审与监督委员会”按规定程序和方法对各社区提出的项目进行逐一评审，确定拟资助的项目后上报县扶贫办。县扶贫办、乡镇政府组织技术人员对各“项目评审与监督委员会”上报的拟资助项目进行技术审核（对技术方案的选择、预算的合理性等进行审核指导），并将审核意见反馈给各行政村的“项目评审与监督委员会”。“项目评审与监督委员会”组织各项目社区根据技术部门审核意见讨论修改项目申请表（如不需修改，则不必讨论修改事宜）和详细的施工方案，并再次上报县扶贫办。经“项目评审与监督委员会”通过并经修改报县扶贫办的项目，由县扶贫办上报省外资中心和乐施会备案并进行复核。经省外资中心和乐施会复核认可的项目，由县扶贫办通知“项目评审与监督委员会”项目正式立项。各项目社区讨论项目资金账户开设及资金管理制度等事宜，并将账户材料通过行政村上报县扶贫办。

第三，项目实施环节。对通过评审的项目在行政村及各有关社区进行公示，公示内容包括项目名称、周期、活动、总预算、获得资助资金、社区集资和投工投劳等。各项目社区召开村民大会讨论社区资源动员的相关问题，如缺口资金的筹集、投工投劳的安排、山林土地的调剂等，并提出具体方案报县扶贫办。各项目社区制定相应的管理措施和制度，包括资金及财务管理、物资采购及工程队/工程机械的选择程序、标准等、工程进度质量监督、劳动力安排等，并报县扶贫办。每个项目实施前和项目结束时都必须进行项目公示（包括项目管理、项目财务等内容）。在项目评审、实施过程中，各级项目管理机构均接受和处理投诉。

第四，项目验收与审计环节。由县扶贫办牵头组织政府相关技术部门人员与社区农户一起，共同对工程项目进行验收。每个资助的项目活动结束时，由县扶贫办负责牵头组织政府相关部门人员依据项目管理规则和社区项目实施的管理办法，与社区农户一起对项目效果进行评价。无论是项目评价还是项目验收均需要考察项目后续管理措施及制度的具体可行性。项目资金将根据分期拨款、报账支付的原则进行财务管理，同时根据财务管理要求社区和县扶贫办须保存好相关支出单据进行财务报账和接受项目审计。

“社区主导型发展”项目与传统的社区发展项目有很大不同。简单地说，这一项目有两个主要特点：一是依托现有的基层政府行政组织，通过县、乡各级政府工作人员工作方式的转变，推动社区成员自主选择、决策、实施管理本社区要发展的项目活动；二是制度化，政府工作人员工作方式的转变和社区自我选择、决策、实施管理项目的过程也是一个制度化过程。

（三）乐施会与保山市昌宁县合作开展 CDD 项目的实践成效

乐施会与保山市扶贫部门的合作扶贫始于 1998 年，30 年累计向边远、贫困山区投入资金达 1400 多万元，开展合作项目 60 多个，涉及的内容主要包括：救灾救助、学校建设、小型基础设施建设、农田水利设施建设、技能培训、产业发展等方面。

在不同的时期，乐施会与保山市扶贫部门开展不同内容的合作扶贫项目。1998 年至 2010 年，主要围绕赈灾救灾开展合作项目。该阶段乐施会在隆阳区、施甸县、龙陵县、昌宁县等县区实施一系列赈灾援助项目，主要涉及的内容包括：发放救灾物资、重建小学、重建民房、恢复重建农田水利设施、人畜饮水工程、技术培训等。2011—2012 年，开展以社区综合发展项目为主的合作扶贫项目，该阶段乐施会投入资金 100 多万元，在隆阳区西邑乡吴山村、昌宁县漭水镇联福村字家坡和后大山村民小组，开展社区综合发展项目，主要实施种植业、养殖业、生产道路、村内道路硬化、人畜饮水、沼气、提水站工程、劳动力技能培训等。

2013—2018 年，乐施会与保山市隆阳区、昌宁县、龙陵县扶贫部门合作开展 CDD 项目试点，共开展三轮。2013—2016 年，开展了两轮社区主导型发展项目，乐施会投入资金 320 万元，省级财政配套资金 160 万元，在隆阳区瓦渡乡打坪村、丙麻乡阿贡田村，昌宁县卡斯镇兰山村，漭水镇沿江村开展，主要实施村组生产道路、人畜饮水、小水窖等工程建设。2017—2018 年继续开展以社区主导型发展与参与式扶贫管理机制创新云南试点项目为主的合作扶贫。乐施会投入资金 237. 3 万元，省级财政配套资金 165 万元，支持隆阳区瓦房乡四棵树村民小组贫困户民房改造和基础设施建设，芒宽乡勐林村新寨村民小组农地灌溉系统及生产道路建设，瓦马彝族白族乡新民村禾花树、洼子田村民小组村内道路建设；昌宁县卡斯镇毛寨社区综合发展项目、兰山社区道路建设、漭水镇翠花社区大平坦村民小组人畜饮水工程；龙陵县碧寨乡中寨村、油竹坡、大羊场、小水路三个村民小组的道路建设。经过五年多的项目实践，项目社区在生产生活条件的改善、生活水平的提升、社区自组织能力、自我管理能力以及可持续发展能力等方面取得了显著的成效。

1. 通过 CDD 项目的实施，改善了社区生产生活条件，满足了社区居民的现实需求

CDD 项目社区的选择从贫困县到贫困乡镇，再到贫困行政村，而后在行政村内部通过自然村之间的项目申请和竞争性筛选这种层层递进的方式，保证了扶贫对象和扶贫项目的精准性。项目社区村民结合实际自主筛选项目，项目所解决的社区问题大多是原来给村民带来很大不便的难题。社区村民从实际情况出发确定项目内容，改善了社区生产生活条件，满足了社区多元化的现实需求。

通过昌宁县卡斯镇的实地调研发现，很多项目社区在开展 CDD 项目前，其道路、人畜饮水、灌溉用水等基础设施严重不足，生产生活条件落后；生产生活用水、农家肥等生产生活资料都要依靠“人背马驮”，小型的农业生产机械也需要人工搬运到农地里，花费了大量的时间和劳力成本。针对基础设施不足问题，村民在确定项目内容时更多地选择小型基础设施项目，这有效解决了社区中小而难的问题，改善了社区村民生产生活条件。

卡斯镇兰山社区在 2013—2017 年共开展了三轮 CDD 项目，覆盖 11 个村民小组，实施了 14 个项目，主要涉及修建或者拓宽进村道路和机耕道、架设水管、挖水沟、修砌涵洞和挡墙等生产生活基础设施（见表 3－6）。

表 3－6　2013—2017 年兰山社区 CDD 项目一览表

村民小组	项目内容	项目实施规模
摩老镫	修路	进组路 3 公里，机耕路 2240 米，砂石路 200 米，排水沟 393 米，挖侧沟 2240 米
大树	修路	拓宽进组路 2600 米，铺砂石路 2600 米，开挖侧沟 2600 米，挖机耕路两条共 4000 米

续　表

村民小组	项目内容	项目实施规模
一旮旯	架设水管、修路	架设各型号钢管 5702 米，修建水池 2 个，开挖机耕路 6 条共 1500 米，开挖侧沟 1500 米
花红树	修路	拓宽道路 1500 米，挡墙 260 米，砂石路 1500 米，挖侧沟 1500 米
二道桥	架设水管	架设各型号钢管 6350 米，蓄水池 7 个
三岔洼	修路	机耕路 2400 米，挖侧沟 2400 米，铺沙石路 400 米
沙寨	修路	机耕路 4 条共 2025 米，砂石路和侧沟 2025 米
窝子寨	修路	机耕路 2 条共 1287.5 米，并铺筑成砂石路
云岩寺	修路	机耕路 2 条共 1900 米，挖侧沟 1900 米，铺筑成砂石路
隔节	修路	机耕路 2 条共 2500 米，铺筑成砂石路，挖侧沟 2500 米
刺竹山	修路	机耕路 4 条共 4757 米，铺筑成砂石路，挖侧沟 4757 米

这些小型基础设施项目的实施改善了项目社区的生产生活条件，解决了村民出行与生产资料和农产品的运输难题，节省了大量的时间和劳力。

访谈案例 3－23：张书记（兰山村支部书记）。

CDD 项目进村后，村里道路得到了改善，节省了时间和劳力。以前村里的路不好走，什么东西都需要人背马驮。CDD 项目之后，肥料都可以用车运，能及时运到地里，能节省不少的成本和劳力。原来耕地的机器，我们叫这种机器叫“气死牛”，都要好几个人抬到地里面去，用完之后再抬出来。现在不需要了，机器可以直接用车子运到地里。

新开或拓宽路面、修筑必要的挡墙和排水沟、铺设砂石，改善了路面状况，也改变了原来靠“人背马驮”和“公鸡车”（独轮车）运输肥料等生产资料和收获的玉米烟叶等农产品的耗时耗力运输困难状况。现在即便是没有劳动力在家的老人家庭，也不用为春耕和收获时的运输问题发愁了。这既节省了金钱，又节省了时间和劳动力。

2. 运用“参与式”手法，充分调动村民的积极性与主动性，提升社区自我发展能力

在 CDD 项目实践中，“参与式”的工作手法贯穿始终，在项目的申报、策划、立项、管理、执行、监督以及项目成果的后续管理等实践过程的各个环节，都非常重视村民的参与性，这有利于转变村民的“等、靠、要”思想，有利于调动村民参与项目的积极性和主动性，培育村民对项目的拥有感和获得感，提升社区可持续发展能力。

引导村民积极参与项目申报与竞争性评审，提升村民表达现实需求的能力和主动性。CDD 项目依托县乡政府扶贫部门工作人员以及行政村村级组织对项目村村民进行政策宣传和信息发布，同时就 CDD 项目操作规则、项目规划、预算以及实施方案等内容进行培训。在信息充分沟通基础上，各村民小组项目管理小组组织召开村民大会，提出急需解决的问题，对问题和可能的解决方案、所需要的资源和社区自己的能力（包括资金、劳力和技术）以及外部可以获得的支持资源进行分析评估，选取亟待解决又切合社区实际需要的项目作为申报项目。组织社区人员和技术力量进行相应的方案设计和预算，根据设计方案作出资金和其他资源筹措方案，并考虑方案在实施过程中可能会遇到的困难和问题，事先设计出相应的解决办法（社区制度）。各村民小组参与行政村层面的竞争性评审，以争取获得项目资助。同时，各村民小组选择村民代表组成区项目评审委员会，对各自然村申报的项目方案进行评审，以打分的方式，按顺序确定入选项目。在整个过程中，村民代表既是评审员又是申报员（不参与评审本村小组的项目）。不论村庄大小，均是 2 名代表参与评审，从程序上确保各社区参与的公平性。通过当场打分当场公布的方式的决定项目是否通过，以保证评审的公开透明和公正。通过参与项目的申报与评审，村民表达自身需求的能力得到了提升，也激发了村民表达自身需求的主动性，节省了项目招投标的成本。

访谈案例 3－24：陆文波（乐施会项目干事）。

CDD 项目刚进入村的时候，村民们对 CDD 的做法还不习惯。当时开会的时候，我们要求大家自己申请项目，自己评审。大家的积极性不高。有些小组长就说：“直接让村委会说就好了，指定给哪个组就让那个组来做。”虽然不习惯新的做法，但是各个村民小组都分析本村存在的问题，找出需要优先解决

的问题是什么，并根据会议要求找出解决问题的办法，并进行设计预算，自己能做什么，需要外界的支持是什么？需要支持的资金多少？拿出自己的竞争方案。有个小组长所在的组在第一轮没有申请到项目，第二轮申请到了修水的项目。村民的积极性和主动性越来越高。在修水项目实施过程中，他们还在路边上留了水管。我们问水管设在路边是干啥呢？他们说："路上有车过的时候，可以用来加水。"

访谈案例 3－25：赵组长（毛寨村坡脚村民小组组长，45 岁）。

通过做 CDD 项目，管理小组的能力和素质得到了提高。项目实施以前，不是说大家的素质不高，而是有些东西意识不到。开展项目之后，通过召开各种会让村民都参与进来，村民们不仅能学到很多东西，而且变化很大。申报项目的时候，都是需要村民一起讨论确定的。当项目评审时，我们还要上台演讲，介绍项目讨论的情况。

村民投工投劳参与项目实践，既节省了项目成本，又提升了村民参与社区发展实践的技术和能力，充分发挥了村民的主体性作用。CDD 项目大部分是修建道路、人畜饮水和农田水利等小型基础设施建设类项目，在项目执行过程中，村民通过投工投劳参与到具体的项目实践中，并将投工投劳情况记录在册。如卡斯镇毛寨村芭蕉林村民小组在 2014 年 3 月 3 日浇筑水泥路面的出义务工人数为 13 人；2017 年 2 月 9 日挖地基的出义务工人数为 7 人。村民的积极参与，一方面节省了引入外部工程队伍实施项目的成本，可以将更多的项目资金产生直接的实际效益；另一方面在实践过程中，村民可以向外部技术人员学习到开展项目实践的技术和方法（如支砌挡墙、架模板等），提升社区的自我发展规划、组织管理和实践能力。有管理小组成员也表示："通过组织规划方案、询价谈判等整个过程，如果再有类似的工程要做，觉得自己都可以当个小包工头了。"村民的参与可以有效地避免项目实践的利益纠纷，即使面对利益纠葛时，也可以通过本土化的方法和途径进行化解，避免激化矛盾。同时，村民广泛参与项目实践和项目成果的后续管理，能够培育他们对项目的拥有感和获得感，变"要我做"为"我要做"，进一步激发他们参与社区发展实践的积极性和主动性，促进他们在社区发展实践中发挥主体性作用。

访谈案例3－26：杨副镇长（卡斯镇）。

CDD项目申报的程序是非常规范的，在这个过程中不仅群众的自发性和积极性都非常高，而且节省了很多的成本，因为全是村民参与，就省去了招投标等方面的成本，能让更多的钱用在项目实施上，能做更多的事。群众投工投劳，自己找机械，又降低了很多成本。另外，还不需要交管理费。总的算下来，至少能够节省30%～40%的成本，群众受益更多。项目实施限制比较宽松，群众自决，与群众生活结合得比较紧密，群众的认可度和满意度非常高。项目实施的时候，村民都比较支持，大家都知道这是帮忙修路，也不会去找麻烦，要不然不给他们修路了，受损失的是他们自己。按手印的村民也没出现反悔的。CDD项目实施过程中受损失的村民也不会去要求补偿。村民也不希望继续走泥巴路，走泥巴路都走怕了。“要致富先修路”嘛。但是政府主导的一些项目在村里实施时，如果村民受损失，很多情况下会找政府问题，这些和CDD项目是不一样的。CDD项目村民都能够参与进来，积极性都很高。修路过程当中涉及的问题都是在小组内自己解决的，自己商量。小矛盾、小问题也在能在社区内部消化解决，社区更加协调融洽。

访谈案例3－27：陆文波（乐施会项目干事）。

随着项目的推进，村民积极性和主动性越来越高。有一次去村里做项目，有一位60多岁的老头说他这次一定要表示一下，要做义务工。因为年龄大了，我们都不让他去做，但是他还是去背砂子。做完项目后，到村子里回访，有村民就说，以前都是用“公鸡车”，现在都不用了，都是用拖拉机。在做项目过程中，不可避免地会出现占地、砍树等情况。这些事情各个村里都是有自己的解决办法的，都是会考虑最大限度地减少村民的损失。沿江村做CDD项目的时候，有农户家因要被挖掉十几棵核桃树，就用挖掘机把树坑挖开，然后把核桃树挖出来移栽到别的地方。有的村在修路过程中，农户的核桃树被占了，那就减少该农户的投工投劳数量以弥补所受到的损失。兰山社区摩老镫组的一户农户不让公路从自己的地方走，所以修路的时候就把这户人家空出来了，到现在也没有修。这样的话，吃亏的还是这一户。后来这户人家又来找，但是路已经修完了。后来这个组有开展项目的时候，他们组在开始前就明确说要先把问题讨论清楚之后再开展项目。有小组的农户不愿意占自家的地，管理小组就提着酒去喝，边喝边说明情况，喝完酒后便同意了，就签字按手印。组内的事情，组内是完全可以解决的，都有自己的办法。隆阳区妇联有个修路项目，当时项目涉及5户，有一户人家就是不让过，不同意。因为这个项目有900米路段要过一条河和一个山崖。最后没办法就给这户人家补贴几万块钱。几家农户筹资，每户9000多元。我们听到不可思议，按照我们项目的预算，农户是不可能集资这么多钱的。后来，他们告诉我们说，他们自己凑钱买地修路。虽然花了很多钱，别人也说比较贵，但是这几户人家不说贵。后来这900米就修过去了，他们还修了一座桥。他们申请的时候，没有把买地的钱算进去，就是他们自己处理的这些事情。大家对这个事情还是比较满意的。其实在做项目时，不是大部分村民参与，应该是全部村民都参与了。我们在隆阳区的一个村子做项目时，村民在村里修路的时候，就拍照片给在外面打工的人。在外打工的人都高兴地说该凑钱就凑钱。毛寨村各小组在讨论方案的时候，我们也问过他们外面打工的人知不知道，他们说都知道的，都有自己的办法。

访谈案例3－28：赵勤（毛寨村坡脚村民小组项目管理小组出纳，女）。

大家很支持修路，都希望把路赶快修好。家里老人给我们打电话说，家里要修路了。大家都愿意筹资，修路的时候大家都想办法往自己地里修。在外面打工的人还通过视频来了解修路的情况。以前上学的时候，到处是泥巴路。从家里出来都是提着鞋子走到学校，找地方把脚洗一下在穿鞋子进教室。

访谈案例3－29：张书记（兰山村党支部书记）。

路修好了就是大家的，所以我们也会组织村民开展后续维护管理的工作。每年对集中道路进行冬春维修：如果雨季塌方，就进行人工义务性清理，及时支砌挡墙；涵管至少清理两次；对部分地段进行界桩埋设，不让部分不自觉的农户把路面种成地；每年至少铺沙一次，确保路面畅通无阻。

引导村民建立社区组织，开展自我组织、自我管理和自我监督，提升社区自我发展能力。在CDD项目的实施过程中，各县市区扶贫办、乡镇和行政村村委会分别成立项目实施领导小组，对项目实施进行协调组织。按照实施方案和社区操作手册的程序要求，在县乡项目领导小组的指导下，项目村成立了项目评审与监督委员会，项目社区（村民小组）成立了项目管理小组。项目管理小组由村民选举产生，成员一般都比较热心，有公益心，有一定奉献精神，而且有一定的知识、技术和能力，在村民中具有一定威信，同时考虑到管理小组的人员年龄结构和性别，项目管理小组必须要有妇女参加，充分体现妇女权益。在项目实践中，项目管理小组成员分工负责物资采购、物资管理、财务管理、项目监督等工作。项目管理小组按照制定的办法和管理制度进行自我实施和管理，从项目申报评选、项目方案执行、项目监督、项目资金使用、群众自筹资金、投工投劳情况等各个环节，认真进行讨论、分析，并将讨论和决定的结果在全村公开张榜公示，使项目决策、管理和实施的全过程民主化，确保项目实施过程的公开与透明。通过下面的访谈案例，我们可以感受到 CDD 项目的实施，进一步提升了社区的自我组织、自我管理和自我监督能力，同时也提升了项目管理小组的工作能力和在村民中的威信，促进了社区自我发展。

访谈案例 3 – 30：杨书记（毛寨村党支部书记）。

管理小组成员的工作都是义务劳动，没有报酬，都是无私奉献，但在村里的地位不一样了。先不说在村里威信提升了，最起码村里人不骂我们了，管理小组都是村民大会时，群众推荐出来的，一般都是在村里有一定能力和威望的。谁能干谁不能干，大家心里都有谱，让他们这些人参加管理小组，大家放心。而且现在管理小组要老、中、青相结合，年龄结构比较合理。

访谈案例 3 – 31：聂组长（兰山村窝子寨村民小组项目管理小组成员，48 岁）。

在工作中最大的困难就是征地。有的土地占的少，有的土地占的多，这样有多有少，被占得多的人家就会有意见。所以管理小组就得开会想办法，做工作，让大家没有意见。不管占多占少，都是没有补偿的。我们给他们讲道理，占得多的肯定是受益的多，占的少的受益少。在申请项目确定路线的时候，就要照顾到大多数人，就要考虑占地的多少，尽量做到每户都占一点。这个路到底从哪走，要经过充分的讨论。路线基本上是在原有小路的基础上进行拓宽，尽量避免开辟新路，这样就会少占一点，避免出现不必要的矛盾。

访谈案例 3 – 32：赵组长（毛寨村坡脚村民小组组长，45 岁）。

坡脚村共 51 户，210 人。自己家 6 口人（2 个劳动力，2 个小孩，2 个老人），20 多亩地，主要种烤烟和核桃。种烤烟每年毛收入 4 万多元，去成本后净收入2万多元。有时候会找人帮工。6年前夫妻两人到浙江打工2年，因为家里老人和孩子需要照顾，就回来了。在外面打工赚钱多一点，比种烤烟好，但是在外打工没法照顾家里人，而且在外面打工也是自己租房子自己做饭吃。如果家里人不需要照顾的时候还是想出去打工。在村里种烤烟相比较是辛苦一点的，在厂里打工相对轻松一点。现在小组中在外面打工的有20多个。以前也没管过类似的事情，可能是因为大家觉得我干事还行，人品还可以，就让我当组长。在村里开展工作遇到问题的时候，我们就给他们讲道理。我不喝酒不抽烟，所以只能是举举例子，讲讲道理。村民们也都看到了变化，现在不是"山高皇帝远"了，国家的好政策都进村入户了。

CDD项目上的事情比较麻烦，刚开始不太习惯，搞不成，总是开会。项目下来后就成立小组，然后分工，有会计、出纳，分工负责。有这些修路项目，很好的，现在路修好了，也不需要像以前一样人背马驮。我现在对项目程序比较熟悉了，在政府和乐施会的指导下，也会主动去申请并组织实施。

在CDD项目下来之前，农户就已经开始修路了，当时农户自己筹资15万。后来争取到CDD项目，资助资金147800元。有项目了，我们就组织村民开会讨论。修路要占土地，核桃树要挖掉，有些农户想不通，管理小组就去做工作。我们组修了8.7公里的路，将原来的路挖宽，并铺成砂石路，群众积极性非常高。没有项目之前，农户自发修的路比较窄。项目来了后，才把原来的路修成砂石路。

访谈案例3－33：赵勤（毛寨村坡脚村民小组项目管理出纳，女）。

在南京打工两年，后来怀孕回来了。等小孩子长大一点，还是想出去打工，年轻人有一些农活不会做了。不过现在在村里生活还是可以的。2016年参加项目管理小组。那时候是刚刚从外面打工回来，主要是因为我认识字，目前担任出纳，有文化识字，能够记账。另外，由于项目管理小组还考虑到成员的年龄结构和性别组成，所以我就成了其中的一员。参加这个项目管理小组后，感觉做出纳还是挺辛苦的。不过一段时间后，学到了很多，现在连家里的钱也会管理了。在项目过程中，也有人会悄悄地问我项目的钱是怎么用的，都用到哪里去了。在修路的过程当中，有些农户等路修到他们那个地方的时候都会自己出钱，往自己家里再多挖一些。比如说，挖机快挖到他们家的时候，他会他们就告诉我们说，等挖机过来的时候告诉他们一下，他们要把这个或那个地方挖一下。通过参加这个项目小组，自己也有一些改变。比如再出去打工的话，就会主动参与一些工厂里的事情。以前没参加过村里的这种事情，以后就会主动参与到这些事情当中，主动参加一些活动。现在村里有了活动场所，也会组织大家去开展一些活动，有一些人比较喜欢唱歌跳舞等活动，现在我也会主动参与进去。以前出去打工的时候，都是不爱说话的，也不会主动去找别人说话，有时候和别人在一起两三个小时都不会说一句话，现在话特别多，经常会主动和别人去聊聊天，说说家里的事情，村里的事情，而且也会说话了。

访谈案例 3－34：张书记（兰山村党支部书记）。

CDD 项目做了之后，我们也会吸收一些好的工作方法。农户参与这些项目，知道村里做项目可以带来效益，村民思想观念发生了转变。通过实施项目，村民对村里工作的认可度和满意度也提高了。总体来看，CDD 项目所带来的经济效益和社会效益是很多的。与原来相比，CDD 项目实施之后，村里开展工作更容易了。群众受益，就更能够配合村里工作。村里有什么事情的话，我就打电话告诉小组长，村民组长就进行宣传组织，农户一般都比较支持。

村里有重大事项，一般都是召开党员大会，村民代表大会等。村里的事情就在这些会议上说明讨论，之后在各组开会通过。但是有少部分群众有不同意见，我们就去开展工作，讲人情、讲道理化解问题和矛盾。我们这边的人都比较朴实，很豪爽。在村里讲讲人情，讲讲道理很多事情就能解决。如果直接跟当事人讲不通，就找和他比较亲近的人讲，通过和他比较亲近的人来做工作，比如通过丈夫来做妻子的工作等。

3. 注重制度建设，培养村民的规则意识，推动项目管理和社区事务管理规范化与制度化

CDD 项目的重要目标之一是在项目实践中通过制度创新来实现扶贫机制的创新。CDD 项目实践过程中，各参与主体都严格按照项目操作规则开展工作。县扶贫办、乡镇政府在 CDD 项目中按照项目操作手册开展工作，承担指导、协助和监督等职能。同时，县区和乡镇成立了项目领导小组，制定本县区的项目实施方案、各项目小组成员职责和社区会计记账办法。同时县乡指导各项目村根据实际情况，从项目规划到项目评审，从物资采购到项目实施，从资

金拨付到资金报账等环节，组织村民讨论制定一系列相应的制度，如项目评审细则、投工投劳制度、物资采购制度、工程进度管理制度、质量监督制度、资金管理制度和安全生产管理制度等各项规章制度。所有制度的制定都严格按照小组代表提议，户长或村民代表会议讨论决定，充分尊重了村民的参与权利。通过 CDD 项目实践，培养村民规则意识，实现项目管理的制度化，推动社区事务管理的规范化和制度化。正如许多村民小组组长所说："原来村里是我一人说了算，现在我说的不算，得大家说了算。"通过 CDD 项目实践，村民逐渐形成制度规则意识，并最终形成村组自己"村规民约"，为村庄发展提供了制度保障。

访谈案例 3－35：张松（乐施会项目统筹）。

在 CDD 项目里我们一直强调要有规矩，因为这是一个资源配置的过程。不能说"他们穷，有需要啊，但没机会，你给他就行了"。毕竟是公共资源，得有个规矩，有个制度，所以 CDD 项目有一套程序，资源往下走的时候，下边是用一个规矩来承接的。而不是说因为现在老百姓能力是不可信的，资金出现问题怎么办？这种假设永远让你迈不出第一步。所以我们说 CDD 项目的资质评审、资金管理等，就是让老百姓可以用一套制度来承接公共资源，使用公共资源来解决他们在发展中遇到的问题。

访谈案例 3－36：小杨（卡斯镇镇政府工作人员）。

CDD 项目一般都是在村民小组里实施。这些项目一般比较强调流程，即按照步骤，由村民自主实施。首先就是开村民大会，村民大会之后村组选出管理小组，决定实施什么项目，之后再制定评审细则，然后召开评审会，来确定要实施的项目。项目确定之后，项目管理小组要进行询价，然后项目才开始实施。只要经历过一个过程，基本上就能对这个流程比较熟悉，我们卡斯镇已经实行了三轮 CDD 项目。经过第一轮之后，后面的项目可能完全不需要禄劝项目办的人来了，我们自己就可以实施了。因为了解这个流程之后，对于我们来说，这个经验，我们自己也可以进行推广。

对于农户来说，短时间内他们的能力提升和成长很难能够体现出来，但是长期来看，慢慢还是能够体现出来的。比如说像赵勤这样的，参与这个项目之后，她对于财务的管理、项目的管理等各个方面都会一些经验的积累，这些经验就可以用到其他的项目上去。

CDD 项目具有比较规范的流程，这对于项目的实施来说是非常有必要的。第一个方面，比如说资金的管理。虽然乐施会资助的资金，相对比较少，也就 10 多万块钱，但是他们的管理比较规范。现在 CDD 项目的资金管理，一个人管卡，两个人管密码，这样群众就比较认可。如果一个 10 万块钱的小项目，由一个社长或者一个村主任自己说了算，如何去实施项目，那么即使这个事情做完了，群众也不会特别认可，而且对于实施项目的人来说，风险非常大。通过成立一个小组，然后通过开展各种会议，和村民进行商量，这种形式，村民的认可度就比较高，虽然不是百分之百的认可，但是大部分人还是认可的，而且这对于负责实施项目的人来说也是一种自我保护。目前来看，有的村已经实施了三次 CDD 项目，有的村可能只实现了一次 CDD 项目。以小组形式开展项目的这种模式，是可以去推广的，能够避免一些风险。

第二个方面，这种模式能够节省很多成本，尤其是在招投标、税收等方面。有很多招投标实施的项目，大老板一般不愿意亲自实施这些小项目，很多情况下都是包给其他人来做，但是这里边他肯定要赚一部分利润，所以这个施工的质量不敢保证。

第三个方面，就是群众参与积极性高。CDD 项目，群众参与积极性特别高。这里有一个非常重要的原因，就是政府项目和 CDD 项目的管理模式是不一样的。政府的项目，就有一个严格的制度规范，尤其是财政方面，一些大的项目需要进行招投标。这个方面是严格要求的，也没法交到村里来实施。但是政府的一些小项目可以借鉴这方面的内容，但是需要上面的一些政策支持。还有一个非常重要的原因，就是技术方面的原因，因为村里修一个砂石路，技术要求不是特别高，把路平整一下，然后铺一下，就可以了，需要打涵洞的可以把涵洞打一下。但是一些大的项目是没法交到村里来实施的，即使交到我们镇里也很难去实施，因为涉及一些测绘、图纸设计等，一些技术含量高的项目，我们也是根本没法做的。比如说修水池，村里在修水池的时候就有点力不从心，我们就请乡里项目办的一个副高级工程师，来帮忙给指导设计实施。另外还有修一条 120 米的水泥路，当时也是请这个工程师来帮忙。工程不复杂的，就可以放到村里来实施。

例如，毛寨村芭蕉林村民小组 CDD 项目就制定了一系列相关管理制度，逐步培养了村民的规则意识，有效地推动了项目管理和社区事务管理规范化与制度化，具体如下。

毛寨村芭蕉林村民小组 CDD 建设项目群众筹资制度

为了进一步完善本小组 CDD 建设项目群众筹资管理，调动群众筹资的积极性，根据小组组内开会协商，研究制定本规定。

第一条，集资应遵循村民自愿、直接受益、量力而行、事前预算、控制上限、使用公开的原则，实行民主决策。

第二条，筹资对象为本小组户籍在册人口或所议事项目受益人口。

第三条，需要村民出资数额及减免等事项，应当由村民代表会议讨论通过，或经村民会议授权，由村民代表会议讨论通过。

第四条，集资实行上限控制，严禁把筹资筹劳变成固定收费项目，确保在村级公益事业建设中不加重农民负担，在操作过程中，管理小组要及时做好各项记录，资料留存，及时分类归档。

第五条，五保户及特困户进行筹资减免，主要参与投工投劳。

毛寨村芭蕉林村民小组 CDD 项目建设管理小组

2016 年 10 月 30 日

毛寨村芭蕉林村民小组 CDD 建设项目矛盾处置制度

为了进一步落实本小组 CDD 建设项目安全工作，建立不稳定因素和矛盾纠纷的排查，分析机制，并及时调处、化解，项目建设过程中各类矛盾，全力维护施工的安全稳定，制定本制度。

第一，成立矛盾纠纷集中排查调处领导小组，由村主任任组长，村民小组长任副组长，项目管理小组人员为成员。

第二，提前介入，超前预防，强化工程矛盾纠纷的事前防范，始终坚持“调防结合，以防为主”的工作方针，牢固树立超前预防意识，提前介入，积极开展各项防范工作，牢牢把握工作的主动权。

第三，抓住焦点，找准平衡点，强化工程矛盾纠纷的事中调处，始终把工程矛盾的化解工作作为重中之重来抓，对发生的矛盾，坚持在保障工程建设顺利进行的前提下，多方面分析原因，找准发生问题的根本，综合运用多种手段，有的放矢地做好矛盾的调处化解工作。

毛寨村芭蕉林村民小组 CDD 项目建设管理小组

2016 年 10 月 30 日

毛寨村芭蕉林村民小组 CDD 建设项目人员分工制度

为确保本小组 CDD 建设项目的顺利实施，根据村民小组会议协商，制定以下人员分工制度。

第一，管理小组组长：负责项目的全面管理工作和下达，指挥完成好项目建设的各项任务和指标。

第二，管理小组副组长：全面负责项目技术管理、质量管理，以及建设技术管理工作。

第三，测量负责人：全面负责测量工作及相关内业资料。

第四，材料负责人：负责工程施工进度、施工质量过程控制和安全文明施工管理。

第五，安全员：负责项目安全管理工作及相关内业资料。

第六，出纳、会计：负责项目现金、支票管理。

毛寨村芭蕉林村民小组 CDD 项目建设管理小组

2016 年 10 月 30 日

毛寨村芭蕉林村民小组 CDD 建设项目资金管理制度

为确保本小组 CDD 建设项目群众资金使用管理，根据小组开会协商，研究制定本规定。

第一条，资金统一建立台账，统一管理，并配备会计和出纳。

第二条，相关票据，材料审核后，留存复印件，原始凭证、资金支出明细等会计资料原件，加盖奖补资金付讫章后退回镇上，由镇上作为会计凭证入账。

第三条，落实“双专户”管理制度，奖补资金和村民筹资数，要在县级财政部门和镇上分别建立专户，实行“双专户”管理。

第四条，对项目资金使用情况进行规范完整的会计核算。

第五条，严格清算制度，会计和出纳定期核账。

毛寨村芭蕉林村民小组 CDD 项目建设管理小组
2016 年 10 月 30 日

毛寨村芭蕉林村民小组 CDD 建设项目群众投工投劳制度

为了进一步完善本小组 CDD 建设项目群众投工投劳政策，加强投工投劳管理，调动群众投工投劳的积极性，根据小组内开会协商，研究制定本规定。

第一条，投工投劳遵循“自愿互利、注重实效、控制标准、严格规范和谁受益、谁负担”的原则，严格区分加重群众负担与群众自愿筹资投劳改善自己生产生活条件的政策界限，引导群众开展直接受益的基础设施建设。

第二条，投劳主要用于项目工程铺沙，土地平整，机耕路修建等所需的劳务。

第三条，投工投劳应在 CDD 项目实施期内安排完毕，项目实施结束应立即停止，不得成为固定投工项目，不得跨项目使用或转下一个工程项目使用。

第四条，投劳对象为本小组户籍在册人口或者所议事项目受益人口，18 周岁至 60 周岁男性和 18 周岁至 55 周岁女性。

第五条，不得跨组调动劳力，项目区内确需跨组使用劳动力的，应坚持有偿用工、借工或换工。

毛寨村芭蕉林村民小组 CDD 项目建设管理小组
2016 年 10 月 30 日

毛寨村芭蕉林村民小组 CDD 建设项目后续管理制度

制定本小组 CDD 建设项目的后续管理制度，以确保工程项目施工后得到有效保护和长期利用，最终保证工程项目的施工质量，制定本制度。

第一，定期组织人员进行检查，对存在问题及时整改，定期维修。

第二，加强对小组人员进行宣传教育，形成保护意识，齐抓共管。

第三，道路严禁重车通过，随时疏通沟渠，对路面进行保养。

第四，对故意损坏路面的人员，上报相关部门进行处罚。

毛寨村芭蕉林村民小组 CDD 项目建设管理小组

2016 年 10 月 30 日

访谈案例 3 - 37：王主任（昌宁县扶贫办工作人员）。

CDD 项目实际上在推进农业农村工作是一个好的方式，也是比较先进的。其他传统项目也有些在跟它学习，学习以后也通过这些新的方式开展工作。可以说 CDD 项目是一个催化剂，是群众意识转化的一个催化剂，特别是经历 CDD 项目的村民小组，当地老百姓就有这个意识——“我自己的项目我自己要去做、去管理、去维护，我自己要主动参与进来。建好以后受益的是我们自己”。CDD 项目更多的是我们群众自己的一个需求的满足。可以说 CDD 项目对转变群众观念、扭转他们的思维，真的是起到一个催化作用。

4. 整合社区内外部资源，促进社区发展

CDD 项目实践不仅仅是一个外部资源输入的过程，更是整合和调动社区内外多方资源，推动社区发展的过程。在 CDD 项目实践中，县（乡）政府和乐施会通过技术指导与培训、资金等资源的投入，满足贫困村在发展中对资源的实际需求，而更重要的是通过外部资源的输入激发村民自我发展意识，调动社区内部人力资源、物质资源、社会资源等，整合社区内外部资源，促进社区的可持续发展。

通过外部资源的输入，满足村民对资源的实际需求。通过 CDD 项目为项目社区提供必要的资金等物质资源，支持开展道路修建、修水池、架管道等小型基础设施项目建设，完善村民发展生计所需要的基础设施。CDD 项目实践中外部资金投入主要有两个部分：一是乐施会资助资金；二是政府的财政配套资金。每个项目村每轮投入 60 万（其中乐施会 40 万，省级配套 20 万），项目监测及能力建设费用，由乐施会及各州县政府配套另行支持。

开展技术培训与指导，提升村民的人力资本。在 CDD 项目实践中，培训与技术指导的主要内容包括：项目操作规则培训、项目方案规划和财务预算培训、财务管理制度培训、基础设施的技术指导等。

为村民提供制度性社会资源，增加社区社会资本。社会资本是指农民为了发展需要而利用的社会网络和社会支持。因此，对项目村而言，与基层政府、乐施会的这种合作关系实际上就是项目村的一种社会资源，而且通过与政府部门合作开展反贫困实践，也进一步增加了项目村获得外部资源的机会和能力。

访谈案例 3－38：小杨（卡斯镇政府工作人员）。

现在毛寨村 80% 的机耕道路已经修成水泥路。因为毛寨村 CDD 项目之后，引来了脱贫攻坚项目。毛寨村和兰山社区都是建档立卡的贫困村。CDD 项目在基础设施方面打下基础之后，镇上就把这两个村纳入规划中。现在大家看到的已经不是以前的沙石路面了，都是硬化的水泥路。兰山社区的三个项目点现在有 30% 的水泥路面，窝子寨村全部是水泥路面，其他暂时还是沙石路面，如果出现持续下雨 20 多天的情况，一些路面就会被雨水冲刷掉。

访谈案例 3－39：杨书记（毛寨村党支部书记）。

CDD 项目为村里吸引来了扶贫项目。CDD 项目为村里发展提供了新的道路，比如上面人下来，说毛寨村的路修得好，就批给毛寨村 30 多公里水泥路，乐施会资助了 10 多公里。群众对这些工程都非常认可，非常支持。目前，村里 80% 以上都是水泥路。

调动社区内部资源，实现社区内外部资源的有效整合。在输入外部资源的同时，CDD 项目更加注重通过外部资源输入来调动村落内部所拥有的资源，整合社区内外部资源，实现村民的自我发展。

整合社区自筹资金。在项目支出超出预算经费时，由村民共同筹集资金，保证项目建设的顺利进行。同时，村民自筹资金在一定程度上也是项目实践中调动村民积极性和主动性的一种途径，是村民主体性地位的一种体现。在实地调研中，我们也发现很多 CDD 项目都包含村民集资，以卡斯镇兰山社区为例，在第二轮 CDD 项目中，全部 6 个项目点都进行了村民集资，共 5.78 万元。

充分动员利用村庄内的人力资源。充分动员项目村由劳动能力的村民参与项目实践，解决项目建设对劳动力资源的需求。另外，在项目村村民具备一定的自我发展能力之后，项目办充分利用村民人力资本，开展更多的反贫困项目。

充分整合利用村落内的社会资源。在 CDD 项目实践中，充分利用了村落所具有的社会资源，如社区关系网络、村民自组织、村民互助合作、村落中的社会信任等。尤其项目实践中涉及占用土地、砍伐树木、筹集资金等事项时，利用村民之间的合作以及信任等社会资源，开展自我组织、自我管理和自我监督等。

访谈案例 3 - 40：聂组长（兰山村窝子寨村民小组项目管理小组成员，48 岁）。

CDD 项目申请下来的资金比较少，一般情况下不够用，这时候，我们就组织村民筹资。大家都愿意凑钱修路，家里比较困难的也是愿意出钱的。我们村民自筹的钱数不是很多，所以大家都比较愿意。如果大家都出钱了，而你自己没出钱，在村里会很没面子的，别人会看不起你。

访谈案例 3 - 41：张松（乐施会项目统筹）。

在开展项目过程中，被占地的农户不同意，往往觉得是破坏了他们家的围墙之类的，破坏性比较大。在这时，农户如果去要补偿，或者漫天要价的话，可能在村里就混不下去了。虽然这都是为了大家的公益，但是他们家里确实是受到了损失。所以就需要最大限度地减少损失，有些村就用其他的土地与农户进行调换。很多情况下，农户认为就这么一点地，就算了吧。CDD 项目经费中没有补偿款。一旦出现给补偿款这种情况，以后可能会出现其他更难整的事情，所以就不开这个口子。在村庄范围内的，一般就不给补偿。这也和管理小组的工作方式有一定的关系，同时也是利用熟人社会里的舆论力量作用。

访谈案例 3 - 42：杞秀英（漭水镇沿江村丫口子村民小组村民）。

在 CDD 项目建设中，由于公路建设通过自家地，不但损失土地在 1 亩以上，更重要的是损失了 20 多株已挂果的核桃树，直接造成经济损失上万元，但没有因损失而与社区项目管理小组吵闹，索要补偿，自己虽然有损失，但是只要大家以后有大路可走，自己损失就损失了吧。

5. 通过充分赋权，激发社区内生发展动力

CDD 项目的核心就是把项目的选择、扶贫资源的分配及使用管理等权力下放给村民，村民按照一定的原则和程序进行自我决策，才能做到以村民为主体来分配和使用资源。正是因为充分赋权，逐渐调动了村民参与的积极性和主动性，实现了以贫困社区为主导的发展，通过外部支持，引导村民自力更生，激发社区内生发展动力，提升自身发展后劲。

项目选择的自主权下放到社区。CDD 项目实践过程中各社区民主选举村民代表组成社区项目管理小组，县、乡扶贫部门对社区管理小组进行规划、预算、实施方案细则等培训后，各社区管理小组回到社区，传达学习精神，并组织村民大会讨论和选择要申报的项目。村民结合实际情况自主筛选项目。社区组织规划、设计项目，并整合内外部资源，综合考虑项目实现的条件和可能遇到的困难和问题，事先进行筹划，减少障碍。项目选择权的下放，也保证了项目评审的公平公正，这也是一种“双向选择”。正如沿江村党总支书记王双林所说：“虽然评审结果不尽人意，达不到村两委的理想预期，但这是我们村广大社区群众评审出来的，群众没有意见，我们就没有意见，我们尊重社区群众的评审结果。”从党总支书记的话可以看出，虽然村两委想实施项目的社区并没有得到项目，多少有点失望，但对社区群众评审出来的项目还是支持的，同时从另一个侧面可以看出项目评审的公正、公开、公平性。

项目资金的分配与使用权下放到社区。在项目资金的分配和使用方面，CDD 项目也实现了权力的下放。在行政村层面，项目评审与监督委员会根据各个村民小组申报项目情况，通过打分的方式来确定立项名单。项目资金直接拨付到项目社区（村民小组），将资源分配和使用权交给社区。无论是购买原材料还是聘请技术人员或租赁机械，村民都可以根据项目的实施情况来支配资金的使用方向，真正实现社区自主管理项目。资金使用必须通过项目管理小组讨论同意，出纳管理好使用单据，会计做好账务，且定期向村民公布资金的使用情况，确保资金使用安全、无异议，使资金真正的发挥建设效益。项目资金由社区自行管理，充分发挥了社区的主导权利，做到“自己的事情自己解决、自己决策、自己管理”。

6. 推动政府角色定位的转变，初步形成“以社区为主导，多元主体合作参与”的扶贫工作机制

CDD 项目是依托现有的基层政府行政组织，通过县、乡各级政府工作人

员工作方式的转变，推动社区成员自主选择、决策、实施管理本社区要发展的项目活动，在项目实践过程中，各参与主体的角色和职能定位逐渐明确，形成“以社区为主导，多元主体合作参与”的扶贫工作机制（见图3－2）。

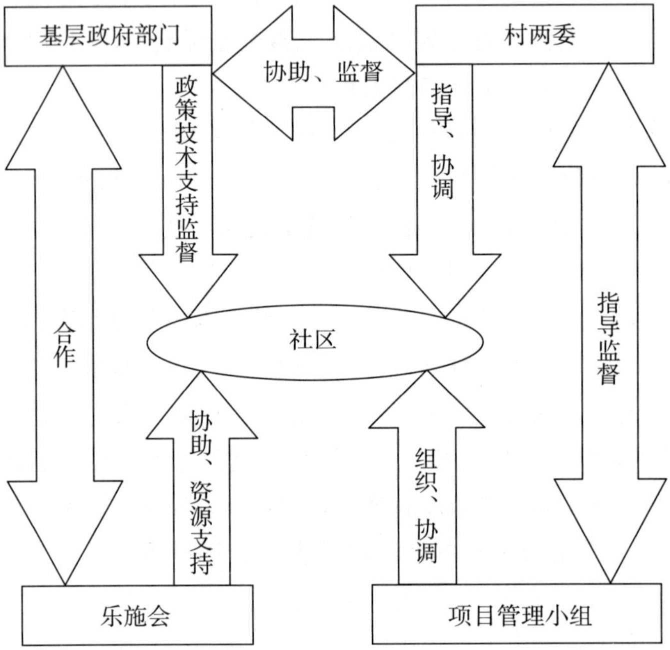

图3－2 “以社区为主导，多元主体合作参与”的扶贫工作机制

基层政府协助村民开展社区发展实践，给予政策和技术支持，监督社区项目实践质量和进度，承担协助者、政策与技术支持者和监督者的角色。基层政府扶贫部门在项目的实施过程中，注重自身角色定位，积极协助、支持村民开展项目实践，协助村两委对社区进行宣传；协助社区建立项目选择、立项、实施和管理机制；协助社区建立自我组织、自我管理和自我监督的工作机制；在项目的实施过程中，对社区村民提供必要的政策、技术和能力建设方面的支持。

村两委在项目实践中承担着协调者的角色，协助村民了解政策及相关的项目信息（包括资金、项目要求、报账等方面）；协助建立社区项目管理小组；协助制定社区管理制度及其落实（资金、财务、项目实施、投工集资、土地调换及补偿、工程质量等）；促进不同社区的沟通、交流，解决社区矛盾和问题。

社区项目管理小组在组织村民参与项目、协调村民之间关系以及处理社区公共事务等方面发挥着难以替代的作用。项目管理小组负责组织村民参与项目实践，组织召开村民大会讨论项目实施中的重大问题，解决本社区内部因项目推进产生的一些矛盾纠纷，根据需要上报项目进展情况相关方面的材料，对项目实施过程及工程质量进行监督，公布对本社区项目经费使用情况等。

乐施会扮演资源提供者、政策倡导者和协助者的角色。在 CDD 项目实践中，乐施会为项目村提供开展项目的资金等资源支持，同时在合作伙伴之间积极倡导 CDD 项目实践理念、规则和方法，推动项目实践的制度化和规范化，协助合作伙伴开展项目实践，推动扶贫机制的创新发展。

三、激发内生动力开展组务自治——双柏县他宜龙村扶贫合作项目

（一）双柏县从农村扶贫开发到精准扶贫实践及其成效

1994 年国务院发布《国家八七扶贫攻坚计划（1994—2000 年）》，并列出 592 个“国家八七扶贫攻坚计划”扶持的重点贫困县。楚雄州双柏县因地域偏远、交通不便、生态失调、经济发展缓慢、文化教育落后、人畜饮水困难、生产生活条件极为恶劣等原因，被列入国家级重点贫困县。

1. 农村扶贫开发实践及成效

2000 年以来，在上级党委、政府的领导和大力支持下，双柏县委县政府始终把脱贫攻坚作为全县的中心工作和重要任务来抓。根据中央和云南省、楚雄州的扶贫政策精神和工作部署，双柏县结合地方实际情况，积极探索扶贫开发新途径，按照“因地制宜、分类指导、坚持标准、区别对待、突出重点、注重实效”的原则，将整乡（村）推进与区域发展、连片开发相结合，将农村扶贫与新农村建设相结合，整合各类资源，集中资金连片开发，有力地促进了全县的扶贫开发进程。扶贫规划项目的实施，改善了农村基础设施建设；通过扶持养羊、养猪示范户以及发展冬桃、茶叶、蚕桑、核桃、冬早蔬菜等产业，贫困地区产业结构得到了合理调整，使贫困农户有了稳定的收入，贫困人口的生活水平明显提高。然而，双柏县脱贫攻坚工作依然艰巨。按照农民年人均纯收入 2300 元（2010 年不变价）的扶贫标准，2010 年双柏县有贫困人口 10.028 万人，占农村总人口的 90.7%。全县还有 187 个村民小组不通公路，542 个村民小组饮水困难，还有 62636 人饮水安全得不到保障，有 2 个自然村不通电，有 40 个村民小组不通电话，有 62 个村民小组广播电视信号接收效果

不好，有 32000 人住房困难。①

2. 新时代精准扶贫实践及成效

2013 年 11 月，习近平总书记提出“精准扶贫”的扶贫思想，中国农村扶贫进入“精准扶贫”阶段。为了适应农村扶贫工作的新形势，深入贯彻落实中央“精准扶贫”战略和省州精准扶贫会议精神，集中力量打赢脱贫攻坚战，双柏县聚焦贫困人口，按照“对象精准、内容精准、目标精准、措施精准、考评精准”的原则，围绕着“两不愁、三保障”的总体目标，通过加强组织领导、强化部门协作、加大投资力度、层层压实责任、精准施策帮扶，脱贫攻坚工作取得明显成效，为打赢脱贫攻坚战奠定了坚实基础。

精准识别扶贫对象，对贫困人口建档立卡，确定帮扶对策，实施动态管理。据 2014 年建档立卡统计数据，双柏县共有 2 个贫困乡镇、22 个贫困村，有建档立卡贫困户 6847 户 25413 人。按照“精准扶贫”工作要求，双柏县精心规划和制订了“五个一批”扶贫攻坚行动方案。同时，加大贫困地区基础设施建设力度，逐一补齐短板，扶贫对象的就学、就医、饮水、出行等问题得到有效解决，脱贫攻坚机制日益完善，产业发展助农增收、助农脱贫的效应逐步显现。经过两次贫困对象动态管理，2017 年末，双柏县实有建档立卡贫困户 6766 户 24077 人，其中：已脱贫 5098 户 18881 人；未脱贫 1668 户 5196 人，贫困发生率由 2014 年的 11.56% 降至 2017 年底的 4.48% 。②

坚持扶贫与扶志、扶智，“输血”与“造血”相结合，在发挥政府主体和主导作用的同时，充分利用行业扶贫、专项扶贫、社会扶贫、沪滇协作扶贫等扶贫模式，促进政府、市场、社会“三方”联动，打造社会大扶贫格局。多部门参与脱贫攻坚，补齐交通、水利、教育、卫生、电力等脱贫退出基础的“短板”，一大批事关全县民生发展的重大基础设施项目得以实施，贫困地区生产生活条件明显改善。

开展就业和劳动技能培训，不断提高贫困户自我发展能力。按照“农村贫困劳动力 100% 参加劳动就业培训、一户贫困户至少有一个劳动力参加培

① 云南省双柏县财政局．关于集中连片特殊困难地区扶贫攻坚工作的探讨[EB/OL]．http：//www.mof.gov.cn/xinwenlianbo/yunnancaizhengxinxilianbo/201305/t20130516_871541.html.

② 双柏县人民政府．双柏县“十三五”脱贫攻坚规划中期评估报告[EB/OL]．http：//www.cxshb.gov.cn/file_read.aspx?id=30813.

训”的要求，共组织农村劳动力开展各类培训 8579 人次（建档立卡贫困劳动力 3256 人），全县新增转移就业农村劳动力 3560 人次（其中转移建档立卡贫困劳动力 1560 人），实现外出务工收入 1690 万元。

脱贫攻坚与生态环境保护同步推进。深入开展国家自然保护区专项行动，全面落实中央和省环保督察问题反馈的整改要求，树立“绿水青山就是金山银山”理念，率先在全州开展生态文明先行示范区建设，切实保护耕地，划定永久基本农田 30. 7 万亩。全面推进河长制工作，落实县乡村三级河长 420 名。水土保持、河道治理、土地整理等项目加快实施，新增耕地 450 公顷，治理水土流失面积 40. 9 平方公里。实施天保工程森林管护 487. 2 万亩、退耕还林 4 万亩，低效林改造 5000 亩，植树造林 145. 4 万株。在建档立卡贫困人口中选聘了生态护林员 336 人，河道管理员 295 人，地质灾害监测员 122 人，村级保洁员 308 人。①

（二）双柏县国际扶贫合作项目概况

双柏县与国际社会开展合作扶贫项目始于 2000 年。当时国际爱心组织进驻双柏县开展扶贫项目，从 2000 年 11 月到 2001 年 5 月，在多个贫困乡镇贫困村开展了架电、修路、健康体检等扶贫项目，在推动贫困人口生存状况的改善方面起到了非常重要的作用。此后，双柏县开始与国际社会相关组织合作持续开展了一些国际扶贫合作项目。

2009 年，乐施会与双柏县扶贫办开展合作扶贫项目，先后实施了旱灾援助、农村社区综合发展等项目，项目内容主要包括：发放救灾物资、修建农田水利设施、人畜饮水工程、技术培训、生计发展、修建机耕道等，有效地促进了项目村生产生活条件的改善和村民生活水平的提升。2013 年，在总结农村扶贫和社区综合发展实践经验基础上，乐施会与云南省外资扶贫项目管理中心合作开展了“社区主导型发展与参与式扶贫管理机制创新”试点项目。到 2014 年 6 月，云南省、楚雄州、乐施会共下达 CDD 项目资金 1400000 元（其中：乐施会 CDD 项目资金 800000 元，州级财政配套资金 200000 元，省级财政配套资金 400000 元），实际使用支出项目资金 1000000 元，剩余 400000 万元。19 个项目中，共启动实施项目 16 个，完成 16 个，有 3 个项目因春耕生产

---

① 双柏县人民政府．双柏县“十三五”脱贫攻坚规划中期评估报告[EB \ OL]．http：//www. cxshb. gov. cn/file_ read. aspx？ id = 30813.

和旱情严重延迟实施。到 2014 年 10 月底，有 19 个项目全部通过评审，其中桃园村 11 个，他宜龙村 8 个。项目使 2 个行政村 16 个小组 474 户 1695 人受益。通过评审的 19 个项目涉及 2 个行政村的 16 个村民小组，其中：桃园村小白埂、下路、南孔 3 个社区有 2 个项目通过评审，计划硬化村庄道路 800 米，扩修村组公路 8 条 29. 9 公里，修复小坝塘 1 座，建三面光沟 2 条 3450 米，开挖引洪沟 1 条 3000 米，架设饮水管道 5 件 18180 米，1 立方米压力池 2 个，20 立方米蓄水窖 4 个，建抽水站 2 座，建文化室 1 个 93. 64 平方米。

双柏县作为 CDD 项目试点县之一，2013—2018 年间，项目合作各方先后在他宜龙村、大庄镇桃园村等贫困村实施了四轮 CDD 试点项目。

在总结多年合作扶贫经验基础上，结合精准扶贫、精准脱贫、全面建成小康社会等新扶贫形势和社会发展背景，2016 年，乐施会和双柏县扶贫办在有能力、有发展愿望的贫困社区开展“留住乡村”合作项目试点，结合贫困社区的实际情况，充分尊重贫困社区村民需求并发挥其主体性作用，从老百姓最关心的小型基础设施建设入手，通过社区组织建设、能力培养、团结互助精神的培育等，逐步激发社区活力，带动村落环境卫生改善，丰富精神文化生活，促进家庭关系和谐与民族文化传统的传承保护，为项目村落的振兴发展奠定了良好的基础。

（三）他宜龙村扶贫合作项目实践及成效

双柏县安龙堡乡他宜龙村属于彝族村，2014 年，全村有 12 个村民小组，共有 311 户，1180 人，其中建档立卡 96 户，贫困人口 331 人。自 2013 年以来，乐施会与双柏县扶贫办共同合作在他宜龙村的一些村民小组（自然村）开展了一系列国际扶贫合作项目，项目内容涉及人畜饮水工程、通组路、生产道路、文化活动室、村内公厕、垃圾池、路灯等。通过这些扶贫项目的实施，有效地改善了村民生产生活条件，提升了村民生活水平，进一步增强了村民自我管理、自我服务和自我监督的能力，有效激发了项目社区的内生发展动力，推动了项目社区实现村民小组组务自治。

1. 通过小型基础设施建设，改善了项目社区的生产生活条件

这些扶贫项目的确定由项目村村民结合现实需求自主筛选，项目内容大多是为了有效解决村民生产生活中所面临的基础设施建设不足等问题。通过小型基础设施项目的实施，改善了社区生产生活条件，满足了社区的现实需求。例如，2014 年，他宜龙村阿上左村民小组共 24 户，94 人，常住人口 88 人（3

户常年外出务工）。耕地面积 260 亩，其中：水田面积 57 亩、旱地面积 203 亩，适宜种植粮食及经济作物等。在扶贫项目进村之前，进村路只有一条土路，严重影响村民的出行。田间道路均为崎岖的小路，即使小型的拖拉机也很难通行。村内没有生活污水排水沟和专门的垃圾池等环境卫生设施，村内脏乱差情况非常严重。虽然通水、通电较早，但是由于维护和管理跟不上，经常“三天两头”找水喝以及经常停电。由于基础设施建设薄弱，交通信息闭塞，经济及社会发展相对滞后，人均收入较低，是双柏县典型的贫困村。

2013—2014 年，阿上左村民小组实施了第一轮 CDD 项目，架设人畜饮水管网 3.8 公里，修建蓄水池，共投入资金 8.4 万余元；2015 年继续开展第二轮 CDD 项目，实施了村庄道路路面硬化和扩建机耕路两个项目，硬化村庄主干道 530 米，修砌排水沟 93 米，支砌挡墙 180 米，扩修机耕路 512 米，项目投资总额 13.4 万元。前两轮 CDD 项目的实施有效地解决了村民吃水难、出行难的问题。2017—2018 年，阿上左村民小组又陆续开展了两轮 CDD 项目，修建垃圾池、公共厕所和架设路灯，新建文化活动室，进一步改善了村庄的生产生活条件。

访谈案例 3 - 43：期中荣（阿上左村民小组组长）。

2013 年开始担任小组长。2013 年正好开始做乐施会的项目，一直到现在。第一个项目就是饮水项目。水源距离我们 3.8 公里的距离，乐施会资助我们水管，我们村民自己去引水。到现在已经 5 年了。以前的时候村里喝水、用水困难，现在水都用不完了。村里建立了 1 个蓄水池，4 个水窖（共 100 立方米），停水两三天没水也不用担心的。乐施会 CDD 项目进来之后，村里一年一个变化。以前村里都是旱厕，在用的时候人不小心就容易掉下去。乐施会的人员第一次来的时候就说：“不行不行，卫生太差了。”然后乐施会的人就开始引导启发我们，村里的事情要怎么干，如何选项目，怎么干项目。乐施会的项目都是我们自己来干的。每次都要评审、开会。村子里有 6 个代表，包括妇女代表，就项目开展讨论。乐施会项目资金不多，一个村里也就是七八万，或者十万左右。资金不够的话就我们自己筹钱。CDD 项目实施后不仅方便了村民生产出行、粮食及物资的运输，而且充分改善了村内环境，村庄道路路面变干净了、不泥泞了，苍蝇蚊子比原来少了，人居环境及环境卫生得到了改善。

访谈案例 3 - 44：张书记（他宜龙村党支部书记）。

项目实施后村里的条件改善了很多。挖通之后，不仅农产品的运输方便多了，而且节约了时间。村里决定先修的这条 CDD 项目路也是因为这条路能够连通 5 个村民小组，而且这几个村民小组都种烤烟、豌豆、生姜等。路没修之前，路难走，农产品都不方便往外面运。

2. 通过组织开展文化活动，提升村民生活的幸福感和民族文化自信

在关注村落基础设施建设需求的同时，扶贫项目也注重村民精神文化层面需求。阿上左村是一个彝族村落，以前在农闲时村里有跳花鼓舞、唱阿首调等民族文化活动，后来慢慢消失了。2013 年 CDD 项目进村之后，村里又慢慢恢复了一些民族传统文化活动，在村里建文化活动室之后，每年春节，村里都会在这里组织开展聚餐活动，全村人聚在一起聊天跳舞，外出务工人员也全部回来参加。农历二月二开展"祭龙"仪式。3 月 8 日组织开展庆祝妇女节的文化体育活动。在尊重村落传统习俗的基础上，禄劝项目办通过资助建设文化活动场所、提供音响设备和服饰、协助村民开展文化活动，丰富村落精神文化生活，提升村民生活幸福感，增强村落的凝聚力。通过组织开展文化活动，启发村民领悟传统文化对现代生产生活的意义，提升了村民文化自信。

访谈案例 3 - 45：期中荣（阿上左村民小组组长）。

村里之前也会组织村民一起聚餐等，但是比较少。CDD 项目开展之后，村里比较团结了，每年会组织两三次一起聚餐吃饭，相互交流。以前没有这么多活动，现在有场地了，村里的活动就多了，如聚餐、跳花鼓舞、跳广场舞等。以前村里只有一个小的空地，现在活动广场都把灯光安上了。以前的时候，村里也没有什么音响设备。乐施会资助买了花鼓和音响，之后跳的就多了。管理小组成员也带动家属参与。2018 年村里组织文化活动，春节联欢会，外出务工的都回来。乐施会资助了一部分，大家跳广场舞、花鼓舞等。现在还有活动室，有些活动都在活动室开展，以前的时候都是在家里。家里凳子不够，就自己搬凳子来，现在活动室有 30 个凳子。村里的条件慢慢改善了。再过一两年，村里的卫生再搞一下，还能组织更大的活动。

访谈案例3－46：施红梅（47岁，期中荣妻子，小学没毕业）。

到现在没有外出打过工。平时农闲时，会在村里跳花鼓舞、广场舞等。跳花鼓舞时我跳龙头。2016年12月份楚雄市组织去香港比赛演出，我们当时每人交了1500元费用，在香港待了7天。当时都是安龙堡乡的人组成的花鼓队，还穿着民族服饰在香港维多利亚港合照留影，现在屋里还摆放着这些照片。

在去香港之前村里妇女也跳花鼓舞。民族服饰平时不穿，只是在跳花鼓舞的时候穿一下。跳舞穿的民族服饰，平时也不穿，160多元一套，都是自己买的。其他村如果有人去世了，会来找我们去跳花鼓舞，是会给我们钱的。村里几个跳花鼓的人到现在已经跳了12年了。以前村里跳花鼓舞的人有20多人，现在跳花鼓舞的只有七八个人。以前村里老年人会跳一些民族舞蹈，也有人会唱阿首调，但现在村里老年人没有会跳花鼓舞的，因为没有学过。现在村里十多岁、二十多岁的孩子都不会跳花鼓舞。我们也是在外面看到其他村的人跳，就请外面的师傅教的。请师傅的钱是我们几家自己筹集的，给师傅一天50元，教了7天。现在很多地方的人都会跳花鼓舞，基本上每个村都有人会跳。现在我们也会跳广场舞，都是通过电视上学的。刚开始，大家不会跳也不好意思跳，后来人多了也慢慢都来跳了。现在村里有服装，有音响，而且也有活动场地了，我们可以随时搞文化活动，大家也都愿意搞。

访谈案例3－47：张进斌（原双柏县扶贫办副主任）。

2019年3月乐施会与双柏县扶贫办合作开展“云南省社区主导扶贫与乡村振兴试点项目”。作为项目社区，阿上左村组织开展“二月二”祭龙活动和庆祝三八妇女节活动。双柏县扶贫办、安龙堡乡乡政府、各村村民代表以及乐施会昆明办等人员都会来参与活动。农历二月二，阿上左村会举办祭龙仪式，祈求“山神爷爷、龙王爷爷，保家家丰收，护小村安康，人与自然和谐吉祥”，村里老年人讲解文化传统，启发村民认识和理解传统文化的现代意义。3月8日会举办庆祝“三八妇女节”文体活动，开展拔河、篮球、乒乓球、羽毛球和跳绳比赛，各村妇女代表队参加比赛。此后开展花鼓舞表演、阿首调表演、四弦表演和广场舞表演等文化活动。

3. 基于村民现实需求开展项目实践，调动村民参与的积极性和主动性，发挥村民在项目实践中的主体性作用

扶贫项目的基本出发点基于村民的现实需求开展项目实践，由村民自主选择项目内容，制定项目规划，确定项目实施方案，并自主实施项目。禄劝项目办在给予必要的物质支持的同时，更重要的是调动村庄资源和村民的积极性。在这个过程中，村民也逐渐理解和认识到项目所带来的实际效益，村民的积极性和主动性得到了充分的调动，通过投工投劳、自筹资金等方式参与到项目实践中，主体性作用得到充分发挥。

访谈案例 3－48：期中荣（阿上左村民小组组长）。

2013 年禄劝项目办在村里开展饮水项目。村里的水源是村民自己凑钱买的另一个村子的水源，共花了 4200 元，有长期使用权。当时也签了协议，我们村里如果不使用了，他们村有权力收回。水源在阿波都村，因为这个水源在阿波都村的下面，他们没法使用，但是我们村子又在水源的下面。水源在他们村的地界，有所有权，现在使用权在我们这里。当时村里有一位退休的老公安，是他帮忙去协调的。村里的第一台电视机也是这位老公安帮忙弄的。CDD 项目实施的时候，项目办利用各种会议，充分宣传扶贫合作项目的重要性，充分调动村民自主建设的热情，组织村民筹资筹劳解决项目资金不足等问题。项目建设资金主要用于购买项目所需材料（水管及配件、水泥、砂石料）和支付挖机雇用费及测量费等，群众投工投劳。我们自己做好财务、投工投劳记录。

村里一直有投工投劳的习惯，每年结算一次，这是村里自己商量制定的。这个费用很低的，一天只有 9 元钱，但是村民都是比较积极的。投工投劳的时候一户只能出一个人，不能出两个人。村里修路、应对自然灾害等情况，都是村民投工投劳的。以前还没有当组长的时候也是这样的。一年到头，如果一次义务工都没参加的话，就支付 800 元。虽然 800 元也不算多，但是村里公益事业大家都要参与。对于村里公益事业大家都是比较积极的，村里的妇女也参与很多。有时候大家都干到路灯亮了为止，记录义务工都要在路灯底下记，记录好了才能够散工。有一次下雨，路边塌了，就请拖拉机拉土来。村里有什么情况，村里的党员、组长和管理小组的成员都会在前一天晚上开会，商量第二天怎么办。

访谈案例 3－49：王燕斌（乐施会项目干事）。

在他宜龙村开展项目的时候，村支书的思想也有一个转变的过程。2013年在开展 CDD 项目的时候，正好是村支部书记刚上任，对于项目不是特别理解，也不怎么支持。刚开始进村里，他不在乎，也不参与，打电话给他也不来帮忙。后来与县扶贫办商量，暂停给他们项目，所以第三轮就没给他们村开展项目。虽然他宜龙村在第三轮没有参与，但是其中的一个村民小组阿上左一直在做 CDD 项目，就是想让行政村村支书看看项目实施效果，以此带动他思想的转变。这个村民小组的积极性高。正好他宜龙村的村支书的岳父家在阿上左村，在阿上左村开展项目的过程中，行政村村支书慢慢地理解了 CDD 项目，第四轮的时候，他宜龙村主动提出继续开展 CDD 项目。

以前进村路没有修通的时候，阿上左村是比较闭塞的。村里有一条大沟，雨季的时候容易出现塌方、泥石流，地质部门在这个村里还设立了三个地质灾害监测点。第一轮 CDD 项目就是人畜饮水，这个村里没有水源，从山的另一边几公里外的村买水源，引到村里。开展项目前，我们就告诉他们："你们要喝水，就自己想办法。"村里把水源买了，乐施会项目支持水管等。全村组织起来，拉材料架水管，家家户户都通上自来水。第一个项目实施的过程中就出现了一个问题。在分配劳动力运材料时，有些人就有意见，如"我比你多拉一点，你少拉了一点"。一开始，村民之间还是有一些小矛盾的。小组长能力很强，能够组织得起来。村里资产管理比较好。阿上左村保留出义务工的传统，每年都会公示，在家的和不在家的义务工都记录下来，年底算账。长期在外的，年底回来就要交钱。小组账目也是比较公开。有一年村里的一些树死掉了，卖到哪里去了，多少钱等，都在年底全部公示出来。村里搞活动，一起聚餐，都是村民自己筹资。2017 年底阿上左村开展春节庆祝活动，顺便庆祝村活动室建成，乐施会资助了 2000 元，其他经费和物资都是村民自筹。CDD 项目把他们村的氛围给激活了，村民的积极性也被调动起来了。

访谈案例 3－50：张书记（他宜龙村村支部书记）。

CDD 项目通过一定的程序开展。刚开始的时候，很不受欢迎，村民不了解情况。第一轮中很多事情都搞不清楚，一些小组长对资金管理、财务制度、程序、评选等多个方面都不了解。第二轮的时候虽然好一点了，但是还是不怎么熟悉程序。CDD 项目主要是一些小项目（几万块钱的项目资金），如修路、解决用水问题等。经过两轮之后，大家觉得这个项目还是可以的。开展项目的时候，大家一次一次培训，开会协商。大家得到实惠之后，大部分还是比较认可了。有些村民因被占了土地有意见，小组长就出面协调。

阿上左村在项目实施中投工投劳的积极性特别高。乐施会项目给村里带来的实惠，每次开会都给他们讲。乐施会项目一直在阿上左村开展。CDD 项目比较实在，也比较实惠，老百姓都比较满意。2018 年政府出资硬化村民小组的出行道路，当时开会开了七八次，有一些村民被占地了，想不通，不理解，就得通过政策引导、说服教育、讲道理等方法，一个一个逐个去协调、谈话。当时村里不同意占地挖路的有几个是村里的老干部、老医生，都是比较有威望的。大家开会之后，我就去他们家里去。记得我第一次去老医生家里，他说“能不能挖，是我说了算的”，我们就讲政策、讲道理、讲人情，他就同意了，只不过提出条件挖的时候要听他指挥。出现这种情况，就是村民小组做工作。村委会、村民小组都花不少时间。2018 年 3 月底顺利地完成了出村道路平整路面硬化工作。这条路占了七八个村民的土地，没有补偿，都是通过做工作协调处理的。

4. 注重妇女群体在发展实践中的作用发挥

CDD 扶贫项目非常注重妇女群体在实践中的参与，在项目评审阶段就有妇女代表参加。项目管理小组至少要有一名妇女，并成立妇女小组，在项目实施中承担出纳、项目监督等角色，促使妇女在社区发展项目中能够发挥重要的作用，提升了妇女自身的素质和能力，同时也转变了以前只有男人参与管理社区公共事务的状况。

访谈案例 3－51：张进斌（原双柏县扶贫办副主任）。

妇女以前在村庄事务上一句话不说，也很少参与，但是现在妇女都是侃侃而谈，让她们参与项目实践，她们也有了自信。这些变化都是 CDD 项目带给她们的。

访谈案例 3－52：罗艳梅（项目管理小组成员，34 岁，初中毕业）。

初中毕业后就一直在家里，没有外出打过工。开展 CDD 项目的时候，村里把我选进管理小组，主要负责项目物资管理和质量监督，参与项目后多了很多事情，但是老公还是比较支持的。

访谈案例 3 –53：施红梅（47 岁，期中荣妻子，小学没毕业）。

村里有花鼓舞队，我在花鼓队里跳龙头。现在我和罗艳梅经常组织大家学跳广场舞。广场舞是跟随电视上的视频学的，村里其他妇女也跟着学。在村里开展春节聚餐的时候，村里也会组织大家唱歌跳舞。联欢会的编排都是由妇女们来组织的。村里三八妇女节的活动内容也是由妇女来负责，而且很多文化活动都主要是妇女参加。

访谈案例 3 –54：期中荣（阿上左村民小组组长）。

妇女参与很多事情。2018 春节，村里组织春节晚会，都是妇女小组负责组织编排的。现在村里跳广场舞的也是妇女自发参与的，想学的都来跳，不想学的就不来。我们这边都是婆娘（老婆）说的算，没有打老婆的情况。CDD 项目之前，这些妇女们也没有这么开心，现在项目开展了，她们也参与，而且经常跳跳舞，心情也好，大家也开心了。乐施会项目把村民都带动起来了。

5. 通过扶贫项目实践，提升自我发展能力，激发社区内生发展动力

在项目实践中，从项目规划和申报、项目评审、项目执行与监督以及项目成果的后期管理等各个环节，项目村村民全程参与，充分发挥了村民在项目实践中的主体性作用。在此过程中，村民学会了修路、修渠等工程建设技术，项目规划、项目管理与执行、财务管理、组织协调能力进一步增强，社区的自我管理、自我服务和自我监督的能力得到提升，同时社区获得外部发展资源的机会增多，社区的自我发展动力得到有效激发。

访谈案例 3 –55：期中荣（阿上左村民小组组长）。

在项目建设施工全过程中，项目质量监督组人员严把建设质量关，从原材料采购、拌料比例、混凝土路面现浇、切割等环节实行全程监控，进场的各种材料严格按照设计要求和标准及国家规范要求操作，确保了工程项目建设的质量。项目管理小组为了确保施工现场安全生产，制作了文明施工标示及道路建设安全警示牌，直到整个工程建好竣工为止。

小组长的事情比较多，虽然耽误一些事情，但是家里是很支持的。现在项

目的事情比较多，项目怎么去做，基本的程序我都比较熟悉。怎么算钱、怎么花、怎么实施等，上面的人也都会给我们培训。项目都要自己申请，在评审会上演讲，评委打分，项目通过后就能够实施。刚开始的时候，大家都不习惯，慢慢做下来就好了。之前乐施会工作人员下来的时候，村里卫生不好，环境很差。现在他们资助我们建了村里公共厕所，农户自己管理厕所，一户人家负责一周，大家轮流管理。现在村里有卫生制度，一个月清扫两次卫生，红白喜事也要打扫卫生，外面的人来也打扫。四户一组，轮流打扫。

村里下一步准备做环境卫生的事情，搞人畜分离，把村子里的猪圈搬到另外一边，这样村里感觉干净一点。我们村里人都是比较能吃苦的。有些村子都不愿意开展乐施会的项目，嫌麻烦。很多村里工作不好开展，有些事情虽然比较麻烦，费点力气，但是还是非常值得的。

村里还实施了一些政府资助的项目，比如说一事一议项目，这些项目主要是开展村内的道路硬化工作。2015 年阿上左村实施了一事一议项目，该项目也是需要村民投工投劳的。但是做这个项目的时候，村里没有专门制定什么制度，都是按照以前的项目管理制度，比如说开展 CDD 项目时制定的一些制度。一事一议项目也是我们村民自己来做的。当时为了把工程做好一点，村里组织村民筹资 2500 元，总资金共 94000 元。

访谈案例 3－56：杨先明（阿上左村民小组会计，高中毕业）。

原来村里没有记过账，也不太会记账。CDD 项目实施之后我就会了。当时乐施会给我们培训，在项目实施过程中慢慢地就学会了。而且现在我们也知道怎么做项目了。做项目的时候，如果出现问题，管理小组也是会去做调解工作的。以前村里没有到其他地方参观过，2018 年村里准备组织大家出去，希望组长、党员等能够起到带头作用的。

访谈案例 3－57：王燕斌（乐施会项目干事）。

从他宜龙村委会通往阿上左村的水泥路，连通着五个自然村与村委会。原来这里还没有修路的时候，村民外出都是需要走山路，而且需要绕路十几公里。修路之后，五个村到村委会的时间大大减少了，差不多半个小时就到了。

有些村不通路，所以很多村在申请的时候就提出来要修一条路。评审以后，修出来的路基本平整之后，铺上沙石，就能通行了。本身乐施会对路的验收要求也就是能走就行了。这其中最大的一个制约因素就是资金，因为在这里修好一条水泥路费用比较高。但是乐施会资助项目实施之后，政府项目就可能跟进。比如说他宜龙村委会到阿上左村的这条水泥路，原来这条路是通过CDD项目修通的，第二年政府就出资拓宽了，现在这条路就直接硬化了。很多村（村民小组）都有这种情况。以前政府项目是不进这些村的。这些路一次到位也是没有可行性，新修的路需要先压实，过几年之后，地基沉降。之后，政府项目再跟进。这实际上也是乐施会与政府合作的另一种表现。政府修路最头痛的就是修路占地引起与村民的矛盾纠纷问题。乐施会资助项目要求项目实践中的矛盾纠纷村民要自己协商解决，解决好了之后，就可以修路，解决不了就不修。所以经过CDD项目之后，政府最担心的事情解决了，政府资助的项目就可以跟进了。CDD项目能节省成本，尤其是投工投劳这方面节省很多。修路技术方面，有些村有经验，就直接自己修了；有些村没有经验或者没有把握，就要请技术人员来现场指导，或者是找施工队。

6. 推动社区组织和制度建设，促进村民小组组务自治

CDD项目以社区为主体，通过扶贫管理制度和管理机制的创新，在扶贫资源的分配、使用和管理等方面充分赋予贫困社区农户自我决策和自我管理权，充分调动广大贫困社区农民参与扶贫开发和社区发展的积极性，发挥其主体作用。

在项目实践中，项目管理组织和管理制度建设是项目主要内容之一，项目社区首先由村民选举成立项目管理小组，项目管理小组成员主要包括组长、会计、出纳等，其中包含妇女代表。同时选举成立项目财务管理组、工程项目质量监督组、妇女小组等社区项目管理组织，为项目的顺利实施提供组织保障。在建立组织的同时，项目社区村民讨论建立项目管理制度，主要包括项目评审细则、投工投劳制度、物资采购制度、工程进度管理制度、质量监督制度、资金管理制度和安全生产管理制度、项目管理养护制度等各项规章制度，以保障项目运行的制度化。项目实践中建立的社区组织和制度保障了项目的有效执行，而项目结束之后，这些组织和制度在社区公共事务管理中进一步发挥作用，有效地促进了项目社区公共事务管理中的规范化和制度化，推动项目社区公共事务走向自治。正如他宜龙村党支部书记所说：“阿上左村民小组的一些事情，行政村层面基本上管的比较少。他们自己的管理小组基本上就能够解决

了组内的所有矛盾，行政村里基本上不需要参与。”

阿上左村民小组项目议事协调小组是通过户主会选举成立，并明确了议事小组成员职责，阿上左村民小组组长期中荣担任议事协调小组组长，负责议事小组全面工作，检查议事协调小组成员工作；杨先明担任会计，与小组成员施跃峰、施加兵共同负责项目物资采购；杨翠珍担任出纳和妇女小组组长，与罗艳梅负责项目物资管理；期中荣、施跃峰、施加兵共同负责质量监督。议事协调小组统一负责组织群众投工、指挥施工队、记时、监督等，具体人员分工可在项目实践中根据实际需要灵活安排。

访谈案例3－58：期中荣（阿上左村民小组组长）。

村里水管架设、村庄道路路面硬化、扩修机耕路等项目建成后，为确保水管常年来水、道路畅通，我们村里也制定了管护制度，规定道路两旁有效路面不得堆放杂物、占道利用、各家房前屋后的道路由各家负责搞好卫生等，并确定了专职人员进行水管养护，制定了水管维护员工作职责，规定养护目标任务，做到职责清楚，赏罚分明，确保了已建工程项目不受损坏。目前村里建立了自来水管理制度、CDD项目后续管理制度等。目前卫生制度起草了，但是还没有最终定下来。自来水管理制度中，不遵守规定的，就要处罚50～100元。每年支付给自来水管理员1200元，另外再交300元的维修费。不允许任何人或者农户私自断开及毁坏，已经发现必须追究责任，罚款50～100元，并责令其恢复原状。

建立制度是非常有必要的。2018年我们村里实施政府资助项目，项目所需的石头都是从外面运进来的，当时路都不通。11月份全部拉到村里。我们没有挖掘机，都是人工搬运。有一天我去村里参加支部会议，当时没有安排人员扛石头，一些村民自己去搬石头了。结果有一个人搬石头，搬不动，用大锤砸，结果误伤了自己的脚，路都没法走了。伤员去双柏住院治疗好几天，村民小组凑钱支付了980元医药费。出院当天晚上村里协商，让他自己承担一半，村里承担一半，他不愿意；让他休息几天，村里给他正常记上义务工，他也不愿意。最后村组决定：全部医药费由村组全部承担，并让其签具协议书。

现在项目经费管理很严格，以组长的名义开账户，小组会计和出纳管钱，现在买材料、取钱等情况都是村民代表几个人一起做的。

出现这个事之后，村里发现安全很重要，于是实行了安全告知书制度。因为村里的工程基本上是自己做，所以村里协商建立安全告知书，提醒大家要注意安全，签了安全告知书之后，如果再出现类似的情况，主要由村民自己负责。在每次投工投劳之前，都先就安全问题和大家讲清楚，如果违反规定就不让其参加劳动，不计义务工。安全告知书是组长手写起草的，然后提交到村民小组讨论最终确定。有一些人经常喝醉酒，所以在安全告知书里特意提出来酒后禁止参加劳动，因为喝酒之后参加劳动很危险的。

四、从综合扶贫到促进自我发展——鹤庆县松坪村扶贫合作项目

（一）鹤庆县国际扶贫合作项目概况

1997 年 12 月—1998 年 5 月，乐施会与云南省扶贫办、大理州扶贫办相关人员三次到鹤庆进行考察，与鹤庆县政府及有关部门交流讨论关于贫困问题、扶贫政策及扶贫工作困境等问题并达成共识。为了更好地开展合作扶贫项目，云南省、大理州扶贫办各指派一名工作人员具体负责鹤庆合作项目。1998 年 2 月成立鹤庆县香港乐施会项目领导小组，3 月成立鹤庆县香港乐施会项目领导小组办公室（以下简称鹤庆项目办），鹤庆项目办设在县民族宗教事务局，有 5 名成员（其中 1 名为女性），鹤庆县民宗局局长任项目办经理，县扶贫办副主任任项目办副经理。之后，鹤庆县进行机构调整，项目办从县民宗局转到县扶贫办，具体负责项目办工作的人员随项目一起调动。

1999 年 4 月，鹤庆县综合扶贫发展项目首先在六合彝族乡松坪村实施。项目期限从 1999 年 4 月至 2001 年 9 月，项目批准预算总资金：1774978. 40 元（其中：乐施会 1187180. 40 元，政府 289600 元，农户自筹 298198 元），实际支出 1638262. 79 元。该项目的实施产生了良好的综合扶贫效果。全村农户年人均纯收入由 1998 年的 357 元增加到 2001 年的 577 元，人均粮食也由 1998 年的 210 公斤增加到 2001 年的 222 公斤。村庄基础设施得到了明显改善；农户的思想观念发生了很大变化，农户自我积累、自我管理、自我发展意识得到了增强，妇女的能力和在家庭中的地位得到了明显提高。在项目实施过程中，鹤庆县扶贫部门的工作人员还学到了乐施会的先进管理经验和模式，对鹤庆项目建设管理起到了积极的推动作用。

2007 年 3 月，云南省扶贫办与乐施会再次签署了为期三年的《合作框架协议》，以联合开展贫困农村社区发展和赈灾济困等扶贫援助项目。根据该协议，经双方多次协商，于 2009 年 9 月正式签署了《云南省社区主导型发展与

参与式扶贫管理机制创新试点项目合作协议书》，决定运用社区主导型发展的方式，内外资金相结合，从2009年10月至2011年9月，在云南省大理白族自治州剑川县和鹤庆县、楚雄彝族自治州南华县等三县六个乡镇的六个贫困村委会实施“CDD试点项目”。截至2011年10月，共计完成项目投资480万元，其中乐施会投入240万元，省级财政配套240万元，占计划的100%。项目覆盖了剑川县象图乡下登村委会、金华镇龙营村委会，鹤庆县金墩乡西甸村委会、松桂镇勤劳村委会和南华县雨露乡铅厂村委会、五街镇大村坡村委会等6个乡镇6个村委会的49个社区（村民小组），受益贫困农户1765户7651人，其中妇女儿童5149人。项目实施深受当地群众欢迎，得到项目区党委、政府及各部门的大力支持和好评。两年来，三个项目县通过社区主导型发展的方式共实施了102个子项目，其中剑川县25个、鹤庆县47个、南华县30个，项目涉及村组道路建设、村级道路硬化、修建人畜饮水和农田水利设施、太阳能和避雷塔安装、建设社区活动室、核桃烤房、卫生厕所、养鸡场、卫生厩社和安居房及危房改造、开展经济作物种植、牛羊鸡等生畜养殖与品种改良等领域。

2013年鹤庆县新一轮的CDD项目涵盖六合乡松坪村和龙开口镇下河川村两个行政村，资金总规模120万元，每个村60万元（其中，乐施会援助40万元，省级财政配套20万元）。

通过该期项目的实施，改善了项目社区交通、水利、文化等基础设施状况，解决了农户雨季出行困难和人畜饮水困难，推动了社区文化事业的发展。同时，以CDD项目为平台，建立了以贫困社区群众为主体的项目实施和管理组织，通过社区群众的自我组织、自我管理和自我监督，培养和提升了社区群众的主体意识、参与意识和自我管理能力，充分发挥了社区农户的首创精神。

（二）松坪村国际扶贫合作项目实践与成效

松坪村位于鹤庆县六合彝族乡东南部，位居海拔2500米的喀斯特山区。松坪村有5个自然村，270户1056人，耕地1156亩，所有耕地均为旱地。1998年农民年人均纯收入357元。松坪村集高寒山区，自然条件恶劣，水资源奇缺，交通闭塞，信息不灵，土地贫瘠，基础设施脆弱，教育卫生发展严重滞后，农户受教育程度低，农业生产科技含量低，科技服务体系薄弱，农户劳动技能低，绝大部分农户还居住在破漏的茅屋和木垛房中，是一个典型的特困村。

1999 年 4 月，由云南省扶贫办与乐施会合作实施“松坪社区综合发展项目”。该项目围绕“以权为本”的发展理念，以改善社区生计、实现社区的民主管理和可持续发展为目标，开展了社区组织建设、农户（特别是妇女）能力培养、小型基础设施建设、服务体系建设等一系列项目活动。项目具体内容主要包括：人畜饮水工程、农牧科技培训、产业开发、道路建设、学校建设、卫生室建设、兽医室建设、社区发展基金等。项目活动注重运用“参与式”工作手法，引入社会性别视角，以社区农户为主体，通过社区组织建设，推动农户的广泛参与，通过项目实践改善村庄生产生活条件，提升村民生活水平，培养社区自我发展意识，建立社区组织机制。20 年来，鹤庆项目办在鹤庆县委县政府的领导之下，在县民宗局和乐施会的指导支持下，在鹤庆县六合彝族乡松坪村等偏远贫困地区实施社区综合扶贫发展项目、可持续生计发展项目、社区主导型发展与参与式扶贫管理机制创新试点项目以及社区发展与参与式家庭发展规划项目等项目。在长期的项目实践中，结合松坪村在不同发展阶段的贫困状况和现实需求，采取不同的方法和手段，开展不同内容的项目实践，对该村的扶贫发展产生了积极效应，使得松坪村从需要全面综合扶持发展阶段逐渐进入具有较强自我发展能力的扶贫发展阶段。

1. 通过基础设施建设，改善村庄生产生活条件

针对松坪村基础设施短缺问题，鹤庆项目办在松坪村开展人畜饮水工程、村庄道路等基础设施建设项目，极大地改善了村庄生产生活条件。松坪社区境内无自然水资源，过去人畜饮水大部分靠小水池蓄积雨水和山洪水来解决，一年缺水达 3～4 个月。在旱季，农户要到 3～5 公里以外的山箐去挑水，并且大多是妇女去挑。1997 年春夏季，由于旱情严重，鹤庆县县政府组织消防车拉水到当地救急，人均日供水 3 公斤，学校学生因缺水而放假。为了节约用水，农户一水三用，先是洗菜，然后是洗脸洗脚，最后再拿来喂牲畜，真是农户所说的“松坪之水贵如油”。通过开展人畜饮水工程，社区共新建小水窖 485 件，蓄水 9700m^3，并改造老水窖 280 件，蓄水 6700m^3，解决了社区 1056 人及 3000 多头大小牲畜的饮水困难，减轻了社区农户，特别是妇女挑水的劳动强度，节约了劳动时间。

松坪村通往外面的主干道为土路，全长 10.3 公里，修建于 1985 年。每年雨季，泥巴路面又陷又滑，大、小车辆均无法通行。松坪村经济果木资源丰富，但由于交通不便，成堆的水果无法及时运到集市上销售，水果商也无法进

村收购，即使极少数水果靠人背人挑到了集市，“所卖的钱不够一顿晌午饭钱”，水果的经济价值根本得不到体现。通过项目实施，松坪村铺通弹石路，收购商可以把车直接开到村里，不管是水果还是其他农副产品，只要想卖，都能及时卖出去，节省了劳力和时间。社区农户说：“现在化肥可以运进来，卖苞谷卖大米都用车子运，烤烟交售也用车子，不必再靠人背了。2018 年过年那阵，想吃个梨子都难找了。”

2. 通过技术培训和产业结构调整，增加农民经济收入，提升农民生活水平

针对松坪村村民生产技术落后，产业结构单一，村民经济收入低等问题，鹤庆项目办在松坪村开展脱毒马铃薯试点种植项目，投入 1 万元，试点种植脱毒马铃薯 30 亩。该项目实践中，由村里组织统一调运籽种和肥料，聘请乡农技站技术人员对 28 户种植农户进行现场种植和田间管理技术培训。项目实施后，马铃薯平均亩产达 1143 公斤。同时，开展经济林果发展项目，培育林果栽培能手，嫁接优质果苗（木瓜、花椒、梅子）13900 株，引进种植良种 18500 株，聘请外部技术专家，开展果木栽培、嫁接和管理技术培训 5 场次，参与培训农户 1260 人次。

通过各项目实践，农户人均纯收入从 1998 年的 353 元增加到 2003 年的 579 元，增长 64%；根据当地的高海拔气候条件采取科学技术种植苞谷优良品种 500 亩（其中，地膜覆盖种植 80 亩，容器育苗移栽 420 亩），平均亩产达 405 公斤，比传统种植方式亩增产 295 公斤，有效地解决了村民长年缺粮的温饱问题。主食结构由 1998 年前的“苞谷 + 杂豆”发展到现在的“大米 + 苞谷”，肉食由过去的“过年过节才吃得上”发展到现在的“两几天一次”；蔬菜也由过去的“都要到街上买，很少吃到新鲜蔬菜”发展到现在的“大多数农户都在房前屋后栽种蔬菜，新鲜、方便，又不需花钱”。

此外，社区发展委员会还组织聘请县畜牧防疫专业技术人员开展了 4 期兽医防疫知识和畜禽科技饲养知识培训，参与培训农户 1048 人次。通过开展一系列的实用技术培训，提高了农户的科技意识和科技管理能力，有效地促进了村民收入增长。村民说：“过去喂牲畜，不懂科技和防疫，死的多，活下来的也不肯长。现在多数农户都采用新式喂养法，猪长得快，而且都买预防药，两三个月喂一次，死的少了，杀吃的和卖的多了。”

3. 改善村里医疗卫生服务条件，转变村民卫生习惯

松坪村卫生室设立于1998年，借用村委会房屋一间，有女村医1人，由于缺少资金，卫生室医疗器械不全，农户拖欠药费的现象普遍，药品越来越少，很多时候村民看病拿不到药，加之村民缺乏基本的卫生保健知识，生病时多是硬撑，病情严重时才请几个人抬着到22公里以外的六合卫生院去看病，耽误了时间，加重了病情，导致了一些村民因病致贫。妇女生孩子都是土法接生，没有人到过医院。

鹤庆项目办在松坪村建立社区卫生室、培养卫生员、提供器械设备及周转金以及开展社区卫生保健常识培训、妇女生育健康知识培训等活动，增强了社区医疗卫生服务功能，方便了农户就近就医，同时也提升了村民们的卫生健康意识，改变了农户的卫生习惯。正如有农户说："现在我们都知道有病就去看，小病在卫生室，也可以叫卫生员到家中，随叫随到，很方便，大病才去黑水和六合，车路通了，不用再请人抬。""过去两三天洗一次脸，一年才洗几次衣服，有些老的，两三年都舍不得洗一次头，现在有水了，可以两三天洗个头，衣服脏了就洗，连牲口都喝上了清洁水，病也减少了。""过去猪、鸡死了，舍不得丢，自己煮吃，现在知道那样不卫生，而且生活也比以前好了，不用再吃那些了"。

4. 修建村里的小学，改善儿童就学条件，保障儿童受教育权

以前村里有一个完全小学和一个教学点，原有校舍因年久失修多处破烂，雨季屋顶多处漏雨，寒风冷雨穿堂而过。由于条件差，学生在危房里上课，家长也不放心，教师不安心，调动离开的频繁，从而影响了教学质量。通过实施学校及校点搬迁建设项目，改善了教学设施条件，方便了儿童就近入学。同时，通过组织村民开展一系列外出考察、交流、学习和培训等活动，有效地提升了村民们的教育观念，开始重视子女的教育，杜绝了适龄儿童因贫困而失学的现象。正如有农户所说："现在想通了，再苦也要让孩子读好书，借钱也要供，不能让孩子再像我们一样。"在学校项目评估活动中，村民们通过讨论主动提出，从社区发展基金的利息收入中拿出一部分资金，建立社区教育基金，用来帮助村内因家庭贫困而上不起学的儿童完成小学学业。

5. 注重妇女参与和能力提升，充分发挥妇女在社区发展中的作用

鹤庆项目办在实施项目中非常注重妇女参与和能力提升。首先是选举妇女参与到社区发展管理中，在第一届社区发展委员会31名成员中，女性有11

位。她们在村里集体事务的决策上起到十分关键的作用，也曾经有妇女作为候选人参与到村委会副主任的选举中，尽管没有成功，但也说明妇女在公共事务中参与的积极性，以及男性村民对妇女能力的认可。

通过开展妇女能力建设项目，妇女参与能力得到提升。通过项目支持新建妇女活动中心，共4间房屋200m^2。妇女及村民利用活动中心开展各类培训交流151场次，参加人次达6040人次，培训交流的主要内容包括：社区基金管理使用、卫生常识和妇幼保健知识、烤烟和苞谷科技栽培、果木栽培和嫁接管理、市场知识等。鹤庆项目办还协助社区发展委员会组织社区妇女代表到省外陕西考察交流妇女项目1次，参加人员13人，到省内红河州石屏县考察交流1次，参加人员18人。村里妇女通过外出考察学习和培训交流，极大地提高了妇女在社区事务中的参与意识，逐步打破了以前村里公共事务完全由男性决策的状态。

社区发展基金项目主要是由妇女来进行承贷和还贷的，男性村民都提到，妇女在家庭中的地位提高了，以前在家庭中是男人决策，而现在社区基金是贷给妇女的，妇女有决策权，更多的时候是和男人一起商量，共同决定使用基金。项目的实施对妇女能力的提高影响很大，尽管对外界来说，这些变化可能非常小，但对松坪的彝族妇女来说，则是非常了不起的改变。男性村民普遍反映，现在的妇女和原来相比敢于说话了，与外面来的人交流也不再害羞了。特别是在生产技能方面，大多数妇女都掌握了玉米的科学种植方法，学会了经济林的修枝、打杈技术。男性村民还谈到现在妇女在生产生活上更有计划性和自主性。以前不敢跟丈夫顶嘴的媳妇现在也敢评理了，男人们认为只要她们说的对就应该听，但这并不是怕老婆，男女应该平等。同时，妇女还利用活动室开展每月一次的学习科技知识交流活动，该活动被她们称作是自己的“星期天”，表现出很大的主动性和积极性。通过开展这些活动，妇女们学会了认秤、辨别真假人民币等，尽管这些事情很小，但对妇女来说很实用。男性村民也认为妇女的这些变化很重要，对于改变家庭的生产生活有很大影响，因此，都支持和鼓励妇女参与项目活动和管理。项目实施有效地提高了妇女们自我发展的能力和自信心，促进了男女平等。村里的妇女表示：“过去我们（妇女）不敢跟外边的人说话，现在在市场上敢跟外边的人讨价还价了，我们不怕了。”“过去村里的女人不敢外出（打工），别人会说找来的钱不干净，以后找个婆家也难，现在外出打工的妇女越来越多了，村里没有人再说她们，家里人也支持。”“过去家里的事情多是男人说了算，现在不同了，总是两个人商量着办。”

6. 运用“参与式”方法，引导村民参与项目实践，培养村民自我发展意识

鹤庆项目办工作人员运用“参与式需求评估”方法，与村民一起探索确定要开展的发展项目，并采用矩阵打分的方式获得农户的需求情况，根据不同村民需求的轻重缓解来确定要开展的发展项目。同时，在项目实施过程中组织村民参与管理、决策和规划。通过运用参与式手法，松坪村村民参与项目的积极性逐渐增强，村民的主体性地位得到提升，并逐渐形成自我发展意识和能力。通过村民广泛的参与，提升了农户的主体意识、参与意识，推动了民主管理机制的运行。

7. 通过组织和制度建设，增强村民参与意识，提升村庄自我发展能力

项目的实施中，组织农户广泛参与，通过投票选举的方式民主选举产生了5个片区管理中心和社区发展委员会，同时在社区发展委员会内成立了基础设施建设管理小组、教育卫生畜牧防疫管理小组、社区基金管理小组。社区管理小组的建立为社区自我管理和可持续发展奠定了基础。同时，加强社区制度建设。采用“从下至上”的方法讨论制定了社区发展委员会的职责及相关管理监督措施，制定了一系列相关管理办法，如《松坪社区发展基金贷款实施方案》《松坪社区卫生室及医疗卫生服务管理制度》《松坪社区兽医室及兽医防疫服务管理办法》等，以制度建设为切入点，通过给村民（特别是妇女）提供更多的参与机会等增强村民参与管理的意识和观念，实现民主决策的管理运行机制。

村民以小组互助的形式建设水窖、准备修路的弹石，并以小组联保的形式借贷社区发展基金，增强了农户间的互助。村民表示：“有的农户困难，没有劳动力，修不起水窖，我们大家就出工出力帮他修，也不要钱，还帮他们敲铺路用的弹石，不拖后腿。”“有的农户还不上贷款时，我们小组的人就帮忙他想办法，或者凑钱先帮他还上，他有钱时又还我们。”通过项目组织与制度建设，提升了村民们的互助意识和主体意识，初步建立了社区民主管理的运行机制，为社区的可持续发展奠定了观念意识和组织机制基础。

（三）社区发展基金项目实践与成效

1999年，乐施会提供资金在松坪村实施小额贷款项目，以解决社区生产

性垫本资金短缺问题。2001 年，该项目向社区发展基金转型，制定《鹤庆县香港乐施会松坪社区发展基金贷款实施方案》。此后，松坪村社区发展基金不断完善管理制度，理顺运行机制，平稳运行至今。目前，经过多年的滚动积累，社区发展基金总额从最初的 10.93 万元积累到 27 万余元，在缓解村民生产生活中资金短缺问题方面发挥了重要作用，同时扩大了妇女参与社区发展的领域，提高了妇女地位，培育了社区团结互助意识，增强了社区居民的自我服务、自我管理和自我监督的能力。

1. 小额贷款阶段（1999 年 4 月—2001 年 10 月）

1999 年乐施会开始在松坪村实施小额贷款项目。在正式启动之前，鹤庆项目办对管理人员进行技术培训，对农户进行贷款操作程序培训和配套技术培训，以增强社区对小额贷款的理解和认识。同时，在项目实施过程中加入性别视角，关注妇女，实行贷女不贷男，以提高妇女的地位和能力。当时松坪村小额贷款项目参照了政府小额贷款的程序，组成核心组，实行小组互助联合，贷款小组由 5 ~7 户农户，自愿组合，一年一贷，半月一还，按“贷穷不贷富、贷女不贷男”的原则，共发放贷款 109300 元，利率为 2.97‰，共涉及 34 个贷款小组，174 个贫困户。

小额贷款项目的实施有效地缓解了村民们生产垫本资金短缺问题。通过两年的运行，初步在村民们中间形成了信用评价意识。但是“半月一还款”的管理规定导致还款次数过于频繁，村民拿到贷款资金之后就要考虑半月后的还款问题，不得不将贷款资金用于前期的还款，资金利用率不高，而且积累少。同时，小额贷款项目主要有鹤庆项目办和乡镇负责管理运行，社区参与程度较低，村民对于小额贷款项目的认识不足，在一定程度上消减了小额贷款项目的经济社会效益。

2. 社区发展基金初期阶段（2001 年 11 月—2002 年 10 月）

针对上述问题，松坪社区管理委员会组织村民讨论制定《鹤庆县香港乐施会松坪社区发展基金贷款实施方案》，推动小额贷款项目向社区发展基金的转化。该阶段，松坪社区发展基金贷款实行“有偿使用、小额短期、整贷零还、小组联保、滚动发展”的原则，以贫困户为重点（民政救济对象除外），以妇女为贷款对象，逐渐建立社区妇女能够自我管理的社区基金贷款运作管理机制。

第一，社区发展基金管理运作。社区发展基金的运行以社区为主导，县项目办成立社区发展基金贷款协调服务小组，协助松坪社区发展基金的运行管理，加大对社区发展基金财务工作的指导与监督，协助催收欠款。松坪社区管理委员会内设立贷款基金管理组，由贷款人选举产生。在管理组成员中，由贷款人选举产生一名组长。贷款管理组主要负责编制松坪社区发展基金贷款工作规则、规划和年度发展计划；选定贷款对象（妇女），搞好建档立卡工作，建立健全组长、会计、出纳等人员岗位责任制；建立健全中心主任、联保小组长工作职责和岗位责任；协助贫困户选好项目，并围绕项目提供所需贷款；监督每月组织召开一次中心会议，确保中心会议制度化、正常化。组织做好放贷、贷款回收工作及贷款资金、财务管理工作；每月向贷款人张榜公布一次贷款基金发放、回收及利息收支情况，接受贷款人监督。组长召集贷款管理组成员定期不定期地召开会议，定期会议每月召开一次，在每月发放贷款的前一天召开，不定期会议视工作需要召开；安排管理组其他成员的工作，组织制定并考核各工作岗位的岗位职责；审批贷款；每个月向社区管理委员会汇报一次工作，接受社区管理委员会监督。

组建贷款联保小组。根据自愿组合的原则，每5～7户组成一个小组，并推选出小组长（妇女）。小组成员之间有互助互保的责任和义务，若有成员不能按时还贷，其他成员有责任为其垫付，并帮助搞好发展项目，顺利偿还贷款。联保小组组长监督组员参加中心会议；监督组员按时还贷和交纳小组基金，收齐组员还款交贷款管理组，并代办有关手续；组织组员讨论、选择发展项目，确定合理的贷款数额，监督组员按项目使用贷款；收集项目实施情况并向中心主任汇报；团结组员，互帮互助；协助贷款管理组或中心主任收取滞纳金；组织讨论制定小组基金的使用和管理办法。

组建贷款中心。为了便于中心组开展活动，以自然村或村民小组为单元，根据自愿组合的原则，三个小组以上组成一个中心，并推选出中心主任（妇女）（见图3－3）。中心主任安排主持中心会议；检查各小组项目实施情况和资金使用情况，检查规章制度的执行情况，对违反规章制度者按规定予以处罚；督促各小组按时还贷；组织讨论中心基金的使用、管理办法，组织本中心各小组的互帮互助；参与社区发展规划的制定。

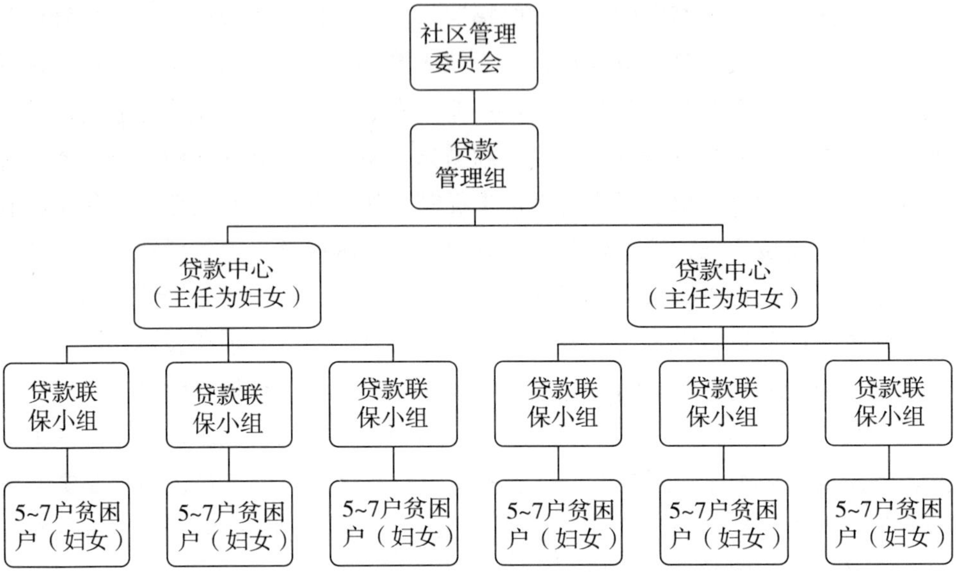

图 3－3　松坪社区发展基金组织架构

建立中心会议制度。每月召开一次中心会议，小组成员需按时参加，不得迟到或缺席。不参加中心会议一次，少返回 1 元中心基金，迟到 15 分钟以上一次，少返回 0.50 元中心基金。中心会议的主要内容：放贷、还贷，监督项目发展及资金使用情况，信息交流、互帮互助；技术服务与培训，执行规章制度情况等。

第二，社区发展基金贷款及还款基本程序。贷款流程：贷款人书面提出贷款申请，小组其他成员共同签名，签名后小组成员之间的联保责任生效；组长根据小组成员资金需求及发展项目（用途），填报各户的发展项目（用途）及资金需求统计表报贷款中心；贷款中心主任召集本中心各小组长进行初审并签注意见，报贷款基金管理组审批。贷款基金管理组逐户核实发展项目（用途）和资金需求后，签注审批意见报社区管理委员会审查，经批准后贷款基金管理组即可与贷款人签订贷款合同（见图 3－4）。第一轮贷款额每户最高 1000 元，最低 100 元，贷款期限一年，贷款条件成熟一个小组放贷一个小组，实行一次性放款制度，为鼓励贷款户积极还贷，实行先还先贷，逐轮增加贷款额的激励机制，即，先还清贷款的小组，可先获得次轮贷款，贷款额逐步增加为 1200 元、1500 元、最高限额到 3000 元，但两轮贷款之间的间隔不得低于半年。放贷时间统一为每月的 11—15 日，按贷款中心确定具体时间。放贷时必须“四到位”，即贷款基金管理组成员到位、中心主任到位、小组长到位、贷款人到位。严禁用他人名义贷款，一经发现，取消贷款资格，并收回贷款。贷款利息按贷款本金的年 12%（月 10‰）计收。贷款使用于贫困户自己选择的种植业、养殖业、商业、手工业及其他家庭副业等生产经营项目。

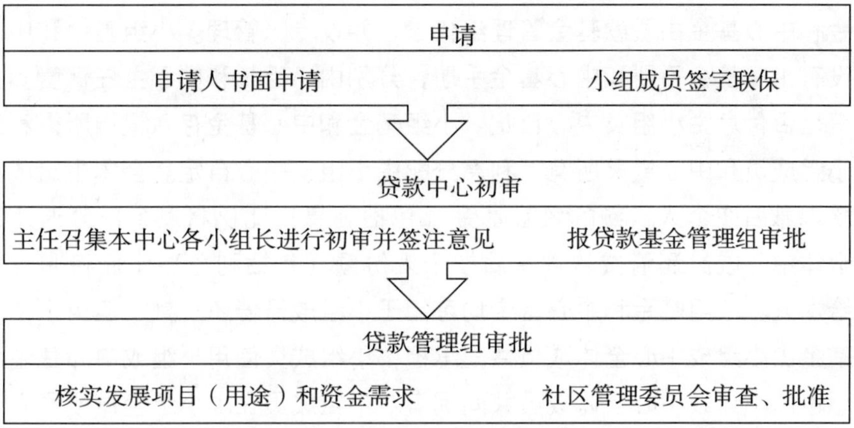

图 3－4　社区发展基金贷款基本流程

还款流程。贷款农户在获得贷款后，最长不超过 30 天需第一次归还贷款本息，全年分 12 次还清本息，贷款本金每次归还数额可根据农户收入淡旺季确定，但最低月还款额不得低于贷款本金的 5%，贷款利息按 12 次随本金交付。每次归还贷款本息以元为单位凑零为整，最后一次清算全部还清本息。根据农户意愿可提前还清贷款本息，计息时间以月为基准单位（30 天）。农户在还款周期内（年 12 次），第一次拖欠还款交滞纳金 1 元，第二次交 2 元，每增加一次拖欠，增加 1 元滞纳金，以此类推。农户将还款交给小组长，小组长交给贷款基金组，基金管理组工作人员每次收回的还款于当日交财务人员存入银行（信用社），若返回已晚，可在次日交存银行。贷款与还款必须采取收支两条线，不允许出现“坐支”。每月的贷款和还款在同一天进行，贷还款日即为中心活动日。

第三，设立贷款风险基金。为了避免发生贷款风险，松坪社区发展基金设立风险基金，以保障基金的正常运行。小组成员获得贷款时，一次性交贷款额 5%，作为风险基金（3% 作为小组风险基金，2% 作为中心风险基金）。小组基金和中心基金统称为贷款风险基金。小组基金和中心基金是小组成员和中心成员互助互保责任的体现和保障。小组基金属小组成员共同所有，中心基金属中心成员共同所有。小组成员中发生拖欠还款时，可动用中心基金偿还。小组基金和中心基金的具体使用办法由小组成员和中心成员自定。小组基金的使用须征得全体小组成员的同意，并由小组长报经中心主任批准；中心基金的使用须征得中心全体成员同意，并报贷款基金管理组批准方可按规定支取使用。小组基金和中心基金由贷款基金管理组代管，并设专账管理。小组基金和中心基金均设有小组基金手册和中心基金手册，分别由小组长和中心主任保管。基金使用者是否付息由小组及中心自定。小组基金和中心基金存入银行所得利息收入属小组成员和中心成员所有，利息分配由小组、中心自定。全体小组成员还清贷款本息后按个人份额的风险基金（包括利息）比例将剩余部分退还给本人，全体中心成员还清贷款本息后按个人份额（包括利息）比例将剩余部分退还给本人。小组基金和中心基金均可用于小组成员偿还贷款，但用于偿还贷款的基金由小组或中心全体成员共同承担；小组成员使用小组或中心基金所支付利息也由小组或中心全体成员共同拥有。小组成员在本小组全体成员尚未还清贷款本息时不得退组，还清贷款的小组在本中心尚未还清贷款本息时，不得退出中心基金。

第四，社区发展基金积累的管理与使用。贷款利息和滞纳金作为社区发展基金积累，由贷款管理小组统一管理。贷款农户按贷款本金的12%（年利率）支付利息。贷款基金管理组按以下规则分配使用利息：按2%的利率计算所得的利息收入用于运作成本，主要用于购置日常办公用品，工作人员补贴；按10%的利率计算所得的利息收入纳入积累，积累分为：社区学校教育基金（按2%利率计算）；贷款中心积累（按5%利率计算）；社区积累（按3%利率计算）。社区学校教育基金主要用于帮助贫困学生，由学校、社区管委会共同制定管理使用办法；贷款中心积累由社区管委会代管，贷款中心制定管理使用办法；社区积累，由社区管理委员会制定管理使用办法。贷款户拖欠还款所交滞纳金列入社区积累。

该阶段社区发展基金建立了以社区为主导的运行机制，充分发挥了社区村民的主体性作用，尤其是妇女群体的主体性地位得到凸显。妇女广泛参与到资金的监督和管理过程中。同时，社区发展基金划款次数减少，从每月2次减少为每月1次，提升了资金的利用率，减少了管理成本和工作量。小组成员之间的联保责任也在一定程度上促进了成员之间的团结互助。社区发展基金的积累可以用于发展社区公共事业，增进社区福利。但是，该阶段社区发展基金的利息较高，在一定程度上增加了农户的还款难度，农户前期还款率降低，在一定程度上影响了社区发展资金的正常运转。

3. 社区发展基金的发展完善阶段（2002 年 11 月以来）

鉴于上述问题，2002 年底，松坪社区发展委员会组织村民讨论决定将贷款利息率降低为 5‰。同时，依然以贫困户为重点，以妇女为贷款对象，确保妇女在社区发展中的地位与作用发挥。在该阶段，松坪社区发展基金逐渐运行得更加规范化和制度化，不断完善管理制度。鹤庆项目办和乡镇也逐渐转变自身角色，将工作重心转移到对社区发展基金运行的检查、监督和指导等工作。

针对农户收入存在淡旺季情况，社区发展委员会组织村民讨论决定，农户可以自身收入情况制订还款计划，可以每月还款一次，也可以每季度还款一次，但是每月还款不得少于贷款本金的 5%，利息年终一次性还清。

2015 年底，松坪社区管理委员会组织社区农户讨论修订完善了社区发展基金管理制度。主要内容包括：

第一，按照“年轻化、知识化、责任化、团结化”标准和原则，选举社区发展基金管理组。管理组成员设 7 人，其中：会计 1 人、出纳 1 人，每个中心信贷员 1 人。会计和出纳负责整个松坪村社区发展基金业务工作，片区中心信贷员协助会计和出纳，负责本中心的贷、还款工作（包括尾欠款的催收）。中心信贷人员由农户选举，农户贷款额由中心信贷员审批，农户还款情况由中心信贷员负责。

第二，在利息管理与使用方面，农户讨论决定利息分配比例。社区发展基金运作成本占 40%、贷款中心积累占 35%、社区积累占 25%。给予管理人员的误工补助：会计、出纳每人每月补助 140 元，在运作成本中支付；片区中心信贷员每人每月补助 20 元，在各中心积累中支付。

第三，为了保障资金安全，1000 元以上的现金要及时贷出或存入银行。会计、出纳每月核对账务，半年公布并上报一次财务报表，年底接受鹤庆项目办审计。贷款农户不按月还款一次，收取滞纳金 1 元（从风险金中扣缴）；一年到期拖欠贷款的农户，拖欠部分按月加收 1% 的滞纳金。发展基金用途由互助联保小组相互监督，贷款、还款情况每月公布一次。

第四，开展信誉评估。农户以信誉贷款为主，信誉高的农户多贷，信誉低的少贷，没有信誉的不贷。每年进行一次信誉度评估（民主评议）。贷款农户如遇到特殊困难推迟还款时间的，由各中心农户大会讨论后，提交给社区发展委员会讨论审批。

（四）可持续生计发展项目实践与成效

2006年鹤庆项目办开始在松坪开展“可持续生计发展项目”。该项目运用融入参与式发展理念和工作手法，以社区生计系统改良、社区组织管理机制完善、社区发展基金（Community Development Fund，简称CDF）运作管理模式创新为重点，推动社区的可持续发展。具体活动内容包括：土地整治，水利设施建设和水资源的有效利用，建卫生厕所，开展农、牧、林业科技培训，社区组织及农户能力培养，改进CDF管理制度并实现可持续运行，完善医疗卫生服务体系运行机制等。

1. 社区管理委员换届选举，完善组织和制度建设

松坪村在2008年8月改选了社区发展委员会。新一届社区发展委员会由31人组成，通过内部投票选举，产生一名主任和两名副主任，同时产生了三个功能小组，即：CDF管理小组，教育、卫生、兽医管理小组和基础设施建设项目管理小组。新一届社区发展委员会就社区组织机制方面，卫生室、兽医室、活动室、CDF的管理等方面以及中心组的功能发挥等方面存在的困难和问题进行了重新讨论和梳理，并进行了修订完善。

2. 围绕着生计发展开展实践项目，推动社区可持续发展

在该项目实践中，围绕着社区生计的可持续发展开展土地整治项目，共整治耕地214亩。聘请爆破公司技术人员对需要平整的土地进行爆破，其余工作全部由社区发展委员会组织和指导农户完成。同时，开展技术知识培训，先后组织实施了养殖业技术培训、妇女健康知识培训和林果管理技术培训。

新建蓄水池和防渗改造旧水池项目。由于雨季来临，将项目实施时间推迟到2007年10月—2008年2月，但在讨论实施方案的过程中多数村民提出，若将大水池中的水抽干，将直接带来2008年上半年农户的生活用水困难，要求到2、3月份，村民家中的小水窖基本用完时，将大水池中的水抽入小水窖后再施工，既解决了当年的生活用水困难，又不影响第二年蓄水。因考虑到村民们的实际需求，再一次推迟了实施计划。2008年3月，该项目全面启动，由村民投工投劳完成开挖土方和清理积淤，而技术性工程全部对外承包。项目实施过程中，由于实际工程量的增加和原材料大幅度涨价，原批准预算不足，项目缺口资金145990元。通过多方整合资金，于2009年4月底全面完成了该项

目。项目活动中，各中心分别组织农户参与讨论制定各自的用水管理办法，参与社区用水的管理和监督，以充分利用好有限的水资源。

3. 推动社区管理机制的完善。在乐施会和省、州负责项目官员的协助下，县扶贫办、乡政府、村委会与鹤庆项目办共同管理项目

县扶贫办负责配套扶贫项目的落实，鹤庆项目办、乡政府组织实施，项目资金按来源渠道不同分别管理，各方相互监督。对技术含量较高的小基建设项目，采用外部专家（工程技术员）、项目办、村委会及农户共同参与管理的方式，在村委会及村民代表的参与下，坚持招投标制、工程监理制、合同管理制，有效控制项目的全过程，确保项目进度和质量，严把项目验收关；实行项目和资金使用公示、公告制度，做到事前公示、事后公告，做到项目数量、建设内容、受益对象、补助标准、资金使用、物资采购、物资发放的公开透明，确保资金的使用方向和使用效益；注重项目的维护和后续管理，保证项目效益的可持续性。

在项目实施中，以项目社区为主体，项目办、省和州扶贫办、县扶贫办等主体，共同参与社区项目实践，并通过访谈、讨论分享、组织召开季度工作会议等形式，协助项目社区建立各项管理制度，同时不断进行总结和反思，提高项目办管理小组的自身管理能力，推动社区管理机制的建立。

（五）社区主导型发展与参与式扶贫管理机制创新试点项目的实践与成效

鹤庆项目办实施 CDD 项目主要目标在于：一方面创新扶贫管理机制。建立以村民为主体，社区自我发展目标为导向的、管理要求具体，责任明确，透明性高、更具操作性的社区主导型扶贫管理新机制，尊重村民在社区发展中的主体作用和首创精神，提高扶贫资金的使用效率。强化村民的自我监督和管理能力，提高扶贫资金使用透明度，探索政府扶贫项目和资金管理新机制。另一方面推动社区能力建设和生计改善。在政府扶贫部门、乡镇政府、村两委的支持、协助和监督下，围绕扶贫开发和新农村建设，建立以贫困社区农户为主体的项目实施和管理组织，在贫困社区农户自我实施和管理扶贫开发及新农村建设项目的过程中，培养和提高贫困社区农户的主体意识和自我管理能力，通过社区的自我组织、自我服务和自我管理，提高村民自治和民主决策水平。同时，运用各种扶贫与发展资源以有效解决贫困农户最关注的改善基础设施、增加收入、改善与保护生活和生存环境、提高能力等各方面的贫困与发展问题，推动贫困村村民生计改善。

2013—2015 年，松坪村先后实施了两轮 CDD 项目。通过 CDD 项目实践，改善了项目社区交通、水利等基础设施状况，缓解了农户雨季出行困难和人畜饮水困难，推动了社区生计的可持续发展。同时，以 CDD 项目为平台，建立了以贫困社区群众为主体的项目实施和管理组织，通过社区群众的自我组织、自我管理和自我监督，培养和提升了社区群众的主体意识、参与意识和自我管理能力，充分发挥了社区农户的主体性作用。

1. 通过 CDD 项目的实施，改善了项目社区道路、水利等基础设施状况，解决了农户的出行和人畜饮水难题

从 CDD 项目申报的内容来看，鹤庆项目办主要根据各社区村民最需要解决的需求出发进行申报立项，项目内容主要为村庄道路硬化、蓄水池浇灌等基础设施建设方面（见表 3－7）。

表 3－7　2015 年松坪村各小组获得 CDD 项目立项名单

序号	社区名称	项目名称	申请资金（元）
1	4 社	维修蓄水池	49500
2	3 社	进村道路硬化	127300
3	8 社	进村道路硬化	146763
4	1 社	维修蓄水池	120570
5	13 社	进村道路硬化	48950
6	11 社	进村道路硬化	72303
7	6 社	进村道路硬化	73340
8	14 社	进村道路硬化	82197

以松坪麻塘村蓄水池开挖项目为例：麻塘自然村共 43 户 158 人，项目建设内容为开挖库容 4200 立方的蓄水池和 920 米的引水渠，项目实际受益对象为：村委会、学校、卫生室、麻塘自然村及周边农户共 100 多户 400 多人，项目预算资金 113400 元，其中申请资金 112050 元，农户自筹 1350 元。项目活动中，蓄水池开挖工程按 24.5 元/立方米承包给施工队完成，包括负责开挖 850 米的施工便道和土方外运等工作，农户投工投劳 55 个工日配合挖机平整施工便道。工程结束后，农户投工投劳 155 个工日开挖两条引水渠共 320 米。项目实际完成土方开挖工程量 4716 立方米，完成总投资 115540 元，其中申请

资金112050元，农户自筹1350元，超支2140元，农户投工投劳合计210个工日。项目的建成，可有效解决村委会、学校、卫生室、麻塘自然村及周边农户共100多户400多人的人畜饮水困难和早期生产保苗用水困难。

2. 以CDD项目为平台，建立以社区为主体的项目实施和管理组织（见图3－4）

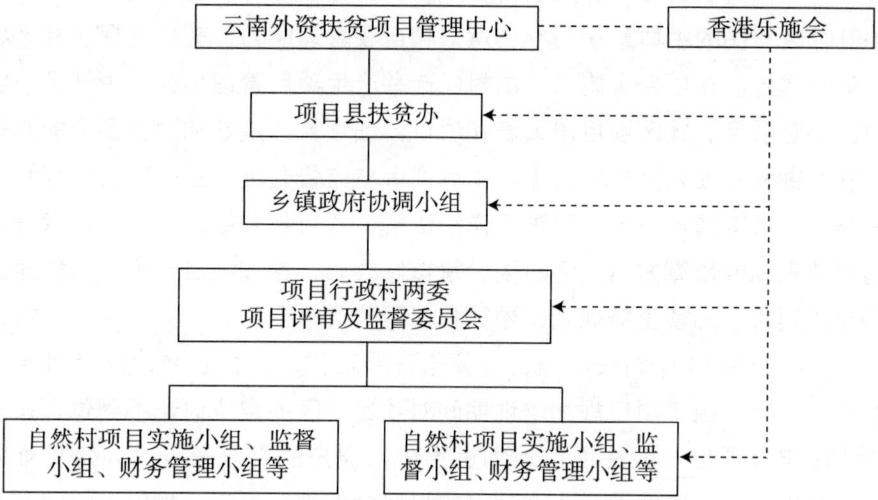

图3－4　CDD项目实践中各参与主体间关系图①

通过CDD项目实施，组建县、乡镇项目协调服务小组，确定好政府部门在项目实施中服务、技术支持和监督的角色地位；建立社区项目监督评审委员会和项目实施小组，社区群众为项目实施管理的主体，让决策和执行过程更加民主化、公开化和透明化，让群众充分享有项目和资金的知情权、拥有权和管

① 说明：图中实线部分为项目的主体框架，显示扶贫办系统及乡镇政府在项目中的管理层级及责任关系；虚线部分为合作方对项目管理的外部协助与监督；主体框架中的实线部分，显示项目所追求的“以社区农户为主体的社区主导型发展与参与式扶贫管理机制创新”目标的核心部分和关键环节，它包括政府和社区自我管理两个系统（层面）的制度创新及对接关系：A. 政府系统——以扶贫办为代表的政府系统（层面）在扶贫项目、扶贫资金管理等方面的制度创新，以保证扶贫资源充分送达贫困社区，并由贫困社区农户自主决策、自我管理，结合社区资源寻求自我发展目标的实现；B. 社区自我管理系统——贫困社区以项目为载体，组建项目实施小组、监督小组、财务管理小组等社区组织，在自我组织实施扶贫项目过程中，培育社区民主决策、民主管理的意识、原则、机制和组织管理形式，提高社区的自我管理和自我发展能力，并以此对接政府扶贫系统的工作和资源管理。

理权，使群众的积极性得到充分发挥。

3. 村民全程参与项目实践，进一步培养和提升社区村民的主体意识、参与意识和自我管理能力，充分发挥了村民们的主体性作用

在 CDD 项目实践中，从项目选择与规划、项目评审、项目竞选、相关管理制度的建立到项目的组织实施、管理和监督等各个环节，项目社区村民均参与其中，并作为项目主体开展项目实践。村民全程参与项目实践，进一步培养和提升社区村民的主体意识、参与意识和自我管理能力，充分发挥了社区农户的主体性作用。在项目实施中，由村民选举产生项目管理小组，由管理小组组织村民确定项目。社区项目申请表和项目详细预算，是参加项目评审的必备资料。扶贫办和乡镇人民政府首先对项目评审与监督委员会进行项目规划和设计预算培训，对申请表各项内容进行详细讲解，项目规划结束后，由各管理小组填写申请表和做预算方案，经村委会审核修改后，参加项目预审。未能通过项目预审的项目，必须重新规划、预算和填写项目申请表。

松坪村原有 14 个村民小组，为便于开展工作，六合乡乡政府将其合并为五个中心小组。由于项目规划培训期间对项目社区的定位讨论不到位，按五个中心小组申报项目。但在项目规划过程中，农户的需求差异大，意见难以统一，有的中心小组连续召开 3 个晚上的村民会议进行讨论，村民小组间都互不相让，意见无法统一。基于 5 个中心小组都存在相同的问题，村委会与各中心小组代表讨论协商，将 60 万元资金平均分配到五个中心小组，每个中心小组按 12 万元来规划项目。其中，有两个中心小组规划了蓄水池建设项目，而其余三个中心小组由于意见无法统一，全部申报了到户的房屋建设项目。所以在第一轮 CDD 项目中，松坪村委会共申报 5 个项目，但是违背了 CDD 项目的总体要求和原则，将项目资金平均分配，所有申报项目均未通过项目预审。在县扶贫办和乡政府的协助下，通过认真整改，严格按照项目规划的要求，重新规划、预算和填写项目社区表，上报了 11 个申报项目。

相关制度的建立是参加 CDD 项目评审的重要内容之一。因此，各项目社区在进行项目规划时，要充分讨论 CDD 项目的相关制度建设，为项目的后续实施搭建制度化保障。如松坪 1 组在申报 CDD 项目时，通过村民大会讨论确定了项目管理的相关制度，主要包括：①投工投劳制度：以 7 至 10 人为一班，如有不上班的农户以 80 元/天计罚款；老弱病残的农户和特殊困难户酌情给予减免。②资金管理制度：资金由出纳何金林管理，会计何松清管账，收支要有

票据，组长何松清监督管理。项目资金在实施前、中、后期即时向所有村民公示。③物资采购制度：货比三家采购，管理组三人一起去采购，物资到位要有票据，管理组签字方能有效，要有专人接收、登记、看管。雇请技工和拉运物资要公开、透明，做好询价记录。④项目质量监督制度：由质量监督小组何松清、绞桂山负责项目全过程的质量、进度监督。组长管理监督小组成员，再由农户互相监督管理组成员，由社区发展委员会监督项目管理组。保证施工安全。⑤后续管理制度由农户讨论行之有效的蓄水池管理办法，实行自我管理，管理组成员：何金林、绞桂山、何松清，雨季亲自出来蓄水，农户需要抽水时按每立方水 1 元计收水费，若有结余资金用来修补维护资金。

项目评审细则由县乡协助和指导，行政村组织各项目小组村民代表讨论决定，从不同的方面进行打分，以保障评审细则的公平公正性，同时为了鼓励村民的积极参与，评审细则设置“鼓励加分”项。如松坪村第二轮 CDD 项目评审细则中就对曾经实施过 CDD 项目的社区和未实施过 CDD 项目的社区分别设置了“鼓励加分”项（见表 3－8）。

表 3－8　松坪村委会 2014 年 CDD 项目评审细则

一、贫困程度：15 分

1. 受教育程度 4 分；2. 地理位置 3 分；3. 水利设施 3 分；4. 地块质量 2 分；5. 种养技术 2 分；6. 劳动力 1 分。

二、自力更生程度：15 分

1. 项目筹资情况 5 分；2. 投工投劳 5 分；3. 现有技术的利用 3 分；4. 土地、山林协调 1 分；5. 自然资源的投入 1 分。

三、预算的规范及合理性：15 分

1. 分类计算 4 分；2. 有计算公式 4 分；3. 有价格依据 4 分；4. 内部资源动员 3 分。

四、受益面：15 分

1. 100% 15 分；2. 90% 14 分；3. 80% 13 分；4. 70% 12 分；5. 60% 11 分。

五、项目管理考虑的细致程度：10 分

1. 制度齐全 3 分；2. 制度详细 3 分；3. 制度可行性强 2 分；4. 职责分工明确 2 分。

六、社区内部讨论的充分程度：15 分

1. 农户参与程度 6 分；2. 记录清晰完整程度 5 分；3. 解决矛盾、冲突过程完整 4 分。

> 七、社区妇女参与程度：5分
>
> 1. 妇女参与决策程度2分；2. 妇女参会的比例1.5分；3. 管理小组中妇女的比例1.5分。
>
> 八、微小项目（3万元以下）：10分
>
> 九、鼓励加分：10分。其中：
>
> （一）第一轮未实施项目的村组，鼓励加分10分。
>
> （二）第一轮实施项目的村组，加分10分，包括：
>
> 1. 工程质量高、效益明显2分；2. 社区动员充分、农户参与程度高2分；3. 管理小组分工明确、尽职尽责2分；4. 后续管理到位1分；5. 痕迹资料完整、账目清晰1分；6. 资金有结余，未超支1分；7. 项目实施方案未改动1分。
>
> 说明：——八项满分100分，第九项为鼓励加分项，合计总分值110分。

正式评审的过程，按照评审程序逐项进行：①各社区提交完整的项目申报资料。②通过抽签的方式确定评审顺序。③宣布评审原则和量化标准、讲解项目评审打分表、宣布评审纪律。④对照农户讨论制定的项目评审细则，根据抽签顺序对参评项目逐一进行量化打分。打分过程中，先是由项目社区代表用五分钟时间陈述项目基本情况，包括：本社区贫困状况、项目提出的理由及产生的过程、项目受益情况、项目概算、内部资源动员情况、相关制度的讨论情况等，之后由评委根据量化标准，结合项目实际情况现场打分（社区评委均不参加本社区项目的打分），当场亮分，亮分后被评项目所在村的代表认为不合理的（包括过高和过低）打分，可当场提出质疑，打分人负责解释。⑤统分排序：先是在去掉一个最高分和去掉一个最低分后，求得其余分数的平均值即为该项目的最后得分，之后再按照得分从高到低的顺序进行排序。⑥按照评审得分排序，根据项目申请资金情况和总资金量，确定拟资助项目，并宣布评审结果。

通过评审确定的拟资助项目，在村委会协助下，由项目管理小组再次召开农户大会，对项目实施方案（重点是投工投劳、资金管理、物资采购、项目质量监督、项目后续管理等五项制度）进行反复讨论，待五项制度完善后，与项目申请表、项目详细预算一起上报县扶贫办审核。

项目资金实行村账乡管，拨付程序一般是扶贫办——乡财政所——乡农经站，资金的使用必须凭税票到乡农经站核销。

松坪村第一轮 CDD 项目，除松坪城墙坡村蓄水池建设项目弃权和麻塘村蓄水池开挖工程对外承包外，其余项目均属村民自建。麻塘村项目由松坪社区评审与监督委员会协助项目管理小组通过承包价格比较的方式选择施工队，同时签订承包协议。项目实施过程中，由社区项目管理小组根据实际需要组织农户投工投劳配合挖机开展工作，确保项目实施进度和质量。自建项目，均由各管理小组通过货比三家采购物资，组织农户投工投劳来完成。

访谈案例 3 - 59：龚世雄（麻塘十一组项目管理小组组长）。

第一轮 CDD 项目申报时，我们与麻塘十组搭伙挖水塘。因为我们全是靠雨水解决生产和生活用水，所以大家都希望 CDD 项目解决我们用水的问题。初期两个小组开会讨论做什么时，有两种不同意见，一些人希望修条路去田里，主要目的是为修水窖拉沙石；另一些人希望挖个大的蓄水池，后讨论觉得挖蓄水池更好，这样就定下来啦。因为我们人少，两个组加在一起有 41 户，如果分开做反而劳动力不够。大家平时住得比较近，都认识，十组的小组长是召集人，还是好组织。主要是挖机施工，我们村民每家投工大概 4 ~ 5 个，挖机老板是附近朵美乡的，亲戚在我们村，之前他在我们村已经做过好几个工程，觉得做得不错，这次就请了他。我们不是与他按台班算的，是用总方量来承包的。具体数字已经记不得了，说好是 4000 多立方米，最后实际方量是 5000 多立方米。超了就超了，我们也没有更多的钱给他，好像他也没来扯过这事。水池刚修好，需要维护，一般我们的经验是要等 1 ~ 2 个雨水天才会稳定不漏水。

上次评审时下雪，我们村选出来的 3 个人，一个出去打工去了，另一个妇女去做客了，所以只有我一个人去评审。当时大家给我们的打分是第六名，80 多分。评审时我有点不好意思，因为没有当着这么多人讲过话，还算好，也争取到项目了。申报项目还有一些困难的，主要是如何做预算有些拿不准，特别是设备租用费是多少搞不清楚。后来别人告诉我们，预算里租用平板机的费用已经够买新机器了。

第二轮申报 CDD 项目是修一条路接到车路上，这条路和我们背柴火、放牲口、娃娃上学都有关，十一组的村民已经在我家讨论过两次了，大家同意人均集资 20 元。施工设备方面打算租搅拌机，买平板机，群众推荐出来三个人去买材料。砂石准备在黑水村买，当地有不错的砂石。但水泥必须去松桂镇买，自己去谈价，会更便宜，如果水泥也在黑水买，老板会赚我们更多钱，起码他上下车都要多一次。不知道项目资金哪个时间拨下来，估计要雨季过了再修。水泥买回来放在哪家，都要在笔记本上记清楚放了多少包水泥，丢失不得。钱就让妇女管，不用两个人管，我们选妇女出来管，她不会跑的。组织村民投工投劳不会困难。我们村有个年轻人叫龚继生，他有修路的技术，他会领着大家一起做，他就是技术工，还是本村的，不收我们的技术工钱。

访谈案例 3－60：何金林（松坪一组管理小组组长）。

第一轮申请项目是进村道路硬化，为了运输粮食，下雨也方便大家走路。村民何向林说总共开了四次会议，有两次在村委会会议室，是规划和选举管理小组；另外两次在村里，是为施工时投工投劳的事情和完工公布财务的事，实际上总共开了 8 次会，何向林因风湿脚不好，没有参与一些会议，有少数的村民认为投工投劳没有补贴，不愿意参与这个项目，所以每个村民对项目的细节认识和参与程度不一样。

（六）社区发展与参与式家庭发展规划项目实践与成效

2016 年，鹤庆项目办在松坪村城墙坡自然村实施“社区发展与参与式家庭发展规划”项目，以精准脱贫、团结发展为目标，通过对城墙坡村共 40 户农户进行“参与式家庭发展规划”调查，结合政府精准扶贫、精准脱贫的战略部署，引入发展与济困相结合的家庭发展模式，有针对性地回应社区公共需求和农户生计发展需求。

1. 通过参与式家庭发展规划调查，了解社区公共需求和农户生计发展困境

运用“参与式需求评估”方法，对城墙坡社区 40 户农户开展“参与式家庭发展规划”调查，项目规划小组发现该自然村贫困面较大、贫困程度较深，在可持续发展进程中还面临大量困难。城墙坡的贫困存在其历史和自然的原因，贫困成因相互交织、互为因果。

城墙坡社区发展和家庭发展困境主要表现在：一是缺水的问题依然十分严峻，近年来的持续干旱，靠天下雨定收成的现象更显突出，社区人畜饮水十分困难。社区农户每年 3 月中旬就开始到大甸村（距离 16 公里），甚至更远的五星村（距离 34 公里）等地拉水解决人畜饮水困难，不但路途远，运水成本高

（去大甸拉水运费60元/立方），而且无法保证水的洁净卫生。另外，社区农户的生产用水完全依赖雨季蓄洪。因此缺水已严重制约着社区的发展。二是耕地面积少，土壤贫瘠，农作物产量低，收成少。三是农户文化程度普遍较低，科技意识淡薄，生产力水平低下，种、养业的发展十分滞后。四是社区农户居住分散，进户路面多为土路，雨季泥滑路烂，车辆无法进出，农户生产、生活成本高。五是农户收入结构单一，经济基础十分薄弱，农户缺乏基本的生产资金投入且抵御自然灾害的能力弱，多数农户至今仍居住在简陋的木楞房中，任凭寒风冷雨穿堂过而无力改变，无钱看病和供书困难的现象还十分普遍。因此，该社区农户迫切需求扩建公共蓄水池，缓解人畜饮水和生产用水困难；需要将村间进户路面进行水泥硬化，改变农户雨季出行难的状况；需要外部力量扶持贫困户开展养殖项目，增加贫困户经济收入。

2. 从社区和家庭两个层面开展项目实践，满足社区公共需求和家庭个体化需求

在需求调查的基础上，城墙坡项目规划小组通过与农户共同协商讨论，确定项目内容。项目内容的确定主要遵循两个原则：①回应社区公共需求，加强社区水利基础设施建设，缓解贫困农户人畜饮水困难和旱期大春生产保苗用水困难；水泥硬化社区进户路面，解决农户雨季出行难的问题。②回应家庭个体化需求，以种植业为基础，养殖业为突破口，到户制定家庭发展规划，并以“示范户带动与产业发展互助相结合”的团结发展模式，推动社区种养业的可持续发展。

具体项目实践活动主要包括：社区道路硬化、扩建蓄水池和扶持农户发展养殖业（见表3－9）。

表3－9　城墙坡社区发展与参与式家庭发展规划项目主要内容

项目内容	规模	效益
社区道路硬化	1300米	改善社区路况，减少农户生产生活压力
扩建蓄水池	2520立方米	改善社区生产生活条件，缓解社区人畜饮水和大春生产用水困难

续 表

项目内容	规模	效益
建设养殖圈舍	940平方米（猪圈590平方米、牛圈160平方米、羊圈190平方米）	母畜标准为达到配种年龄且身体健康，母鸡为开始产蛋的纯土鸡，圈舍建设参照附近村庄卫生圈舍标准，统一为空心砖墙和水泥地皮。项目受益农户40户134人
养殖家畜家禽	能繁母猪42头，能繁母牛15头，能繁母羊46只，能繁母驴7头，下蛋土鸡35只	

通过项目实施，村间路面全部硬化，改善了出行条件，降低村民们的生产生活成本，缓解了社区人畜饮水和大春保苗用水困难，降低了抗旱拉水的成本，促进了种植养殖业的发展。同时，通过社区群众的自我组织、自我管理和自我监督，培养和提升了社区（包括行政村层面和自然村层面）自我组织和自我管理的能力，激发了村民们参与社区公共事务的积极性主动性，特别是减轻了妇女们的生产生活压力，让妇女能有更多的时间和精力参与到社区事务的管理中，促进了村民互助和团结和谐。

3. 运用社区既有的项目管理组织机制和方法，组织开展项目实践，进一步增强社区自我管理能力

项目实施采取多元主体分工协作的管理体制。鹤庆县扶贫办和各乡（镇）人民政府对项目进行双重管理。鹤庆县扶贫办负责项目前期的调查论证、项目规划和项目申报，重点关注项目活动的流程和社区的参与。乡政府重点负责项目设计预算、项目质量监督和项目资金监管，包括项目的验收和财务的核销。村委会负责项目活动的全面监管和矛盾、纠纷的调解工作，同时负责项目的上情下达、下情上报工作和财务核销工作。城墙坡项目管理小组在村委会协助下负责项目的组织实施和日常监管，重点负责项目质量、进度、投工投劳等方面的监督。

社区养殖项目管理员由项目管理小组聘请，负责指导和监督受益农户按项目要求自行建设圈舍和购买畜禽，并在为期一年内，根据养殖户的不同需求，及时给予养殖技术方面的指导和帮助，包括在必要时候组织养殖户接受养殖技术培训，同时协助和监督各互助小组定期交流养殖技术，按方案要求履行互助承诺。

参与式家庭发展规划项目实施中，充分关注到妇女的意愿和需求以及保障妇女权益。在发展养殖业项目中，妇女逐步成为家庭经济发展的重要角色，妇女在家庭乃至社区内部的地位重新得到认可。同时，妇女全程参与到整个项目规划的设计、制定、组织实施、监督管理等各个环节，有效地锻炼和提升了妇女的能力和自信心，促进了男女两性平等。同时在项目方案的设计和执行过程中，项目管理小组还充分关注弱势群体，综合考虑贫困户的实际需求和能力支撑，在不突破资金投入总额和确保资金效益的基础上，尽力压缩“大户”的需求，尽可能地将项目资金向贫困户倾斜，力求项目对象精准化，最大化拓展贫困户的发展空间。

通过社区自我组织、管理、监督项目的实施，增强社区自我管理能力；通过养殖互助小组间的交流和互助，有力推动社区养殖业的可持续发展，同时培养和提升农户的集体观念和团结互助意识。通过基层社区项目小组（包括互助小组）的组建和运行，帮助县扶贫办对社区有了更深入的了解，为下一步开展“精准扶贫”的试点项目，做好社区动员，提升社区发展信心作出了准备。该项目通过有效精准帮扶到户项目的实施，为政府“精准扶贫、精准脱贫”的对象精准、项目精准、关注社会性别、关注弱势群体等方面提供了经验借鉴。

第四章 云南国际扶贫合作项目实践经验及启示

一、云南国际扶贫合作项目实践经验①

20 多年来，云南省扶贫办与乐施会在云南省开展的农村国际扶贫合作项目主要经历了以需求为本的救济式扶贫、以社区组织建设与能力培养为主的参与式扶贫、基于生计系统分析的综合性扶贫、以人为中心的综合性扶贫、以“留住乡村”为主的扶贫等五个阶段，有效地促进了项目地区的贫困村的农村扶贫开发，出时也积累了一些比较有价值的扶贫实践经验。

（一）以需求为导向的救济式扶贫实践经验

乐施会开展的“以需求为导向的扶贫”主要包括两方面内容：一方面是针对贫困村民在生产生活中所面临的问题和需求开展有针对性的扶贫项目，即是在尊重贫困村民意愿的基础上，解决其最迫切需要解决的问题和需求；另一方面是结合贫困村民所具有的能力和资源确定每个阶段所需要解决的问题和开展的扶贫项目，而且这些扶贫项目是有连续性和关联性的，避免出现“好心办坏事”的情况。纵观项目 20 多年的实施历程可以发现，以贫困村民需求为导向开展扶贫项目是合作项目扶贫工作取得成功的关键原因之一。

1. 基于生存性需求而开展扶贫项目，解决项目村村民生计发展问题

贫困村村民的普遍愿望是通过产业发展提高收入水平。因此，在不同阶段，合作项目始终将村民的生存性需求作为开展项目的基本导向和主要关注

---

① 鲁可荣、DOKORA Tteva. 民族地区精准扶贫与乡村价值再造———基于云南省禄劝县扶贫项目的实践反思[J]．浙江师范大学学报：社会科学版，2017（3）：69－77.

点。例如，合作项目从1990年代初就针对农村基础设施落后、农村生活条件严重不足、生产技术落后、粮食产量和现金收入难以维持基本生活等贫困状况，通过投入大量资金，改善项目村水、电、路等生产生活基础设施；通过新品种改良和种植养殖技术等培训，提高村民农业生产技能，有效地提高粮食产量，增加村民收入。1998年以后，合作项目引入“参与式”理念，注重项目村村民自我发展能力的培养，但是“发展生计”依然是扶贫项目的重点：一方面继续通过基础设施方面的投入改善项目村生产生活条件；另一方面通过生计系统分析，围绕生计发展，开展相关的种植业、养殖业等产业发展项目，并通过组织化和制度化平台改善项目村的生计系统，多种措施促进产业发展，提升村民收入水平。

2. 基于发展性需求而开展扶贫项目，满足项目村村民多元化发展能力需求

在各种项目实施过程中，合作项目始终采取参与式发展方法，积极动员村民参与到项目实施中，尤其是在参与基础设施建设和种植养殖项目的过程中村民就已经自觉地向技术指导人员学习到相关实际技术知识等。在“注重生计改善”扶贫项目中，合作项目注重提升项目村村民们获取资源的能力，通过多种渠道和形式，开展一系列诸如科技培训项目、参与式规划项目、社区发展基金等，对村民进行自我发展能力的培养，满足村民参与社区事务的需求，协助村民获取外部发展资源，减少社区生计脆弱性，获得可持续发展能力。同时，合作项目还在项目村开展了注重妇女参与的社会性别项目、关爱妇女的医疗卫生项目、妇女发展基金和儿童助学基金等，培养妇女参与社区公共事务的能力和积极性，提升妇女话语权，保障妇女生理健康以及儿童接受教育的权利。

3. 基于精神性需求而开展扶贫项目，实现村民的美好生活愿望

经过20多年的扶贫实践，项目村村民的温饱问题基本得到解决，初步形成了自我发展意识及其能力以及自我决策、自我管理、自我监督的社区运行机制。

在此基础上，合作项目所开展的扶贫项目开始关注村民精神层面的需求。通过开展美化社区环境、开展文化活动、建太阳能浴室以及生态环境保护等项目，协助村民过上心目中的美好生活。建立多功能活动中心，为村民举办各种类型的集体文化活动提供了场所，增强了村民的社区归属感。而组织村民开展

类似苗族“花山节”等富有民族特色的文化活动，更是能够增强村民的民族认同和文化自信，发掘和体现民族传统文化在现代社会中的价值与意义。

（二）注重村民主体性发挥的参与式扶贫实践

农村扶贫目标是在外部力量和资源的引导下，激发农村内部的发展动力，实现村落自主性发展。农民的主动参与是农村发展的重要动力，应该要充分发挥农民的主体性作用。云南国际扶贫合作项目取得巨大扶贫成效的关键就在于注重发挥项目村村民在项目中的主体性和参与性。

1. 赋予村民在项目实践中的决策者和执行者角色

20 世纪 90 年代末，合作项目引入“参与式”理念后，在扶贫实践中开始注重村民参与，工作方式和手法也从原来的“自上而下”转变成“自下而上”。在项目实践中，村民不仅仅是扶贫项目的受益者，更是项目的决策者和具体执行者。村民们在项目的引导下，根据生计发展所面临问题，明确发展需求及其优先顺序，通过民主讨论确定优先开展的发展项目。项目村村民结合村落实际情况和自身相关知识，进行项目的规划设计。村民积极参与项目实施过程并自我监督，从而保证了项目的正常运行。“参与式”理念的引入不仅仅是转变村民在项目实践中的角色，更重要的是村民在全程参与项目过程中逐渐产生了对项目和资源的拥有感和控制权，进一步了提升村民主动参与村落发展的积极性，从而有效地激发其内在发展动力。

2. 培养村民自我发展能力，强化村民在扶贫项目中的主体性作用

合作项目在扶贫实践中非常注重村民生产技术能力的培养和组织管理能力的提升。合作项目在引入“参与式”理念之初，先对村民进行了相关知识培训，然后在项目实践中继续引导村民开展参与式发展项目，培养村民参与和执行项目的能力，并进行生产技术培训，例如种植养殖技术和品种改良等，提升村民生产技术能力。同时，在引入“参与式”理念后，合作项目在开展扶贫时首先协助村民选举成立社区管理委员会，组织村民参与项目，具体负责项目的执行等。妇女小组在促进妇女的社区参与度以及提升妇女地位等方面具有不可忽视的作用。而以社区发展基金为基础成立的贷款小组，不仅在社区互助金融方面发挥着自我管理、自我服务的作用，而且也成为开展其他社区公共事务的重要组织载体。专业合作社的建立更是进一步提升了村民的自组织能力。

3. 充分发挥村落精英在扶贫实践中的示范带动作用

合作项目在项目实施中始终注重村落精英的培养，充分发挥其在项目实施

中的示范带动作用。依靠村落精英，组织动员村民参与扶贫项目。通过村落精英的示范效应，带动村民参与扶贫项目。由于村落精英不仅具有创新和冒险精神，而且有一定的文化水平，接受新事物的能力和速度快，他们在产业结构调整方面的示范带动作用尤为明显。

4. 注重妇女等弱势群体在扶贫项目中的参与及分享发展成果

合作项目在开展参与式发展活动时特别注重妇女、儿童等弱势群体的参与和权利保障。在引入社会性别理念之后，合作项目将妇女权益保障和社会地位的提升作为重要工作目标，不断探索促进妇女有效参与的方法，极大地改善了妇女社区参与状况，提高了妇女对发展资源的可获得性。合作项目要求在项目管理小组中成立妇女小组，让妇女在项目实践中担任管理者和决策者的角色。同时，合作项目还针对妇女的一些特殊需求开展社会性别项目，如妇女发展基金、建节能灶、建太阳能浴室等。这些项目的实施在增强妇女参与意识和能力、改善妇女卫生健康状况以及提升妇女社会地位等方面发挥了重要作用。

（三）以村民为中心、多元主体参与的综合扶贫实践及经验启示

扶贫是一个系统工程，单一主体难以对贫困问题进行有效治理。合作项目在扶贫实践中不仅强调村民的参与和主体性作用的发挥，而且通过建立制度化平台，将村民、农民互助合作组织、政府部门、金融机构等主体引入到扶贫实践中，构建“以村民为中心，多元主体参与”的贫困治理格局，从而实现项目村贫困问题的综合有效解决。

1. 村民自组织在扶贫实践中组织和协调村民参与

如前所述，合作项目在项目村开展工作的时候，首先做的就是引导村民选举成立项目管理小组，经过十几年的发展，项目管理小组逐渐从一个单纯针对扶贫项目而设立的临时性组织演变成为在社区内部开展自我决策、自我管理、自我服务的村民自组织。项目管理小组组织村民参与项目，尤其是组织和引导妇女、贫困人口等特殊弱势群体参与扶贫资源的分配和发展利益的分享。同时，该小组在协调村民之间关系、处理社区公共事务等方面发挥着不可或缺的作用。

2. 村民互助合作组织可以培育和提升村民组织化程度，增强其获取外部资源和参与市场的能力

在所实施的扶贫合作项目中主要由农民专业合作社和社区发展基金管理小组发挥作用。农民专业合作社可以将村民（尤其是弱势群体）组织起来开展

互助合作，共同参与市场竞争，降低贫困村民直接参与市场的成本和风险。同时，专业合作社可以为社员提供市场信息和技术培训，引导成员改善产业结构，尤其是可以帮助那些缺乏市场信息和先进技术的贫困村民，提升产业发展能力，增加收入，摆脱贫困状态。社区发展基金管理小组可以为贫困村民提供生产生活中需要的小额贷款等金融服务。社区发展基金自我管理、自我服务、自我积累的运行机制，一方面提升了村民组织化程度，强化村民互助合作的意识和能力；另一方面社区发展基金的积累部分还可以为弱势群体提供社区福利。

3. 政府部门和相关机构为项目村提供政策、技术、金融等支持与服务

为了消除项目村村民对外来扶贫资源的依赖性，项目通过与政府部门和其他相关机构合作，培养项目村获取外部资源的能力。例如，工商部门可以在农民专业合作经济组织的成立方面给予政策支持；农业局、畜牧局等部门可以为项目村提供种植、养殖等产业发展提供技术支持；住建局可以在水池、房屋等建筑规划设计方面给予相应的技术指导等；通过与信用社等金融机构合作，项目村可以获得小额贷款等金融服务。

4. 项目合作各方在综合扶贫实践中担当资助者和协助者

合作项目在扶贫实践中帮助村民发现与分析问题以及诊断问题成因，并与村民共同讨论需要开展的项目以及协助村民进行项目规划。同时，根据项目需要，乐施会积极给予村民必要的实物、技术和资金支持，协助村民组建项目管理组织，制定管理制度。此外，乐施会还通过与政府相关部门及机构签订合作协议，帮助村民搭建获取外部资源的制度化平台。

二、云南国际扶贫合作项目实践经验对于精准扶贫的启示

（一）精准扶贫需要扎根乡村本土资源，精确瞄准贫困农民生产生活需求，因地制宜地开展扶贫实践

尊重贫困村民意愿是精准扶贫的基本前提，但是应该警惕贫困村民由于受到片面的城市化、工业化影响而产生的一些不符合乡村生产生活实际发展的欲望和需求。因此，精准扶贫项目首先要能够精准瞄准扶贫对象的切实需要，要能够适合贫困村民的发展能力以及满足其生产生活的实际需求，能够植根于乡村并能够“开花结果”，因地制宜地开展精准扶贫实践。

（二）依托乡村知识和资源精准开展扶贫项目，避免村民形式化“参与”以及无法落地的扶贫项目

精准扶贫的有效实施必须要充分发动贫困村民参与到扶贫项目之中。参与绝不等于形式上的出席以及参加了项目劳动。农民参与有很多内涵，例如在决策及选择过程中的介入、贡献与努力、承诺与能力、动力与责任、乡土知识与创新、对资源的利用与控制、能力建设、利益分享、自我组织及自立等方面，若在这些方面不能得以体现，那将称不上是真正的参与。① 参与式项目的目标群体要做到真正的参与是需要具备一定知识和能力为前提的。然而，在项目实施过程中如果从外部输入的知识和资源不能够被村民所掌握和接受，尤其是在无法与乡土知识和资源相融合的情况下，村民的“参与”可能仅仅是形式化的“参与”。因此，项目实施方、相关工作人员以及村民是否具有相关地方性乡土知识和资源是保障村民能否真正参与项目的关键，同时也在一定程度上决定了项目的成败。

在项目实施中要采取合适的形式确保弱势群体可以真正参与到扶贫项目中去。项目村村民可以分为村落精英、普通村民、弱势群体三个不同群体。真正的参与应该是不同群体的共同参与，尤其是弱势群体的参与。从扶贫手段和策略来看，乐施会更多的是将参与式发展知识、新的种植养殖技术等引入到项目村，提升村民发展能力，指导村民发展产业增加收入。这些现代化的技术与知识的掌握是需要村民具备一定的知识水平和学习能力的。村落精英可以凭借其人力资本优势较快地掌握并能够熟练运用，而对于一些普通村民和弱势群体则可能无法熟练掌握，也就无法真正地参与到项目实践中。于是，可能会出现村落精英主导着项目实施，并拥有对于项目资源的实际支配权和控制权，很可能出现村民参与的非均衡性、精英俘获、村民形式化“参与”等问题。因此，如果要让村民真正参与到扶贫项目中，一方面要通过一定的资源输入，解决村民的实际需求；另一方面需要在扶贫项目中注重发掘村庄内部的传统乡土知识和资源，让村民能够在项目实践中充分发挥他们的能力。这就需要转变单纯从外部输入所谓现代化知识和资源，同时也要从村庄所具有的潜在价值出发，依托乡土知识和资源，开展扶贫项目，避免村民“有力无处用”和形式化“参与”。

---

① 叶敬忠，陆继霞．论农村发展中的公众参与[J]．中国农村观察，2002（2）：52－60.

（三）精准扶贫可以采取多元主体“合作共治”的综合贫困治理模式

乐施会在多年的扶贫实践中，为了解决项目村对项目办资助依赖性问题，逐步形成了由村民、村民互助合作组织、社会组织、政府等各自扮演着合适的角色，发挥着相应的功能，从而构建了多元主体平等参与、合作共赢的综合治理模式。在这种合作共治模式下，村民是扶贫项目的主体，是决策者和执行者；而政府和社会组织等则是资源提供者、支持者和协助者。村民与政府、社会组织的关系不是“给予”和“接受”的关系，而是一种平等对话、平等合作的关系，通过整合各种资源，提升扶贫效率，有效解决项目村的贫困问题。

目前，精准扶贫中面临着诸如农民主体性缺失、扶贫成本高、财政扶贫资金使用效率低、扶贫瞄准偏离等问题。农村扶贫不仅仅是增加资金投入、确立更多项目或者把哪些人纳入扶贫对象等简单的技术安排，而是一个复杂、系统的社会治理过程。① 因此，农村扶贫需要多元主体的参与，才能够有效解决贫困问题。有学者提出合作型扶贫是解决农村扶贫面临诸多问题的有效途径，而且 2005 年，国务院扶贫办在四川省仪陇县开展的“扶贫互助资金”试点就是合作型扶贫理念的一个具体体现与实践。②

实际上，这种“合作共治”的扶贫模式要在中国农村扶贫实践中取得成效，需要的不仅仅是贫困治理结构的转变，更重要的是扶贫理念的转变。以前，中国农村扶贫实践中隐含着一个观念：贫困村和贫困人口是落后的、没有能力的以及缺乏资源的，因此是需要通过输入新知识、新技术以及大量物质资源和非物质资源来对贫困村、贫困人口进行改造，以帮助他们脱贫致富。在这种观念的主导之下，政府等外部资源的提供者在贫困治理中就处于主导性地位，不管是从资源的控制与使用还是脱贫路径的选择等方面，贫困者都处于被动接受地位，难以实现平等合作。要在贫困治理中实现“合作共治”，就需要转变旧有观念，充分认识到贫困村和贫困人口所具有的资源、能力及其价值和意义，这样才能够在一个平等对话与合作的平台上共同开展农村扶贫。因此，将乡村价值理念引入农村扶贫实践可以有效地推动农村贫困治理理念和实践模式的转变。

---

① 王春光．社会治理视角下的农村开发扶贫问题研究[J]．中共福建省委党校学报，2015（3）：5－13.

② 林万龙，钟玲，陆汉文．合作型反贫困理论与仪陇的实践[J]．农业经济问题，2008（11）：59－65.

（四）充分整合和合理利用乡村价值资源，以传承和再造乡村价值为导向开展精准扶贫，实现乡村可持续发展

目前，贫困地区许多农村由于较少受到城市化和工业化的剧烈冲击，相对完整地保持了依然是青山绿水的原生态环境以及淳朴浓郁的乡风民俗，乡村独特的生态价值、农耕生产价值、传统文化价值以及社会休闲价值等不断地显现出来，从而为贫困村的精准扶贫与乡村振兴的有机融合提供了内源式发展动力、潜在资源及后发优势。因此，在新时期民族地区的精准扶贫中，需要转变过去单纯注重生产发展的扶贫实践，应该从贫困村实际所具有的生产生活资源出发，重新发现和认识村落所具有的农业生产价值、生态价值、生活价值以及文化传承和教化功能等综合多功能价值①；需要更多地注重以村民的实际需求和生活体验为目标开展扶贫工作，协助村民实现“美好生活”的愿望；需要充分激发村民的文化自信和内生动力，充分发动以乡村精英为引领的社区合作，立足村域特色自然资源，整理发掘村落民族特色文化，动员和激发贫困村村民重新发现、整合和合理利用乡村价值资源，精准开展特色产业扶贫，以传承和重塑乡村价值为导向开展精准扶贫工作，使其可以过上可持续的“美好生活”。

---

① 朱启臻，赵晨鸣．留住美丽乡村——乡村存在的价值[M]．北京：北京大学出版社，2014：50－62.

第五章 新时代从精准扶贫迈向乡村振兴的新目标、新机遇

一、精准扶贫：新形势下中国农村反贫困的新战略、新部署

新中国成立以来，中国政府就一直高度重视减贫工作。1949—1978 年，中国虽然没有专门的扶贫政策，但是工业化和现代化建设也为中国减贫事业做出了重要贡献。改革开放后，中国政府开始了有组织、有计划的大规模的扶贫行动。从 20 世纪 90 年代中期开始，先后实施《国家八七扶贫攻坚计划（1994—2000 年）》《中国农村扶贫开发纲要（2001—2010 年）》和《中国农村扶贫开发纲要（2011—2020 年）》。这些有组织、大规模的扶贫开发行动有效地推动了中国乃至世界的减贫事业的发展。据统计，按照现行中国农村贫困标准（2010 年不变价，人均纯收入 2300 元/年），中国贫困人口减少了 7 亿人，从 1978 年的 7. 7 亿元减少到 2014 年的 7017 万人。[①] 中国的大规模减贫对联合国千年发展目标的实现起到了决定性的作用。[②] 尽管如此，在“到 2020 年全面建成小康社会”的目标要求下，中国农村扶贫形势依然严峻。中西部一些省（自治区、直辖市）贫困人口规模仍然较大，尤其是在革命老区、民族地区、边疆地区和连片特困地区，贫困程度深，致贫原因复杂，减贫难度大，脱贫成本高。扶贫开发进入了啃“硬骨头”、攻坚拔寨的冲刺期。

习近平总书记 2013 年 11 月在湖南湘西考察时，首次提出：扶贫要实事求

---

① 张为民．脱贫步伐加快，扶贫成效显著，我国贫困人口大幅减少［EB/OL］．http：//www. stats. gov. cn/tjsj/sjjd/201510/t20151016_ 1257098. html.

② 汪三贵．在发展中战胜贫困——对中国 30 年大规模减贫经验的总结与评价［J］．管理世界，2008（11）：78.

是，因地制宜。……要精准扶贫，切忌喊口号，也不要定好高骛远的目标。[①] 随之，中共中央办公厅印发《关于创新机制扎实推进农村扶贫开发工作的意见的通知》，国务院出台《关于印发〈建立精准扶贫工作机制实施方案〉的通知》，对精准扶贫工作机制、重点工作和总体布局等方面都做了详尽规制，中国精准扶贫工作开始进入实践阶段。2015 年 6 月 18 日习近平总书记在贵州调研时，对精准扶贫进行进一步阐释，提出要确保贫困人口到 2020 年如期脱贫，并提出要切实做到精准扶贫。扶贫开发贵在精准，重在精准，成败之举在于精准。各地都要在扶持对象精准、项目安排精准、资金使用精准、措施到户精准、因村派人（第一书记）精准、脱贫成效精准上想办法、出实招、见真效。要坚持因人因地施策，因贫困原因施策，因贫困类型施策，区别不同情况，做到对症下药、精准滴灌、靶向治疗，不搞大水漫灌、走马观花、大而化之。[②]

精准扶贫战略的核心在于精准化。精准扶贫是解决扶贫开发工作中底数不清、目标不准、效果不佳等问题的重要途径，其基本内涵是对贫困户和贫困村精准识别、精准帮扶、精准管理和精准考核，实现扶贫资源优化配置，扶贫瞄准到村到户。精准识别是基础，而精准帮扶是关键。在精准帮扶方面，分类施策是精准扶贫工作的基本原则，即要根据不同的贫困地区、贫困县、贫困村、贫困户不同阶段的贫困原因和实际需求采取相应的扶贫措施和方案，不断创新精准扶贫的模式和路径。正如习近平总书记在 2015 年 11 月 27 日召开的中央扶贫开发工作会议上所强调的，要解决好“怎么扶”的问题，按照贫困地区和贫困人口的具体情况，实施“五个一批”工程。一是发展生产脱贫一批，引导和支持所有有劳动能力的人依靠自己的双手开创美好明天，立足当地资源，实现就地脱贫。二是易地搬迁脱贫一批，贫困人口很难实现就地脱贫的要实施易地搬迁，按规划、分年度、有计划组织实施，确保搬得出、稳得住、能致富。三是生态补偿脱贫一批，加大贫困地区生态保护修复力度，增加重点生态功能区转移支付，扩大政策实施范围，让有劳动能力的贫困人口就地转成护林员等生态保护人员。四是发展教育脱贫一批，治贫先治愚，扶贫先扶智，国家教育经费要继续向贫困地区倾斜、向基础教育倾斜、向职业教育倾斜，帮助

---

① 曾伟. 习近平的“扶贫观”：因地制宜“真扶贫，扶真贫”［EB/OL］. http://politics.people.com.cn/n/2014/1017/c1001-25854660.html.

② 习近平：确保农村贫困人口到 2020 年如期脱贫［EB/OL］. http://news.xinhuanet.com/politics/2015-06/19/c_1115674737.htm.

贫困地区改善办学条件，对农村贫困家庭幼儿特别是留守儿童给予特殊关爱。五是社会保障兜底一批，对贫困人口中完全或部分丧失劳动能力的人，由社会保障来兜底，统筹协调农村扶贫标准和农村低保标准，加大其他形式的社会救助力度。要加强医疗保险和医疗救助，新型农村合作医疗和大病保险政策要对贫困人口倾斜。①

精准脱贫是精准扶贫的战略目标。十三五规划建议中指出，农村贫困人口脱贫是全面建成小康社会最艰巨的任务，要实施脱贫攻坚工程，实施精准扶贫、精准脱贫，分类扶持贫困家庭，探索对贫困人口实行资产收益扶持制度，建立健全农村留守儿童和妇女、老人关爱服务体系。到 2020 年我国现行标准下农村贫困人口实现脱贫，贫困县全部摘帽，解决区域性整体贫困，稳定实现农村贫困人口不愁吃、不愁穿，农村贫困人口义务教育、基本医疗、住房安全有保障；同时实现贫困地区农民人均可支配收入增长幅度高于全国平均水平、基本公共服务主要领域指标接近全国平均水平。②

精准扶贫要与国家发展战略一致。新时期精准扶贫要遵循创新、协调、绿色、开放、共享的发展理念，创新扶贫瞄准机制，精准瞄准贫困人群发展需求，实施以实现人的全面发展为宗旨的精准扶贫、精准脱贫基本方略。2015 年 11 月 29 日发布的《中共中央国务院关于打赢脱贫攻坚战的决定》指出，实现到 2020 年让 7000 多万农村贫困人口摆脱贫困的既定目标，时间十分紧迫、任务相当繁重。必须在现有基础上不断创新扶贫开发思路和办法，坚决打赢这场攻坚战。要围绕“四个全面”战略布局，牢固树立并切实贯彻创新、协调、绿色、开放、共享的发展理念，充分发挥政治优势和制度优势，把精准扶贫、精准脱贫作为基本方略，坚持扶贫开发与经济社会发展相互促进，坚持精准帮扶与集中连片特殊困难地区开发紧密结合，坚持扶贫开发与生态保护并重，坚持扶贫开发与社会保障有效衔接。坚持政府主导，增强社会合力。强化政府责任，引领市场、社会协同发力，鼓励先富帮后富，构建专项扶贫、行业扶贫、社会扶贫互为补充的大扶贫格局。扶贫开发贵在精准，重在精准，必须解决好扶持谁、谁来扶、怎么扶的问题，做到扶真贫、真扶贫、真脱贫，切实提高扶

① 习近平在中央扶贫开发工作会议上发表重要讲话［EB/OL］. http：//politics. gmw. cn/2015 - 11/28/content_ 17892670. htm.

② 中国共产党第十八届中央委员会第五次全体会议公报［EB/OL］. http：//news. xinhuanet. com/fortune/2015 - 10/29/c_ 1116983078. htm

贫成果可持续性，让贫困人口有更多的获得感。

精准扶贫要与乡村振兴有机衔接。2018 年 6 月 15 日发布的《中共中央国务院关于打赢脱贫攻坚战三年行动的指导意见》指出，全面贯彻党的十九大和十九届二中、三中全会精神，以习近平新时代中国特色社会主义思想为指导，充分发挥政治优势和制度优势，坚持精准扶贫精准脱贫基本方略，坚持中央统筹、省负总责、市县抓落实的工作机制，坚持大扶贫工作格局，坚持脱贫攻坚目标和现行扶贫标准，聚焦深度贫困地区和特殊贫困群体，突出问题导向，优化政策供给，下足绣花功夫，着力激发贫困人口内生动力，着力夯实贫困人口稳定脱贫基础，着力加强扶贫领域作风建设，切实提高贫困人口获得感，确保到 2020 年贫困地区和贫困群众同全国一道进入全面小康社会，为实施乡村振兴战略打好基础。[①] 脱贫攻坚期内，贫困地区乡村振兴主要任务是脱贫攻坚。乡村振兴相关支持政策要优先向贫困地区倾斜，补齐基础设施和基本公共服务短板，以乡村振兴巩固脱贫成果。

精准扶贫要坚持扶贫同扶志扶智相结合。正确处理外部帮扶和贫困群众自身努力的关系，强化脱贫光荣导向，更加注重培养贫困群众依靠自力更生实现脱贫致富的意识，更加注重提高贫困地区和贫困人口自我发展能力。加强教育引导，开展扶志教育活动，创办脱贫攻坚“农民夜校”“讲习所”等，加强思想、文化、道德、法律、感恩教育，弘扬自尊、自爱、自强精神，防止政策养懒汉、助长不劳而获和“等靠要”等不良习气。加大以工代赈实施力度，动员更多贫困群众投工投劳。鼓励各地总结推广脱贫典型，宣传表彰自强不息、自力更生脱贫致富的先进事迹和先进典型，用身边人身边事示范带动贫困群众。大力开展移风易俗活动，选树一批文明村镇和星级文明户，推广“星级评比”等做法，引导贫困村修订完善村规民约，发挥村民议事会、道德评议会、红白理事会、禁毒禁赌会等群众组织作用，坚持自治、法治、德治相结合，教育引导贫困群众弘扬传统美德、树立文明新风。加强对高额彩礼、薄养厚葬、子女不赡养老人等问题的专项治理。深入推进文化扶贫工作，提升贫困群众的公共文化服务获得感。把扶贫领域诚信纳入国家信用监管体系，将不履行赡养义务、虚报冒领扶贫资金、严重违反公序良俗等行为人列入失信人员名

---

① 中共中央　国务院关于打赢脱贫攻坚战三年行动的指导意见[EB/OL]. http: //www. gov. cn/zhengce/2018 -08/19/content_ 5314959. htm.

单。统筹衔接脱贫攻坚与乡村振兴。

二、乡村再造：新时代促进精准扶贫与乡村振兴有机衔接

中国是一个传统农业大国，数千年丰富多彩的农耕文明孕育了中华民族博大精深的优秀传统文化。在世代先民长期的农耕生产生活中，形成了各具特色的村落共同体，创造、积淀和传承了绵延不绝的乡村文化，绘就了多姿多彩的乡村田园生活的历史画卷。传统村落也越来越呈现出集聚“惠及苍生”的农业生产价值、“天人合一”的生态价值、村落共同体的生活价值以及文化传承与教化价值等综合多元化价值。① 因此，村落是人们开展农耕生产和生活的基本单元，千千万万个村落是衍生和传承乡村文化的重要载体，是中华优秀传统文化的根基和传承创新的重要载体。

改革开放40多年来，随着我国城市化、工业化的快速发展，促使传统农村的农耕生产生活方式急剧变迁和转型，传统农业被大规模的工业化和现代农业所替代，农村经济发展边缘化导致乡村文化边缘化及乡村文化本身的虚化，从而导致传统农耕文明失去根基。大量中青年农民进城务工、大批村庄的撤并以及大量农村学校的撤点并校，导致大量“空心村”的出现以及“村改居”的农村社区或拆迁、移民安置的集聚区的产生，由此乡村文化传承失去了最中坚的骨干力量、最新鲜的血液，使得原本依托村落而世代传承的悠久的乡村文化正面临着断裂和“失根”之痛，动摇着中华优秀文化的根基和传承创新载体。②

2018年中央一号文件指出，实施乡村振兴战略是解决新时代人民日益增长的美好生活需要和不平衡不充分的发展之间矛盾的必然要求。实施乡村振兴的最终目标是通过重塑村落共同体，让农业成为有奔头的产业，让农民成为有吸引力的职业，让农村成为安居乐业的美丽家园。要依托乡村社会原有的文化背景和社会基础③，充分挖掘以农耕文明为代表的传统乡村文化的历史价值和

---

① 鲁可荣，胡凤娇．传统村落的综合多元性价值解析及其活态传承[J]．福建论坛：人文社会科学版：2016（12）：115－122.

② 鲁可荣，金菁．基于文化自觉的传统村落文化传承路径分析———以月山村为例［J］．福建农林大学学报：哲学社会科学版，2016（3）：6.

③ 李军明，向轼．论乡村振兴中的文化重构[J]．广西民族研究，2018（5）：95.

当代价值重构乡村文化[①]，重塑乡村文化，促进乡村文化振兴，为整体推进乡村振兴战略提供内在精神动力。

近年来，我国脱贫攻坚工作取得了决定性进展和历史性成就。2012—2018年，中国贫困人口减少近8000万，每年减贫规模都在1000万以上。2018年脱贫攻坚重点工作扎实推进，年度任务全面完成，预计全年减少农村贫困人口1000万以上，280个左右贫困县脱贫摘帽，完成280万人易地扶贫搬迁建设任务，连续6年超额完成千万减贫任务。[②] 随着越来越多的贫困村逐步脱贫出列，脱贫村的生产生活基础设施条件不断改善、基层组织治理能力不断增强以及村民生产技能逐步提高，村落后发发展优势逐渐显现，从而为从精准扶贫迈向乡村振兴打下了坚实的基础。因此，2018年9月中共中央、国务院印发的《乡村振兴战略规划（2018—2022年)》(以下简称《乡村振兴战略规划》）指出，要把打好精准脱贫攻坚战作为实施乡村振兴战略的优先任务，推动脱贫攻坚与乡村振兴有机衔接相互促进。……注重扶志扶智，引导贫困群众克服“等靠要”思想，逐步消除精神贫困。[③] 学界也开始关注2020年贫困地区实现脱贫摘帽后精准扶贫与乡村振兴的有机衔接以及脱贫村的可持续发展问题。李小云认为，脱贫摘帽重在不返贫，[④] 需要加大推进城乡一体化和扶贫开发与社会公共服务一体化改革以及发育新的综合性贫困治理机制和贫困治理结构。[⑤] 朱启臻提出，要通过柔性扶贫的理念与策略，沿着乡村固有价值系统安排扶贫项目，使外来项目融入村落体系，促进原有乡村结构体系的更新升级，以提高扶贫实践的有效性。[⑥] 左停认为，考虑到现在剩余和深度贫困人口的地理分布和经济社会特点，脱贫攻坚过程中要遵从持续性和内源性的发展理念，减少对

---

① 吴庆华，王美喆．文化再造：乡村振兴战略的关键抉择[J]．成都行政学院学报，2018（5）：76.

② 刘永富：预计全国连续6年超额完成千万减贫任务[EB/OL]．http：//www. cpad. gov. cn/art/2018/12/29/art_ 624_ 92583. html.

③ 中共中央国务院印发《乡村振兴战略规划（2018—2022年)》[EB/OL]．https：//news. china. com/news100/11038989/20180927/34018349_ all. html#page_ 2.

④ 李小云．脱贫摘帽重在不返贫[N]．人民日报，2018－08－26，第005版．

⑤ 李小云，许汉泽．2020年后扶贫工作的若干思考[J]．国家行政学院学报，2018（1）：62－66.

⑥ 朱启臻．“柔性扶贫”理念的精准扶贫[J]．中国农业大学学报（社会科学版），2017（1）：126－129.

外部资源的直接依赖，更多地发挥乡土资源和知识体系对于减贫的作用。[①] 同时，随着精准扶贫战略中“扶志扶智”政策的提出，关于文化扶贫[②]的研究重新成为热点，既有研究成果多从贫困文化的负功能出发，强调对贫困人群的智力扶贫、素质扶贫、教育扶贫以及公共文化扶贫等[③]，忽视了从贫困文化的正功能视角探索文化扶贫的有效性[④]。因此，为了适应2020年以后脱贫村的可持续发展以及乡村振兴的新形势需要，应该要通过留住乡村，探索以脱贫村的乡村文化重塑和村落共同体再造为载体，构建乡村价值再造与乡村振兴的共融共享共建机制，有效促进精准扶贫与乡村振兴的有机衔接。

---

① 左停．乡土资源、知识体系与精准脱贫的内源扶贫机制[J]．改革，2017（10）：61－64.

② 文化扶贫最早是由辛秋水研究员提出并组织实施的一种扶贫实践。1987年他在对安徽省岳西县莲云乡的调查中发现，物质贫困制约了文化发展，文化贫困又制约了经济发展，因此，贫困的根源在于人，扶贫主要是对人实施“扶智、扶文”，即“文化扶贫”。并于1988年在该乡开展了为期8年文化扶贫的实验。参见辛秋水．来自莲云乡文化扶贫的报告［J］．江淮论坛，1996（6）：84－89.

③ 饶世权，鞠廷英．从文化扶贫到文化精准扶贫：近三十年来我国文化扶贫研究述评[J]．西华大学学报：哲学社会科学版，2017（2）：46－55.

④ 方清云．贫困文化理论对文化扶贫的启示及对策建议[J]．广西民族研究，2012（4）:158－162.

第六章　新时代“留住乡村”项目实践探索与乡村价值再造

一、“留住乡村”：以村落为载体形成的乡村综合多功能价值

随着中国城市化、工业化的快速发展，广大农村正处于急剧的发展变迁之中，越来越多的村落或解体或撤并，人们愈发希望能“望得见山、看得见水、记得住乡愁”。村落的急剧发展变迁也引起了学界对村落共同体命运、乡村价值及其发展前景的普遍关注。例如，李培林[①]、刘铁芳[②]等认为在城市化、工业化快速发展中村落作为社区生活共同体正在走向“终结”或解体。然而，乡村依然有其存在的价值以及村落不可能完全被“终结”[③]。朱启臻赵晨鸣，龚春明，等认为：村落的存在有其自身的发展规律，只要农业生产特点不发生变化，村落就不会消失。[④]

有学者从不同学科视角指出乡村具有经济功能、生态功能、社会及文化功能等。[⑤] 随着城乡一体化协调发展，村落不但不会被“终结”，而且乡村价值的多元性会愈发彰显。发达国家的逆城市化也充分证明乡村继续存在的价值及其未来发展的方向。例如，孟德拉斯指出：“法国从 20 世纪 70 年代开始，农

---

① 李培林．村落的终结：羊城村的故事[M]．北京：商务印书馆，2004.

② 刘铁芳．乡村的终结与乡村教育的文化缺失[J]．书屋，2006（10）．

③ 田毅鹏，韩丹．城市化与“村落终结”［J］．吉林大学社会科学学报，2011（2）．

④ 朱启臻，芦晓春．村落存在的价值[J]．南京农业大学学报：社会科学版，2011（1）．

⑤ 梁流涛，曲福田，冯淑怡．农村生态资源的生态服务价值评估及时空特征分析［J］．中国人口．资源与环境，2011（7）．

村人口数量止降反升……生活在农村或小城市是3/4的法国人的期望。”① 因此，在当下的中国新型城镇化进程中当务之急要传承乡村价值，促进农村可持续发展。②③

在人类社会的早期，人类为了在恶劣的自然环境中求得生存，几个人或一群人开始群居生活，结成以血缘关系为基础的原始氏族部落的“聚族而居”，形成了村落的雏形。罗吉斯和伯德格认为：“最初的社区可能是为防御外界天敌的侵犯而形成的。归属的互补意义也促使社区的形成。”④ 随着社会生产力的不断发展，人们的生活环境不断稳定，开始在不同地方根据各地的自然环境和生产生活的实际需要，或“逐水草而居”，或“择地而居”，或“靠山吃山”，或“靠水吃水”，从而形成了不同类型的村落形态。一般而言，所谓村落，就是以地缘和血缘为纽带，以农业生产为基础，由从事农业生产劳动的人口为主组成的相对独立的社会生活共同体。⑤ 长期以来，随着农业生产的发展和村落形态与类型不断多元化，作为人类农业生产生活的共同体的村落越来越呈现出综合多功能的价值。

（一）以村落为生产载体形成了“道法自然”和“惠及苍生”的农业生产价值

居住于村落的农民为了满足其生存与发展的需求，必须要立足于村域范围内的土地、植被、水源等自然资源开展作物种植、家畜禽养殖或放牧、打猎捕捞以及手工制作等农业生产劳动。通过辛勤劳作生产出足够的农产品，或自给自足或通过交换以满足家庭成员的生活需求。同时，农业生产又为生活于乡村以外的人们提供了包括粮食、蔬菜等农副产品以及生产其他产品的原料。日本学者祖田修认为农业是一个有机的生态、社会系统，农业具有综合多功能性，农业是“通过保护和活用地域资源，管理和培育有利于人类的生物来实现经

① ［法］孟德拉斯，李培林译．农民的终结［M］．北京：中国社会科学出版社，1991.

② 朱启臻，芦晓春．村落存在的价值［J］．南京农业大学学报：社会科学版，2011（1）．

③ 张孝德．中国的城市化不能以终结乡村文明为代价［J］．行政管理改革，2012（9）．

④ ［美］埃弗里特·M·罗吉斯、拉伯尔·J·伯德格．乡村社会变迁［M］．杭州：浙江人民出版社，1988：162.

⑤ 朱启臻，赵晨鸣，龚春明，等．留住美丽乡村——乡村存在的价值［M］．北京：北京大学出版社，2014：36.

济价值、生态价值和生活价值的均衡与和谐的人类的目的性社会活动”①。因此，农业是人类的经济生产过程与自然再生产过程的有机结合，是人类有意识地关于自然再生产过程，通过生产劳动改变动植物生长过程和条件，借以获得人类生存发展所需要的农产品的生产过程。农业生产既需要符合自然界和生物学的客观规律，又要符合人类社会的经济发展规律。

从农业的基本属性可以看出，农业生产具有独特的自然特性和社会属性。首先，土地是农业生产的不可缺少的最基本生产资料，“土地是财富之母”“民以食为天，食以耕为功”。其次，农业生产具有独特的自然特性，受到各地区不同的气候、地形、土壤、植被等自然资源和条件的影响和制约，从而形成了农业生产的地域多样性和品种的多样性。同时，农业生产还具有季节性、周期性以及弱质性和风险性等特点。在农业生产中，需要农业劳动者必须具有丰富的生产经验以及劳动合作等，从事农业生产的劳动者必须要在实际的农业生产中从家庭成员中的长辈那儿习得和体验各种农业生产技术与经验，在面临各种自然灾害、农田水利建设和农忙季节要以家庭、村落共同体等为组织形式开展分工与合作。因此，以村落为农业生产载体，一方面，可以为农业生产提供充足的劳动力以及满足农民家庭生存繁衍的需要，并为农业生产提供了肥沃的土壤、水源、种子等生产资料，从而可以真正开展有效的“道法自然”的农业生产；另一方面，依托家庭和村落共同体可以有效地习得和传承农业生产技术和经验，以及开展农业生产的分工与合作，从而可以适应农业生产的季节性和周期性等特点，有效地预防和抵御自然灾害，保障农业生产可以生产出足够多的农产品以惠及苍生。

（二）以村落为空间载体形成了“天人合一”的乡村生态价值

在长期的农耕社会中，逐步形成了不同类型的村落形态，这些村落形态在地理学科、建筑学科中通常指的是村落的聚落空间形态。按照村落的地理形态和自然形态差异，一般可以将我国村落形态划分为集村和散村两大类，主要是受地理因素的影响，村民沿河流、湖泊、山谷、道路、平原、盆地等建造住房、修建农田、水利等生产生活设施，从而形成条带状、环状、团状等集村或者是不规则状分布的散村。范少言、陈宗兴认为，乡村聚落空间结构是指农业地域中居民点的组织构成和变化移动中的特点，以及村庄分布、农业土地利用

---

① ［日］祖田修，张玉林译．农学原论［M］．北京：中国人民大学出版社，2003：57.

和网络组织构成的空间形态及其构成要素间的数量关系。①

不同村落形态的形成主要受制于不同的自然条件与社会环境的影响，同时也塑造了不同村落中居民不同的生产生活方式。乡村居民为了更好地安居乐业以及发展农业生产，主动地依托村落所处的地理环境，以村落为空间载体，依据河流、山川、土地等自然资源，充分考虑地质、地貌、水文、日照、风向、气候、景观等方面因素，合理地进行村落的选址与布局，负阴抱阳、背山面水、藏风聚气等是村落选址布局的理想模式。结合地方性农业生产资源，靠山吃山、靠水吃水，合理地安排多品种的农作物的交叉性、季节性和周期性种植，实现耕地的轮作和休耕，使用畜禽粪便、植物秸秆、草木灰等作为农家肥。传承和运用传统农法的经验和地方性生产技术，发展地域特色性的原生态农业，同时也形成了独具地域特色的乡村景观，如云南哈尼族梯田、珠三角的桑基鱼塘、江西婺源油菜花等。按照村落人口增长与村域自然资源的可承载性与可循环再生利用的原则，形成了崇尚自然、勤俭节约、循环有序的乡村生活方式，将自然再生产与村落的人口再生产有机地结合起来。因此，以村落为空间载体形塑了山、湖、林、地、人的有机融合和统一，使村落具备“天人合一”的生态价值，有效地实现了村落的可持续发展。

（三）以村落为交往载体形成了乡村共同体的生活价值

在长期的乡村社会形成与发展中，乡村居民从最初的聚群而居逐渐发展到以婚姻血缘与亲缘关系为纽带形成的以家庭为核心的聚宗族而居，从而形成了村落共同体。德国社会学家滕尼斯在对“共同体”作出界定的基础上，把共同体与社会作了比较，“一切对农村地区生活的颂扬总是指出，那里人们之间的共同体要强大得多，更为生机勃勃：共同体是持久的和真正的共同生活，社会只不过是一种暂时的和表面的共同生活。因此，共同体本身应该被理解为一种生机勃勃的有机体，而社会应该被理解为一种机械的聚合和人工制品”②。因此，由于以血缘、亲缘和地缘为纽带聚族而居的人们共同生活在村落共同体中，才逐渐地形成了以婚姻和血缘关系为核心的家庭以及同宗的家族，构筑起相生共融的村落生活空间，使生活在其中的人们可以享受家庭的天伦之乐、食

① 范少言，陈宗兴．试论乡村聚落空间结构的研究内容[J]．经济地理，1995（2）．

② ［德］费迪南·滕尼斯．共同体与社会——纯粹社会学的基本概念[M]．北京：商务印书馆，1999.

物的安全与美味、邻里的守望相助、乡村慢生活的悠然自乐以及熟人社会的互帮互助与经验传承等村落共同体的生活价值。

随着城市化、工业化的快速发展，一方面大量的村落逐步解体或消失；另一方面久居于钢筋水泥、拥堵交通以及尘霾空气中的城市人们愈发希望“望得见山、看得见水、记得住乡愁”。因此，要“记得住乡愁”首先必须要“留住乡村”，才能“记得住乡愁”。而能够“记得住乡愁”的恰恰是以村落为交往载体形成了共同体的生活价值，所以近年来乡村旅游的发展方兴未艾，由起初单纯的“吃农家饭”逐步地发展到“吃农家饭、睡农家炕、干农家活、享农家情”。

（四）以村落为传承载体形成了乡村文化传承与教化价值

中华五千多年的悠久灿烂的传统文化根植于源远流长的乡村文化，而几千年来的农业发展过程中形成的农耕文化孕育了丰富多彩的乡村文化，构成了中国传统文化的基础。钱穆认为，按照自然环境的种类，可以将人类文化分为游牧文化、农耕文化和商业文化三类，并认为农业文明就是农耕文化，中国文化自始到今是建筑在农业上面的。①

朱启臻等认为，以村落为农业生产载体在农业生产中形成了各具特色的农业物质文化，如不同时期的农业生产工具（犁、耙等）、农田水利建设（广西的龙脊梯田、李冰父子的都江堰水利工程等），这些丰富多彩的农业物质文化凝聚和体现了劳动人民的勤劳智慧，成为传承乡村文化的“活化石”，为研究不同时代的农业生产方式和农耕文化提供了主要的研究依据。② 同时，以村落为载体，也有利于民俗文化、民间信仰的传承发展。例如，在农耕生产中形成的天干地支汉族历法纪年、一年中的二十四节气、汉族的传统节日（春节、清明、端午、中秋等），以及与地方农耕生产紧密结合在一起的各种民间信仰（如沿海渔村的妈祖文化信仰、杭嘉湖平原水乡的蚕花娘娘文化信仰等），都是以村落为传承载体，在长期的农耕生产生活中形成了约定俗成的民间习俗和民间信仰，并通过各种民间文化活动以及代际口头经验相传得以有效传承。近年来，随着城市化、工业化的快速推进，村落数量不断消减，越来越多的传统

---

① 赖功欧，郭东．钱穆对中国农业文明起源及其发展的基本认识［J］．农业考古，2008（3）．

② 朱启臻，赵晨鸣，赵春明，等．留住美丽乡村——乡村存在的价值［M］．北京：北京大学出版社，2014：44.

民俗文化和民间信仰正在逐渐消失。

在以血缘、亲缘关系为纽带以家庭为核心的宗族性村落中，形成积淀延续了尊老爱幼、长幼有序、勤俭节约、耕读传家的优良家风族训，守望相助、和睦邻里、淳朴敦厚的乡风民俗以及村规民约等。以村落为载体，可以充分发挥优良家风族训、乡风民俗以及村规民约对村民的道德教化与约束功能，也可以在更大的范围内净化人们的心灵、感化人们的行为，以及通过激发唤起更多人内心记忆深处的“乡愁”，重建家庭的天伦之乐、邻里的守望相助、社区的和谐包容与共同体归属感，重新追求和塑造真、善、美的“精神家园”。

二、“留住乡村”项目实施背景及主要内容

（一）“留住乡村”项目实施背景

改革开放以来，为了促进贫困地区的贫困人口生计改善以及农村发展，中国政府实施了持续的扶贫开发工作，也与各类社会组织共同合作开展了形式多样的反贫困实践工作，有效地提高了贫困人口的素质和能力，促进了贫困人群的脱贫致富以及农村经济社会发展。然而，随着城市化、工业化快速发展，农村经济社会转型发展不断加快，农村贫困人群的可持续发展与农村反贫困工作面临着许多新的机遇和挑战。

经过长期对贫困地区扶贫开发工作的开展与实施，农村贫困人群的文化素质和劳动技能不断提高，农村社区合作能力以及社区发展潜力不断被发掘和激发出来。同时，由于城市化和工业化的快速发展，越来越多的社会公众愈发想“看得见山，忘得见水，记得住乡愁”以及渴望“舌尖上的美味和安全”。而贫困地区的农村由于未受到城市化和工业化的剧烈冲击，相对完整地保持了依然是青山绿水的原生态环境以及淳朴浓郁的乡风民俗，乡村独特的生态价值、农耕生产价值、传统文化价值以及社会休闲价值等不断地显现出来，从而为这些贫困地区农村可持续发展以及有效促进贫困人群的生计发展提供了内源式发展的动力和资源。

因此，在新时代农村转型发展、精准扶贫和乡村振兴战略的新形势下，为了进一步促进贫困地区反贫困工作的深入及可持续开展，应该要通过系统回顾总结改革开放以来中国政府与乐施会在贫困地区所开展的反贫困工作的主要历程、取得的成就与成功经验以及存在的不足之处，同时，通过传承和重建乡村价值留住乡村，帮助农民创造美好生活，从而重新定位和调整下一步的反贫困

工作计划目标、方式途径等，更好地促进贫困地区的农村可持续发展。

乐施会通过对在中国西南地区 20 多年来所实施的农村扶贫项目实践的总结与反思，明确地意识到以前扶贫项目主要是注重农村基础设施改善、农业产业结构调整以及生计发展等方面。在项目实施过程中，主要采取参与式工作方法，比较多地考虑到性别赋权、农民参与以及社区组织合作，但是将乡村文化、村域生态环境资源等本土资源有机整合到项目中去还考虑得不够。20 多年以来，随着项目村的基础设施条件不断改善，村民生计水平不断提高，按照传统的贫困线标准，越来越多的村民已经逐步摆脱了经济贫困。但是，工作人员在与村民的广泛接触和交流中，也可以明显地感受到村民们文化素质的不够、精神生活的贫乏、自信自尊的缺失以及乡村许多宝贵的潜在资源未能得以充分整合与合理开发利用，从而制约了项目村的可持续发展。

随着中国内地经济社会发展水平不断提高，乐施会在内地的反贫困理念也在不断变化，尤其在 2008—2009 年度报告中，乐施会提出了“负责任的美好生活——为每一个人谋求最好的生活条件”的行动理念。乐施会认为，贫穷的产生是多维因素所导致的，反贫困也需要用多维方法来解决，以实现人们过上以自足、自尊、自主和社会责任感为核心的负责任的美好生活这个终极目标。乐施会所提出的关注美好生活的目标也提升了社区发展、人道救援、政策倡导和发展教育工作的理解度及参与度，有助于实现贫困农村社区的可持续发展目标。同时，随着近年来精准扶贫战略目标的提出，乐施会也明确地意识到，必须要重新树立新的扶贫理念，采用新的扶贫方法，精确瞄准扶贫对象，充分整合和合理利用村落资源，既要留住乡村又要促进村落的可持续发展，因此，乐施会在 2014 年开始提出要在云南少数民族地区农村开展“留住乡村”项目的构想。

（二）“留住乡村”项目主要内容

为了践行乐施会提出的“负责任的美好生活——为每一个人谋求最好的生活条件”的行动理念，乐施会通过认真总结扶贫项目实践、与相关项目合作伙伴以及与相关专家学者的探讨沟通，于 2014 年初提出的“留住乡村”项目构想，主要包括以下三个方面内容。

1. 村民生计持续发展

通过地方政府和乐施会等社会组织在贫困山区农村所开展的各项扶贫项目，贫困村的基础设施和农业生产生活条件不断改善，农业产业结构调整趋于合理，农民生计得到有效保障，逐步摆脱和有效解决了温饱问题。然而，由于受气候干旱等自然条件以及市场波动等因素的影响，贫困山区农村的农业生产还面临着诸如干旱缺水、技术落后、产业规模以及市场风险等问题，从而影响了农民生计的可持续发展。因此，在今后的项目实施中要立足现有的农村基础设施和农民生计状况，通过充分发现和挖掘村落潜在的资源价值，并合理利用来自政府以及社会等多方面的外部资源和力量，发展具有村域特色的农业生产，进一步实现农民生计的可持续发展。

2. 乡村文化自觉传承

乐施会的项目官员通过对前期实施的扶贫项目的总结反思中认识到，虽然贫困村村民经济收入不断提高，并逐步摆脱了“经济贫困”，但村民的受教育程度依然较低，文化素质不高，思想观念较为落后，个人卫生健康意识及村庄环境卫生意识较差，从而难以有效实现“精神脱贫”，制约和影响了村民们的“以人为中心”的综合全面发展。同时，由于大部分贫困村都位于山区，随着撤并行政村和村小撤并，导致村级文化教育事业严重滑坡。在许多山区村，小孩子自幼就要离开父母和家庭外出到乡镇中心小学寄宿制上学，不但加重了家长的经济负担，也使乡村文化失去了传承载体和主体，例如禄劝县许多苗族村，除了少部分上过学的老年村民会写苗文或信仰基督教的村民在教堂里面学过苗文外，大部分中青年村民只会说苗语不会写苗文。而孩子们长年在学校读书，虽然会说苗语但已经用的少了，而且学校里面也主要是采用汉语教学，没有开展汉语和苗语双语教学，很多学生已经不会写苗文了。在许多苗族村寨中，村民们对本民族的历史文化，甚至是本村的历史、村情、村落文化，包括每年一度很隆重的花山节、芦笙舞、斗牛舞等传统节日或传统习俗虽然乐在其中，但却根本不了解其民族文化的内涵，而且也大多数采取现代的形式开展活动了，从而导致民族文化正在迅速地衰落消失，村落文化不断呈现“荒漠化”。

同时，通过在少数民族地区的农村实施扶贫项目发现，村民们质朴的情怀、重视天伦之乐的家庭观念、守望相助的村落共同体意识有效地保障了项目的成功实施，也是现代市场经济社会中弥足珍贵的，更是现代社会大众心目中那一份难以忘怀的浓浓的“乡愁”情结。因此，乐施会打算在“留住乡村”项目中，通过在少数民族村采用参与式方法动员村民共同参与开展村史、村情、民族文化等方面的挖掘整理工作，传承优秀的传统民族文化，并以此为基础开展富有民族特色的文化活动，既丰富村民们的物质文化和精神文化生活，又激发村民们对民族文化和村落文化的认知和民族自豪感，增强其对传承民族文化的文化自觉。

近年来，随着各种以产业开发为主的开发式扶贫项目在少数民族地区的实施，虽然提高了农作物产量，增加了农民收入，但是在农业产业开发中也出现了许多生态性问题，如大量化肥、农药和薄膜的使用导致耕地板结、农业面源污染和农药残留等，农业生产规模的扩大导致水资源短缺以及开荒种地破坏了森林植被等，从而加重了贫困山区脆弱的生态环境的合理承载力，影响到农业农村的可持续发展。为了有效应对全球气候变暖和局部地区干旱等生态环境问题，乐施会在2008—2009年度报告中提出了“负责任的美好生活——为每一个人谋求最好的生活条件”的行动目标，旨在将贫困地区的村民生计发展与生态保护有机融合起来。乐施会在贯彻落实这一行动目标中，积极探索在贫困地区的少数民族村落中将村民的生计发展、村落文化传承以及生态保护作为不可或缺的要素纳入到村域发展的有机系统中，充分整合利用和综合考虑开展相关项目，以实现村民生计持续发展、文化自觉传承以及生态协调保护的综合发展目标。

（三）“留住乡村”项目的相关经验总结及前瞻性研究

1. 禄劝项目在乡村价值传承与重建中的反贫困研究及经验总结

第一，项目实施背景。改革开放以来，为了促进民族地区贫困人口生计改善以及农村发展，中国政府实施了持续的扶贫开发工作。乐施会自1992年开始在云南、贵州、甘肃、陕西等地与地方政府、民间组织合作开展了形式多样的反贫困实践工作。从1992年开始，乐施会与禄劝县政府合作，先后在禄劝县的13个乡镇开展过扶贫工作，共投入资金近3000万元。项目涉及基础设施建设、实用技术培训、环境保护、基础教育、农村卫生、信贷扶贫、气候变化适应、社会性别、苗族传统文化传承、农民及伙伴能力建设等内容。最难为可贵的是初期参与项目的工作人员至今仍有很多人一直从事专职的项目工作，从而可以系统地梳理项目的历程。实地调查发现，该项目具有一些较为明显的特点：一方面通过赋权、参与式、社会性别等手法的运用，清晰地透视出国际性的发展理念对项目的影响；另一方面，通过社区发展基金、社区合作社推动等项目活动，又能明显的折射出乐施会项目与我国农村系列农业政策的积极结合；同时，乐施会也强调项目设计与政府扶贫政策的关联性，强调基层政府对项目的理解与支持。基于此，我们将对禄劝这一个案进行系统梳理与研究，以期展示出乐施会参与国内扶贫创新所走过的历程及积累的经验。

在持续20余年的社区实践中，禄劝项目有效地提高了贫困社区的组织及发展能力，促进了贫困人群的脱贫致富以及农村经济社会发展。经过长期对民族地区扶贫开发工作的实施，农村贫困人群的劳动技能不断提高，贫困村民的合作能力以及社区发展潜力不断被发掘和激发出来。同时，我们也必须看到，在解决了温饱问题后，乡村出现了另外一种贫困。进入21世纪以后，随着城市化和工业化的快速发展，乡村村落衰败凸显。中国乡村出现了前所未有的衰落现象、村落空壳化，农村明显呈现出凋敝、破败景象，老龄化趋势加剧，精神上的涣散与结构上的解体的状态日趋严重。乡村在环境、教育、医疗、养老等方面暴露出极大的社会问题；农村道德观的破碎和留守儿童教育的尖锐性；以及打工生活方式导致正常家庭伦理的解体……使人们开始思考如何在新的形势下使农民既得到经济上的保障，也得到精神需求的满足，如何在新型城乡关系中使乡村价值得到体现，用新的乡村发展理念创新贫困地区发展模式。

乐施会实施扶贫项目的民族地区村寨由于较少一些受到城市化和工业化的剧烈冲击，相对完整地保持了依然是青山绿水的原生态环境以及淳朴浓郁的乡风民俗，乡村独特的生态价值、农耕生产价值、传统文化价值以及社会休闲价值等不断地显现出来，从而为这些民族地区的村寨可持续发展以及有效促进贫困人群的生计发展提供了内源式发展的动力和资源。

因此，在中国经济新常态以及农村转型发展的新形势下，为了进一步促进民族地区反贫困工作的深入及可持续，乐施会通过与中国农业大学农民问题研究所、浙江师范大学农村研究中心多次沟通和充分交流，于2015年3月—12月合作开展“禄劝项目在乡村价值传承与重建中的反贫困研究及经验总结”。

第二，项目主要任务及目标。该项目的主要任务是通过系统回顾总结改革开放以来乐施会在民族地区所开展的反贫困工作的主要历程、取得的成就、成功经验以及发现的问题，创新民族地区脱贫思路，探讨民族地区乡村价值视角的扶贫模式。目的在于通过传承和重建乡村价值，帮助农民创造美好生活，从而重新定位和调整下一步的反贫困工作计划目标、方式途径等，更好地促进民族地区的反贫困工作。主要目标如下：

长期目标。通过系统回顾总结改革开放以来乐施会在云南地区所开展的反贫困工作的主要历程、取得的成就、成功经验以及存在的不足之处，通过发掘、传承和重建乡村价值，“留住美丽乡村”，帮助农民创造美好生活，重新调整定位下一步的反贫困工作计划目标、方式途径等。

具体目标包括三个方面。一是总结改革开放以来乐施会与云南省扶贫办合作在云南地区所开展的反贫困工作的成功经验以及存在的不足之处。二是通过对项目点所在村寨的系统深入调查，发掘、传承和重建乡村独特的生态价值、农耕生产价值、传统文化价值以及社会休闲价值等，探索民族地区村寨的可持续发展以及有效促进贫困人群生计发展的内源式发展的动力。三是通过总结和反思，重新调整定位下一步的反贫困工作计划目标、方式途径等，帮助农民创造“负责任的美好生活”“留住美丽乡村”。

第三，项目主要成果。该研究项目于2015年按照既定的研究任务和目标如期完成，并形成了2个最终研究报告。

研究报告一：《民族地区精准扶贫与乡村价值传承及再造——以云南禄劝农村为例》。此研究报告主要通过系统回顾总结改革开放以来各级政府、乐施会在云南省昆明市禄劝彝族苗族自治县所开展的反贫困工作的主要历程、取得的成就与成功经验以及存在的主要问题，立足于民族地区农村经济社会发展现状、农民发展需求以及农村可持续发展趋势，从乡村价值传承与重塑的理论视域，深入分析民族地区精准扶贫中面临的主要问题，探索有效开展精准扶贫的创新路径。

研究报告二：《直接进入幸福生活——基于乡村价值的扶贫理念》。此研究报告通过对乐施会在禄劝县20多年的扶贫实践进行系统研究，一方面考察国际扶贫理念和行动在中国实施的效果，另一方面，总结中国扶贫的特点和有效路径；一方面要研究政府的扶贫政策和措施发挥作用的领域，另一方面考察社会组织在扶贫领域中的地位与作用。系统总结禄劝的扶贫经验和成果，不仅为探索扶贫战略和制度设计提供重要基础，也对巩固扶贫成果以及预防返贫具有重要意义。本研究报告主要包括五个方面的内容：总结扶贫的经验与教训、分析扶贫过程中存在的问题、发现有效的扶贫措施、提出新的扶贫理念以及探索未来扶贫的途径与方法。

这两个研究报告也已陆续出版，并引起社会各界的强烈反响和好评。《农民日报》《中国社会科学报》《中国周刊》、新华网、人民网、中国日报网等各大媒体也予以关注报道。

第四，禄劝项目的主要经验。乐施会在禄劝20多年来的反贫困实践对项目村的经济社会文化发展产生了巨大的推动作用，并取得了较为明显的反贫困成效。主要包括：项目村村民的生产生活条件得到明显改善、村民人均收入水平不断提高、村民的自我发展能力以及生活满意度和幸福感得到提升。

乐施会反贫困实践取得较为成功的主要经验在于：一方面以农民需求为导向开展反贫困实践。主要包括：基于生存性需求而开展的反贫困项目，解决项目村村民生计发展问题；基于发展性需求而开展的项目，满足项目村村民多元化发展性需求；基于精神性需求而开展的项目，实现村民的美好生活愿望。另一方面注重发挥村民在反贫困实践中的主体性作用。主要包括：首先，注重村民在项目实践中扮演决策者和执行者角色；注重培养村民自我发展能力，强化村民在反贫困实践中的主体性作用；注重充分发挥社区精英在反贫困实践中的示范带动作用；注重妇女等弱势群体在反贫困实践中的参与和发展成果的分享。其次，形成了“以村民为中心，多元主体参与”的贫困治理格局。主要包括：村民自组织（社区管理委员会）在反贫困实践中组织和协调村民参与；村民互助合作组织可以培育村民自组织能力，提升村民组织化程度，增强获取外部资源和参与市场的能力；政府部门和相关机构为项目村提供政策、技术、金融等支持与服务；禄劝项目办是项目村反贫困项目的资助方，在项目村反贫困实践中扮演的是协助者角色。

第五，禄劝项目的经验启示。基于禄劝项目的经验，应该探索构建基于乡村价值传承与再造的民族地区精准扶贫新路径。立足和延续原生态的农业生产价值，促进传统农业发展与生态文明建设的有机融合，开展特色传统产业扶贫和美丽乡村建设。传承和弘扬天伦之乐的家庭与村落共同体的生活价值，促进民族特色的乡村文化传承与乡村旅游开发的有机融合，开展幸福乡村建设。充分培育和发挥村落社区精英的示范驱动，激发村民们的文化自觉和内生动力，加强社区内部合作，充分整合利用政府、社会等外部政策资源，实现村落可持续发展。

2. 云南省乡村振兴视角下的“留住乡村”操作性案例的实践经验总结

第一，项目背景。自党的十八大以来，党和国家通过精准扶贫加大了对贫困地区的扶持力度和投入，使得云南省的农村地区贫困状况得到大幅度改善，距离脱贫摘帽实现小康社会的目标也越来越近。为了适应新时代社会主要矛盾新变化和社会发展新需求，党的十九大提出了全面振兴乡村的战略，这是对既有扶贫发展成果进一步巩固的必要安排，也是对未来农村发展方向的战略性定位。因此，扶贫与农村发展工作需要重新进行思考和定位，尤其是国际扶贫与发展组织在国内参与的项目合作。新时代和新战略赋予了这些国际扶贫与发展项目合作新的动力和使命。

云南省是全国脱贫攻坚主战场之一，集中了边远山区、革命老区、少数民族地区和边境地区等多种特殊区域，自然条件差、边境线长、少数民族多，是全国农村贫困面最大、贫困人口最多、贫困程度最深的省份之一。贫困成因复杂多样，扶贫开发工作任务艰巨繁重。结合党的十九大精神和振兴乡村的战略部署，乐施会在原有农村贫困社区综合发展项目合作的基础上，根据新时代背景和中央精神、政策要求，不断调整农村扶贫与发展合作的方向和工作重点，丰富外资扶贫合作的新内涵和意义。结合当前的精准扶贫要求以及中央的乡村振兴战略，近年来开始尝试以“留住乡村”为主题的一系列项目试点探索工作。对现有扶贫合作项目从挖掘贫困乡村自身价值、乡村民族文化和传统建设、乡村环境整治和生态保护、乡风文明和能力建设以及乡村自我组织和管理建设等软性建设方面来巩固现有扶贫发展的成果，助力贫困村脱贫后进一步发展，向着全面振兴乡村的方向迈进。这样的一些小的探索和实践项目不仅体现在与扶贫系统的合作项目中，也体现在与各类参与农村发展工作的社会组织的合作项目中。在新时代精准扶贫与乡村振兴战略背景下，有必要针对这样的探索性实践案例进行一次系统梳理，整理并总结其中获得的相关经验和教训，为未来更好更深入的进行探索指明方向。

第二，项目目标及主要内容。本项目主要由云南省国际扶贫与发展中心邀请浙江农林大学山区乡村发展研究所鲁可荣教授和天津理工大学杨亮承博士等外部专家组成工作小组，于 2018 年 5 月至 2019 年 3 月通过组织一系列的项目考察、学习、培训、讨论、总结以及现场走访等方式开展对云南省乡村振兴视角下的“留住乡村”操作性项目案例的实践经验、具体做法进行总结、梳理以及提炼，以更进一步形成“留住乡村”项目的实际有效性实施方案，有效地推动从精准扶贫迈向乡村振兴。

（1）长期目标：通过长期的扶贫项目合作，通过社区主导和参与式的工作手法，并在外部专家指导和支持下，提高扶贫资源的针对性和效益，研究总结实践经验和案例，探索总结出有效的扶贫工作新经验、新模式。

（2）具体目标主要包括三个方面：一是对现有“留住乡村”主题下的项目进行系统梳理和案例分析、总结；二是总结提炼“留住乡村”主题工作的一套从理论、逻辑框架到实践操作手法成果；三是通过项目合作，赋予外资扶贫合作新的内容和意义，巩固和深化彼此的良好合作关系。

主要内容见表6－1。

表6－1 乡村振兴视角下的“留住乡村”操作性案例的实践经验总结项目内容

主题	主要内容	计划时间
“留住乡村”主题项目试点经验总结和成果产出	项目经验总结和成果开发：可能的形式包括制作印刷项目视频集、图册、折页、案例集等	2018年5月—2019年3月
	针对试点项目的专题调研：可能的形式包括实地考察、总结、培训会、研讨会等	2018年6月—12月
新时代扶贫政策、乡村振兴案例学习交流	关于精准扶贫与乡村振兴最新政策和实际案例学习和考察：从业务部门、领域专家、在地案例几方面进行	2018年6月—12月
	与贫困和农村发展相关的前瞻性议题学习和交流：如关于政府采购社会服务参与精准扶贫、城乡互动与乡村振兴、跨境扶贫经验交流等	2018年6月—12月
专题研究和理论提炼	“留住乡村”试点的理论和逻辑专题研究：对试点中焦点问题或热点进行专项深入研究，尝试理论和逻辑建构，为将来深入实践提供理论和政策依据，产出成果以专题报告为主要形式等	2018年5月—2019年3月

2018年11月26日，乐施会主持召开“乡村振兴视角下‘留住乡村’操作性案例的实践经验交流研讨会”，“留住乡村”项目的合作伙伴以及相关专家围绕乡村振兴与乡村价值挖掘、精准扶贫与乡村振兴有机衔接、乡村价值理论与“留住乡村”项目实践案例的操作实施等方面展开了深入细致的交流讨论，并初步就“留住乡村”项目目标、整体框架、实施方案等方面达成共识。“留住乡村”项目主要是在新时代乡村振兴的背景下，结合项目村的具体情况和发展中面临的问题，以村民为主体，通过内外部多元主体的共同努力，唤醒村民对于所生活的乡村所具有的多元价值的自我认同和自信，探索通过多种途径活化乡村生产、生活、生态、文化等多重功能和价值，努力建设一个幼有所教、壮有所立、老有所养的有生机、有活力、有未来的幸福乡村。结合着上述项目目标，“留住乡村”项目主要围绕六个方面主题开展具体的项目活动（见

表6－2）。

表6－2　“留住乡村”项目主题、项目目标及主要活动

项目主题	项目目标	主要活动
银龄互助	老有所养、所乐、所为	老年协会开展互助养老及文娱活动
静待花开	妇女和儿童有所学、有所乐	乡村社区教育
生态农耕	小农户与现代农业有机衔接	农旅结合、城乡市集
乡村记忆	传承乡村文化和集体记忆	挖掘整理村史、民风民俗
文明重塑	重建乡风民俗，促进移风易俗	传承优秀乡村文化，开展文明乡风建设
社区重构	重建有温度的乡村、幸福乡村	营造乡村公共空间

三、“留住乡村”项目的探索实践：禄劝脱贫村的文化重塑与乡村振兴①

禄劝彝族苗族自治县是一个国家扶贫开发工作重点县。贫困人口多、贫困面广、贫困程度深，是昆明市3个国家扶贫开发工作重点县之一。自20世纪80年代中期以来，在中央、省、市等各级党委和政府的大力支持下，禄劝县委、县政府始终把发展经济和扶贫攻坚作为全县的两大历史性任务来抓，农村反贫困工作取得了明显成效。尤其是自1992年开始，在禄劝县政府统一安排下，与县农业局合作，成立综合扶贫项目办，抽调富有农村基层工作经验的人员具体负责扶贫项目。禄劝项目办通过前期的深入细致调查，结合禄劝农村贫困的实际状况，选定了地处海拔1500米以上深山之中的苗族村寨作为项目村，逐步开展以需求为本的救济式扶贫、以社区组织建设与能力培养为主的参与式扶贫、基于生计系统分析的综合性扶贫以及以人为中心的综合性扶贫。通过多年来各种扶贫项目的实施，有效地改善了贫困村的基础设施和生产生活条件，农民生产技能得以提高，粮食产量不断增加，农户经济收入增加。通过整乡（村）推进，统筹新农村建设和扶贫开发以及精准扶贫相结合，增强了贫困人口的脱贫致富能力，促使贫困村的生产生活条件明显改善，有效地促进了农村

---

① 鲁可荣．脱贫村的文化重塑与乡村振兴[J]．广西民族大学学报：哲学社会科学版，2019（1）：64－69.

可持续发展。2016 年底禄劝县实现了贫困县摘帽。2018 年底成功完成了精准扶贫既定目标，则黑乡、马塘乡 2 个贫困乡和甲甸村等 92 个贫困村脱贫出列。同时，扶贫项目的实施过程中，禄劝项目办的工作人员和村民们逐步从自发体验到自觉认识到农村并非完全是穷山恶水、农业生产落后、村民愚昧落后等，村民们世代繁衍生息的村落也具有其独特的乡村价值，如果能够重新认识和充分有效地传承与再造乡村价值，可以有效地使村民们过上“好日子”，促进村落可持续发展。

（一）基于原生态农业为核心的传统农业耕作方式，再造有机循环农业

长期以来，禄劝苗族村寨大多处于海拔较高的山区，耕地多为山坡旱地，平地较少，主要种植苞谷、洋芋、荞麦和小麦等农作物，农户习惯饲养牛、羊、猪、鸡等家畜家禽。在长期自给自足的传统农耕生产中逐渐形成了适合当地自然环境和农耕生产生活的自然农法。由于地处山区，可耕作利用的整块平地较少，村民们充分利用房前屋后的空地、林边土地以及适合种植的山坡地等，开辟出来作为耕地。由于高海拔山区气温较低，通过合理调整种植结构和品种，尽量做到一年两熟，以满足村民粮食需求。同时，为了保护地力，一方面有计划地适当采取轮作的方式使有限的耕地肥力得以恢复；另一方面通过圈舍饲养家畜家禽，用青草垫圈，将动物粪便与青草混合沤成厩肥，在播种时作为底肥或青苗期的追肥，既有效地增加了地力，保持了土壤的疏松透气性，节约了购买化肥等生产成本，又增加了农民副业收入，实现了农业生产的有机循环，提高了农作物产量和品质。近年来，随着城市居民消费水平和食品安全意识不断提高，对于那些采取原生态种植的老品种杂粮、蔬菜瓜果以及养殖的土猪、土鸡等土特农产品的需求不断增高。

在禄劝县开展的各项扶贫项目中，一直比较重视发动村民挖掘和利用村域特色优势资源，调整农业产业结构，发展高山特色种植养殖业，尤其是运用老农法种植老品种，生产出特色生态农产品，如老品种洋芋、苞谷、肉牛、土猪、土鸡等。然而，随着农民生产出来的这些特色农产品产量不断增加，由于地处山区，交通不便，以及村民缺少合作生产组织，从而出现了“酒香也怕巷子深”的市场信息闭塞、销售困难以及质高价低等问题。为了更好地促进项目村的特色生态农业发展，主动与一些涉农社会组织合作，例如 2015 年与昆明市“帮帮健康生活馆”和“老农根”土特产品店等合作搭建和打造生态有机农业平台，将城市市民“舌尖上的美味与安全”的消费需求与村民生产

出来的有机农产品有机结合起来，助推生态农业发展。因此，禄劝苗族村可以基于原生态农业为核心的传统农业生产方式，充分整合利用其独特的农业生产条件和“道法自然”的农业生产价值，再造有机循环农业，促进传统农耕文化传承与生态文明建设有机融合，开展特色传统产业精准扶贫促进产业兴旺，增加农民收入，提高农民生活水平。

案例6-1：禄劝芹菜塘村民小组“土货”进城。

为进一步推进农村与城市生活互动，建立城乡互动合作平台，为食物找到好食客，为食客找到好食源，真正把城市与乡村连接起来。2016年1月30—31日，禄劝县农业局和乐施会组织芹菜塘村村民携带苗家村民自制的小麦粑粑、荞面粑粑、苞谷饭、柴火大麦炒面、豆腐，自家生产的黄豆、小麦面、荞面、米拉洋芋和土鸡等“土货”进城参加昆明市采耘农夫市集试摆摊活动。市集上村民们积极展示农特产品，在现场用手风琴、笛子和芦笙伴奏，歌唱跳舞，充分展现了民族特色。芹菜塘村的“土货”色美味佳，精彩表演备受青睐，仅一个中午所有产品全部销售完。活动结束后，芹菜塘村村主任说：“以后每期我们都要来参加，价格较好，比较划算，基本是翻了一倍，也有信心做好这件事情”。

此后，芹菜塘村村民还多次自发组织参加定期开展的农夫市集活动，有效地促进了小农户的有机生产与城市居民的生态消费互动。

（二）基于“天人合一”的村域生态环境，重建生态宜居的“美丽乡村”

在禄劝县，很多苗族村地处深山之中，曾经森林茂密、植被完整、水源涵养和土壤保护较好、动植物资源丰富，村民依山傍坡筑寨建村，在林边缓坡地开垦荒地种植农作物，形成了山、林、地、人“天人合一”的村域生态环境。然而，自20世纪50年代末开始，由于“大跃进”和“大炼钢铁”运动，开始了大规模的毁林开荒和伐木炼钢，导致大量森林被砍伐，生态环境开始遭到破坏。20世纪80年代初，又出现了新的一轮砍树毁林高潮，大量的乱砍滥伐导致森林植被遭到破坏，水土流失严重，从而导致泥石流、塌方、干旱、风灾等自然灾害频繁发生。由于水土流失导致有限的耕地变得更加贫瘠，迫使村民不断开荒种地，进一步加剧了植被破坏，可供牛羊猪食用的饲草日益减少，饮用水源也不断枯竭，大部分村民生计重新陷入贫困境地。

直至20世纪90年代初，随着政府大力开展植树造林、封山育林等活动以及后续实行的“退耕还林”和天然林保护工程，使全县森林覆盖率不断提高，较好地改善了农村生态环境。近年来，随着农村生态环境不断改善，山林里的鸟类不断增多，植被重新恢复，山林中的菌子也变多了；降水量明显增多，农作物产量也不断提高，村民们的收入也显著增长。村民们开始自觉地意识到要想长期的“靠山吃山”更要保护森林资源、爱护自然环境。要想使青山绿水变成金山银山，必须要基于山、林、地、人“天人合一”的村域生态环境，重建生态宜居的“美丽乡村”。

案例6－2：开展生态恢复、保护工作。

几年前，马鹿塘乡撒马基村委会松林坪村民小组气候干旱缺水严重，导致村民们生计发展面临很大问题。禄劝项目办在相关环保专家的协助下，经过多次调研以及与村民充分讨论，决定基于当地的自然资源条件开展生态恢复、保护项目，主要活动包括：恢复与完善用水基础设施（修复水沟、修复和新建水池、新建水窖等）、开展植树与森林保护、开展环保与节能改造（安装太阳能、推广试验节能灶、养猪技术培训）等。同时，经过民主讨论建立完善社区生态环境保护管理与奖励机制，例如，森林管护制度、沟渠维护管理制度、用水办法、垃圾处理公约等。每年组织村民开展节能环保、应对气候变化行动的评选奖励活动，以激励更多的村民参与到保护生态环境建设宜居美丽家园活动中。经过持续几年项目的实施，该村山林植被重新恢复，村民种植的农作物产量和每年7～8月份上山采集各种菌类的数量明显增加，经济收入不断提高。通过节能灶的成功改造以及养猪技术培训，不但大大节约了燃料，节省了上山砍柴的劳动支出，有效地保护了生态环境，而且降低了妇女的家庭劳动负担，提高了养猪经济效益。于是，村民们开始自觉地意识到要想长期“靠山吃山”，必须要保护森林资源、爱护生态环境；要想使青山绿水变成金山银山，必须要基于山、林、地、人“天人合一”的村域生态环境，重建生态宜居的“美丽乡村”。

（三）基于天伦之乐的家庭生活、守望相助的村落共同体与独具特色的村落文化，共筑和谐共融的“幸福乡村”

自20世纪80年代末开始，随着城市化、工业化不断加快，越来越多的农村剩余劳动力外出打工挣钱，虽然村民收入不断提高，但是农村留守儿童、留守妇女和留守老人不断增多，从而导致很多家庭碎片化、亲情疏远化以及村落空心化。

调查发现，由于民族文化习俗以及语言不通等多种因素影响，禄劝很多苗族村一直以来很少有年轻人外出打工，虽然物质条件俭朴，但村民们和睦相处，农闲之余也自发地组织开展丰富多彩的民族文化娱乐活动，如“花山节”唱山歌、跳芦笙舞、爬花杆、斗牛、赛马、赛跑等。近年来通过实施各种精准扶贫项目，有效地调整和改善农业产业结构，村民们收入不断提高，大多数村民感觉即使不外出打工，在家务农只要勤劳一些，也可以过上好日子。尤其是禄劝苗族村民在长期的颠沛流离以及恶劣的自然环境中逐渐形成了注重亲情、固守家园以及俭朴淡泊的民族文化。大多数村民认为，外出打工，虽然收入高一些，但夫妻分离，老人和子女无法照顾，缺少亲情交流和朋友交往，挣再多的钱也没有多大意思。而在家里干农活，虽然收入少一些，但是一家人团团圆圆，可以享受到家庭的天伦之乐。农闲时可以与朋友聊天喝酒唱歌，年前杀年猪和过年时全村人可以很高兴地在一起聚会、唱歌、跳芦笙舞等，花山节时更是非常开心的。因此，随着村民们经济收入不断提高，村民们也逐步自觉地体验到真正的幸福应该是可以享受到家庭的天伦之乐、乡村的守望相助以及特色的民族文化，因此，要通过村民们的共同努力共筑和谐共融的“幸福乡村”。

案例 6－3：建设社区多功能活动中心。

为了给村民们提供一个可以议事、聚会以及开展文化娱乐活动的公共空间，2011 年禄劝项目办经过与芹菜塘村村干部及村民们的充分讨论协商，决定由项目办出资，村民通过参与式合作方式，在原来筹建会议室的基础上建设一个综合性的社区多功能活动中心，其中包括：小卖部、公共厨房、公共厕所、兽医室、小药房等，为村民们提供综合性的生产生活服务。该活动中心的建立，不但成为村民开会的固定场所，还成为村民们为子女举办升学、结婚庆祝以及传统节日开展活动的重要场所，增进了村民们之间的情感交流，激发了村民们的凝聚力，重塑了和谐互助的村落共同体。

案例 6－4：开展尊老、爱老、敬老、助老活动。

为了弘扬尊老敬老的优秀传统乡村文化，翠华镇纳岔村委会大窝塘村民小组于2018年10月17日开展了“九九重阳节——尊老、爱老、敬老、助老活动”。经过禄劝项目办和村干部的充分动员，该村大部分村民都积极主动地参与了此次活动，活动主要包括：老人故事会（听老人们讲述村庄历史、过去的苦难记忆等）、给老年人发放棉衣并由子女为父母穿衣和献上祝福等、为老年人照相，以及村里文艺队为老年人表演敬老文艺节目。此次活动的成功开展，有效地促进了村民们学习、感悟尊老敬老的优良民俗，尤其是老人们感到非常幸福，增进了村民们的家庭和睦和社区凝聚力。

四、重塑脱贫村的乡村价值，促进精准扶贫与乡村振兴有机衔接

截至2015年，我国共有592个县（旗、市）为国家扶贫开发工作重点县，主要集中在中西部地区的革命老区、少数民族地区以及边疆地区（通常合称为“老少边穷”），其中大部分为少数民族聚居区，例如贫困县最多的是西藏自治区，其全境都属贫困县，共有73个；云南有73个；陕西和贵州各有50个；甘肃43个；四川36个；广西28个；新疆27个；青海15个；宁夏8个。因此，2018年6月中共中央、国务院发布的《关于打赢脱贫攻坚战三年行动的指导意见》（以下简称为《脱贫攻坚三年行动指导意见》）指出，坚持大扶贫工作格局，坚持脱贫攻坚目标和现行扶贫标准，聚焦深度贫困地区和特殊贫困群体，突出问题导向，优化政策供给，下足绣花功夫，着力激发贫困人口内生动力，……切实提高贫困人口获得感，确保到2020年贫困地区和贫困群众同全国一道进入全面小康社会，为实施乡村振兴战略打好基础。……统筹衔接脱贫攻坚与乡村振兴，脱贫攻坚期内，贫困地区乡村振兴主要任务是脱贫攻坚。因此，必须要立足新时代脱贫攻坚和乡村振兴战略目标，探索以脱贫村的文化重塑与村落共同体再造为载体，促进精准扶贫与乡村振兴有机衔接的基本路径。

（一）基于新时代发展理念，探索以实现脱贫村村民对美好生活的新需求为宗旨的精准扶贫与乡村振兴的共融共享共建机制

为了确保到2020年农村贫困人口脱贫，全面建成小康社会的目标，2015年11月《中共中央国务院关于打赢脱贫攻坚战的决定》指出，要围绕“四个全面”战略布局，牢固树立并切实贯彻创新、协调、绿色、开放、共享的发展理念，充分发挥政治优势和制度优势，把精准扶贫、精准脱贫作为基本方

略。因此，新时期民族地区的精准扶贫与乡村振兴要坚持扶贫开发与经济社会发展相互促进，切实提高扶贫成果可持续性，让贫困人口在共建共享发展中有更多的获得感，增强发展动力。要坚持精准帮扶与集中连片特殊困难地区开发紧密结合，坚持扶贫开发与生态保护并重，探索生态脱贫新路子，让贫困人口从生态建设与修复中得到更多实惠。坚持扶贫开发与社会保障有效衔接，提高公共服务共建能力和共享水平，加大对革命老区、民族地区、边疆地区、贫困地区的转移支付，实施精准扶贫、精准脱贫，分类扶持贫困家庭，探索对贫困人口实行资产收益扶持制度，建立健全农村留守儿童和妇女、老人关爱服务体系。

《乡村振兴战略规划》指出，实施乡村振兴战略，是解决新时代我国社会主要矛盾、实现“两个一百年”奋斗目标和中华民族伟大复兴中国梦的必然要求，具有重大现实意义和深远历史意义。要把维护农民群众根本利益、促进农民共同富裕作为出发点和落脚点，促进农民持续增收，不断提升农民的获得感、幸福感、安全感。因此，在精准扶贫与乡村振兴工作中，必须要明确其首要和最终目标应该是以村民发展为核心，通过构建贫困人群的精准脱贫、村民的安居乐业与乡村振兴的共享机制，更好地满足其新时代的美好生活需要。一方面要谨防片面追求经济价值，商业化、旅游化过度开发利用民族地区传统乡村资源，要全面挖掘、整理、保护及有效利用传统乡村的多元化价值；另一方面要坚持以民为本的保护利用原则，注重传统村落保护中的原住民生产生活的乡土性、便捷性、舒适性和延续性，使居村村民的生产生活可以与传统乡村振兴有机融合。结合传统村落保护利用项目，充分发挥其特色资源优势和价值，发展传统农耕、乡村旅游、乡村民宿等，扶持和打造“互联网 + 传统村落”的特色产业发展态势，促进产业兴旺，有效提高村民和村集体经济收入，让村民共享乡村发展成果，实现精准脱贫和安居乐业，只有这样才能真正地激发传统乡村的生机与活力，促进传统乡村振兴。

（二）基于脱贫村的特色文化资源，激发和动员村民们发现和重塑乡村文化价值，实现产业兴旺和绿色发展，促进精准扶贫与乡村振兴有机衔接

通过近年来的精准扶贫和脱贫攻坚工作，民族地区农村基础设施明显改善，同时一些地处山区或大江、大河源头以及森林、草场等生态保护区的农村，也拥有得天独厚的区域优势和丰富多样的乡村价值，例如，青山绿水蓝天、安全美味的土特产品、淳朴的民族风土人情、悠久的传统乡村文化等。随着越来越多的城里人由于愈发严重的“城市病”而更加牵挂心中那份浓浓的乡愁，乡村潜在的多元化价值正在被人们发现。乡村旅游的迅速强劲发展使得村民们也逐渐发现乡村的青山绿水就是金山银山。因此，《中共中央国务院关于打赢脱贫攻坚战的决定》指出，要坚持保护生态，实现绿色发展。要牢固树立绿水青山就是金山银山的理念，把生态保护放在优先位置，扶贫开发不能以牺牲生态为代价，探索生态脱贫新路子，让贫困人口从生态建设与修复中得到更多实惠。

《乡村振兴战略规划》指出，要准确把握乡村振兴的科学内涵，挖掘乡村多种功能和价值，统筹谋划农村经济建设、政治建设、文化建设、社会建设、生态文明建设和党的建设，注重协同性、关联性，整体部署，协调推进，实现乡村全面振兴。① 民族地区的少数民族村寨大多地处山区，生态环境保护良好，拥有丰富独特的民族文化。因此，民族地区的扶贫工作要立足独具特色的村域特色资源，改变完全依靠外部项目输入的外源式扶贫方式，创新扶贫方式，动员和激发脱贫村村民重新发现和合理利用乡村价值。脱贫村要立足村落特色自然资源和人文资源，充分挖掘整合和合理利用民族特色文化资源，精准开展特色产业扶贫，促进产业兴旺，将“青山绿水蓝天”变成“金山银山”，建设美丽宜居的幸福乡村。

（三）基于脱贫村的后发优势，激发村民们的文化自觉和内生动力，再造互助合作的村落共同体，充分整合政府、社会等多元主体协作，促进精准扶贫与乡村振兴的有机衔接

通过总结和反思民族地区的农村反贫困历程的经验与不足，可以清楚地看到，以政府和社会组织为主导的外源式扶贫项目改善了贫困地区农村的基础设施和生产生活条件，有效地帮助农民解决了温饱问题，但是由于忽视了基于乡村价值资源的充分综合利用以及村民主体性的发挥等，从而影响和制约了贫困地区农村的可持续发展，尤其是中西部一些省份的民族地区贫困人口规模依然较大，剩下的贫困人口贫困程度较深，减贫成本更高，脱贫难度更大。因此，《脱贫攻坚三年行动指导意见》指出，要开展扶贫扶志行动，正确处理外部帮扶和贫困群众自身努力的关系，强化脱贫光荣导向，更加注重培养贫困群众依

---

① 中共中央国务院印发《乡村振兴战略规划（2018—2022 年）》［EB/OL］. https：//news. china. com/news100/11038989/20180927/34018349_ all. html#page_ 2.

靠自力更生实现脱贫致富的意识，更加注重提高贫困地区和贫困人口自我发展能力。

研究发现，对于那些仍然以传统农业生产为主、保持着传统农村社区的基本特点、集体经济薄弱、社区发展缺乏后劲的后发型农村社区而言，虽然发展起步较迟、发展水平较低、发展阶段相对落后，但是依然具有后发优势，农民发家致富的欲望及主动参与是其发展的动力源，社区精英的发展创新与示范驱动是促进社区发展的发动机和启动器，社区的互助与合作社区发展，而村落文化则是社区发展的精神动力（内聚力），制度变迁、政策引导、资金支持、社会力量的参与是推动后发型农村社区发展的外部力量。① 因此，基于新形势下民族地区农村精准扶贫和乡村振兴面临的新机遇新挑战，要立足于贫困地区农村的多元综合性价值，充分发挥其后发优势。需要将内源发展与外部干预有机互动相互整合起来，不仅需要激发脱贫村村民对美好生活的新需求和更高的发展欲望，培养村民们对于其所在村落所具有的独特乡村价值的文化自信、文化自觉以及产生内生的精神动力；还要激发、培养和整合乡村精英和新乡贤的力量，充分发挥其示范和带动作用，通过重塑村落共同体价值形成互助合作的机制；更要传承和弘扬包括勤劳节俭、诚实守信等乡风民俗、乡规民约等传统乡村文化，通过村民们的广泛参与形成村落发展的内聚力和合力。坚持以村民为主体，充分调动贫困地区干部群众积极性和创造性，发扬自力更生、艰苦奋斗、勤劳致富精神，注重扶贫先扶智，增强贫困人口自我发展能力，激发内生动力，精准开展内发式扶贫。国家和政府的作用关键在于提供有效的制度保障、政策引导和支持以及创新扶贫体制机制，动员社会多方面力量参与到贫困农村的精准扶贫，从而促进脱贫村从精准扶贫逐步迈向乡村振兴。

因此，《脱贫攻坚三年行动指导意见》指出，坚持扶贫同扶志扶智相结合，更加注重培养贫困群众依靠自力更生实现脱贫致富的意识，更加注重提高贫困地区和贫困人口自我发展能力。引导贫困村修订完善村规民约，发挥村民议事会、道德评议会、红白理事会、禁毒禁赌会等群众组织作用，坚持自治、法治、德治相结合，教育引导贫困群众弘扬传统美德、树立文明新风。……深入推进文化扶贫工作，提升贫困群众的公共文化服务获得感。2018 年中央一

---

① 鲁可荣，朱启臻．农村社区精英的发展创新及动力分析——以北京、安徽三个农村社区发展为例［J］．青年研究，2008（2）：23－28.

号文件明确指出，首先要充分发挥政府、社会力量、村级组织以及村民等多元主体在乡村振兴中的地位和作用；要坚持党管农村工作，充分发挥乡镇党委在实施乡村振兴战略中的龙头作用，健全完善村党组织领导的村级重大事项、重要问题、重要工作讨论决定机制。其次要坚持农民主体地位，充分尊重农民意愿，切实发挥农民在乡村振兴中的主体作用，不断提升农民的获得感、幸福感、安全感。最后要建立有效激励机制，汇聚多元主体协同参与乡村振兴，以乡情乡愁为纽带，吸引支持社会各方面人才，通过下乡担任志愿者、投资兴业、包村包项目、行医办学、捐资捐物、法律服务等方式服务乡村振兴事业。①

---

① 中共中央国务院印发《乡村振兴战略规划（2018—2022 年）》［EB/OL］. https：//news. china. com/news100/11038989/20180927/34018349_ all. html#page_ 2.

参考文献

[1]朱小玲、陈俊．建国以来我国农村扶贫开发的历史回顾与现实启示［J］．生产力研究，2012（5）．

[2]陈标平、胡传明．建国 60 年中国农村反贫困模式演进与基本经验［J］．求实，2009. 7.

[3]国务院新闻办公室．中国农村扶贫开发白皮书［EB/OL］．http：//www. people. com. cn/GB/shizheng/16/20011015/581724. html.

[4]李兴江．中国农村扶贫开发的伟大实践与创新［M］．北京：中国社会科学出版社，2005.

[5]国务院扶贫开发领导小组办公室．中国农村扶贫开发概要［EB/OL］．http：//www. cpad. gov. cn/publicfiles/business/htmlfiles/FPB/fplc/201103/164355. html.

[6]张巍．中国农村反贫困制度变迁［M］．北京：中国政法大学出版社，2008.

[7]国务院扶贫开发领导小组办公室．中国农村扶贫开发纲要（2001—2010 年）中期评估政策报告［EB/OL］．http：//www. cpad. gov. cn/publiciles/business/htmlfiles/FPB/xsdt/201103/164354. html.

[8]曾伟．习近平的“扶贫观”：因地制宜“真扶贫，扶真贫”［EB/OL］．http：//politics. people. com. cn/n/2014/1017/c1001 –25854660. html.

[9]习近平：确保农村贫困人口到 2020 年如期脱贫［EB/OL］．http：//news. xinhuanet. com/politics/2015 –06/19/c_ 1115674737. htm.

[10]中国共产党第十八届中央委员会第五次全体会议公报［EB/OL］．http：//news. xinhuanet. com/fortune/2015 –10/29/c_ 1116983078. htm.

［11］深化农村改革综合性实施方案［EB/OL］. http：//news. xinhuanet. com/politics/2015 －11/02/c_ 1117016978. htm.

［12］王玉福、闫艳. 改革开放 40 年扶贫开发：历程·成就·经验［J］. 理论导刊. 2018（11）.

［13］国务院扶贫办就攻坚克难——坚决打赢脱贫攻坚战答记者问［EB/OL］. http：//www. china. com. cn/zhibo/content_ 74538764. htm.

［14］中共中央 国务院关于打赢脱贫攻坚战三年行动的指导意见［EB/OL］. http：//www. gov. cn/zhengce/2018 －08/19/content_ 5314959. htm.

［15］中共中央文献研究室. 十四大以来重要文献选编（下）［M］. 北京：人民出版社，1999.

［16］国务院关于印发中国农村扶贫开发纲要（2001—2010 年）的通知［EB/OL］. 2001 －06 －13. http：//www. gov. cn/zhengce/content/2016 －09/23/content_ 5111138. htm.

［17］中共中央国务院关于 2009 年促进农业稳定发展农民持续增收的若干意见［EB/OL］. 2008 －12 －31. http：//www. gov. cn/gongbao/content/2009/content_ 1220471. htm.

［18］国务院办公厅. 国务院办公厅关于进一步动员社会各方面力量参与扶贫开发的意见［EB/OL］. 2014 － 11 － 19. http：//www. gov. cn/zhengce/content/2014 －12/04/content_ 9289. htm.

［19］中共中央国务院关于打赢脱贫攻坚战的决定［EB/OL］. http：//www. gov. cn/zhengce/2015 －12/07/content_ 5020963. htm.

［20］国务院关于印发“十三五”脱贫攻坚规划的通知［EB/OL］. 2016 －11 －23. http：//www. gov. cn/zhengce/content/2016 －12/02/content_ 5142197. htm.

［21］何玲. 中国政府与国际社会在扶贫开发领域合作问题研究［D］. 长春：吉林大学，2015.

［22］韩广富、何玲. 中国政府同国际社会在扶贫开发领域交流与合作问题探析［J］. 2015（3）.

［23］张惠君. 外资扶贫对云南省民族地区的影响与可持续研究［M］. 北京：中国社会科学出版社，2017.

［24］刘源. 精准扶贫视野下的国际非政府组织与中国减贫：以乐施会为例［J］. 中国农业大学学报：社会科学版，2016（5）.

[25]胡敏．境外公益性民间组织在华发展状况调研报告[D]．北京：清华大学，2004.

[26]徐佳君．世界银行援助与中国减贫制度的变迁[J]．经济社会体制改革，2016（1）．

[27]刘坚．新阶段扶贫开发的成就与挑战：《中国农村扶贫开发纲要(2001—2010年)》中期评估报告[M]．北京：中国财经出版社，2006.

[28]国务院新闻办公室．中国农村扶贫开发的新进展[EB/OL]．2011-11-16. http://www.gov.cn/gzdt/2011-11/16/content_1994683.htm

[29]乐施会获颁"金桔奖"[EB/OL]．http://www.oxfam.org.cn/info.php?cid=23&id=1668&p=work.

[30]施日庄．中国扶贫二十年．[C]//乐施会．扶贫毅行：乐施会在中国内地二十年，北京：知识产权出版社，2011.

[31]杨新柱．为了希望的田野鲜花盛开——记香港乐施会援助《澜沧江——湄公河流域农村扶贫和生态环境恢复示范项目》建设[N]．云南日报，2003-01-21.

[32]曲海燕、张斌、吴国宝．社区动力的激发对精准扶贫的启示——基于社区主导发展理论的概述、演变与争议[J]．理论月刊，2018（9）．

[33]张为民．脱贫步伐加快，扶贫成效显著，我国贫困人口大幅减少[EB/OL]．http://www.stats.gov.cn/tjsj/sjjd/201510/t20151016_1257098.html.

[34]汪三贵．在发展中战胜贫困——对中国30年大规模减贫经验的总结与评价[J]．管理世界，2008（11）．

[35]习近平：确保农村贫困人口到2020年如期脱贫[EB/OL]．http://news.xinhuanet.com/politics/2015-06/19/c_1115674737.htm.

[36]习近平在中央扶贫开发工作会议上发表重要讲话[EB/OL]．http://politics.gmw.cn/2015-11/28/content_17892670.htm/.

[37]中国共产党第十八届中央委员会第五次全体会议公报[EB/OL]．http://news.xinhuanet.com/fortune/2015-10/29/c_1116983078.htm.

[38]鲁可荣、胡凤娇．传统村落的综合多元性价值解析及其活态传承[J]．福建论坛：人文社会科学版：2016（12）．

[39]鲁可荣，金菁．基于文化自觉的传统村落文化传承路径分析———以月山村为例[J]．福建农林大学学报：哲学社会科学版，2016（3）．

[40]李军明，向轼．论乡村振兴中的文化重构[J]．广西民族研究，2018 (5).

[41]吴庆华，王美喆．文化再造：乡村振兴战略的关键抉择[J]．成都行政学院学报，2018 (5)．

[42]刘永富：预计全国连续6年超额完成千万减贫任务[EB/OL]．http://www.cpad.gov.cn/art/2018/12/29/art_624_92583.html.

[43]中共中央国务院印发《乡村振兴战略规划（2018—2022年）》[EB/OL]．https://news.china.com/news100/11038989/20180927/34018349_all.html#page_2.

[44]李小云．脱贫摘帽重在不返贫[N]．人民日报，2018-08-26，第005版.

[45]李小云，许汉泽.2020年后扶贫工作的若干思考[J]．国家行政学院学报，2018 (1)．

[46]朱启臻．"柔性扶贫"理念的精准扶贫[J]．中国农业大学学报：社会科学版，2017 (1)．

[47]左停．乡土资源、知识体系与精准脱贫的内源扶贫机制[J]．改革，2017 (10)．

[48]辛秋水. 来自莲云乡文化扶贫的报告[J]．江淮论坛，1996 (6).

[49]饶世权，鞠廷英．从文化扶贫到文化精准扶贫：近三十年来我国文化扶贫研究述评[J]．西华大学学报：哲学社会科学版，2017 (2)．

[50]方清云. 贫困文化理论对文化扶贫的启示及对策建议[J]．广西民族研究，2012 (4).

[51]李培林．村落的终结：羊城村的故事[M]．北京：商务印书馆，2004.

[52]刘铁芳．乡村的终结与乡村教育的文化缺失[J]．书屋，2006 (10).

[53]田毅鹏、韩丹．城市化与"村落终结"[J]．吉林大学社会科学学报，2011 (2)．

[54]朱启臻、芦晓春．村落存在的价值[J]．南京农业大学学报：社会科学版，2011 (1)．

[55][日]祖田修，张玉林译．农学原论[M]．北京：中国人民大学出版社，2003.

[56]梁流涛，曲福田，冯淑怡．农村生态资源的生态服务价值评估及时空特征分析[J]．中国人口·资源与环境，2011（7）．

[57][法]孟德拉斯，李培林译．农民的终结[M]．北京：中国社会科学出版社，1991.

[58]张孝德．中国的城市化不能以终结乡村文明为代价[J]．行政管理改革，2012（9）．

[59]［美］埃弗里特·M. 罗吉斯、拉伯尔·J. 伯德格．乡村社会变迁［M］．杭州：浙江人民出版社，1988.

[60]范少言、陈宗兴．试论乡村聚落空间结构的研究内容[J]．经济地理，1995（2）．

[61]［德］费迪南·滕尼斯．共同体与社会——纯粹社会学的基本概念［M］．北京：商务印书馆，1999.

[62]赖功欧、郭东．钱穆对中国农业文明起源及其发展的基本认识[J]．农业考古，2008（3）．

[63]朱启臻、赵晨鸣．留住美丽乡村——乡村存在的价值[M]．北京：北京大学出版社，2014.

[64]鲁可荣．脱贫村的文化重塑与乡村振兴[J]．广西民族大学学报：哲学社会科学版，2019（1）．

[65]鲁可荣、DOKORA Tteva. 民族地区精准扶贫与乡村价值再造———基于云南省禄劝县扶贫项目的实践反思[J]．浙江师范大学学报：社会科学版，2017（3）．

[66]叶敬忠、陆继霞．论农村发展中的公众参与[J]．中国农村观察，2002（3）．

[67]王春光．社会治理视角下的农村开发扶贫问题研究[J]．中共福建省委党校学报，2015（3）．

[68]林万龙、钟玲、陆汉文．合作型反贫困理论与仪陇的实践[J]．农业经济问题，2008（11）．

[69]鲁可荣、朱启臻．农村社区精英的发展创新及动力分析——以北京、安徽三个农村社区发展为例[J]．青年研究，2008（2）．

后　　记

近几年来，基于前期学术研究的积累以及相关课题研究的需要，笔者一直致力于乡村价值理论与实践研究工作，也初步取得了一些学术研究成果。经过多方持续的努力，政府、学界、媒体等社会各界开始逐步关注和认识到发现与重塑乡村价值对于乡村振兴和“美丽乡村”建设的重要作用。尤其是2018年中央一号文件明确提出要挖掘乡村多种功能和价值，尊重乡村发展规律，坚持乡村全面振兴。中共中央国务院《乡村振兴战略规划（2018—2022年）》进一步指出，乡村是具有自然、社会、经济特征的地域综合体，兼具生产、生活、生态、文化等多重功能，与城镇互促互进、共生共存，共同构成人类活动的主要空间。

从2014年开始，乐施会云南办多次邀请中国农业大学朱启臻教授和我到云南共同开展乡村价值传承与脱贫攻坚后的农村可持续发展理论研讨与实地调研，并希望我们作为外部专家陪伴参与到该机构与云南省扶贫办国际扶贫与发展中心合作开展的“留住乡村”项目中，探索研究新时代农村精准扶贫与乡村价值实现的理论问题与现实路径。经过两年多的努力，2016年8月朱启臻教授和我合作完成著作《柔性扶贫：基于乡村价值的扶贫理念》，由中原出版社出版。2017年2月朱启臻教授、杨亮承博士和我合作完成著作《精准扶贫与乡村再造——基于云南禄劝实践的反思》，由社会科学文献出版社正式出版。这些研究成果的出版为乐施会开展“留住乡村”项目提供了明晰的理论框架和有力的实践指导，更为我们所提出的乡村价值理论提供了宝贵的可供实地实践的田野试验。

为了进一步适应《乡村振兴战略规划（2018—2022年）》中提出的要把打好精准脱贫攻坚战作为实施乡村振兴战略的优先任务，推动脱贫攻坚与乡村振兴有机结合相互促进的战略要求，乐施会2018年又与我们合作继续开展“乡村振兴视角下云南国际扶贫合作案例经验总结及留住乡村前瞻性探索调研项目”，深入研究促进脱贫村精准扶贫与乡村振兴有机衔接的机制与路径。在乐施会的精心组织安排下，我们研究团队于2018年6月下旬和11月下旬分两次进入昌宁县、广南县、鹤庆县、武定县和禄劝县等的项目村（村民小组），围绕已经开展的国际扶贫合作项目历程、取得的经验以及“留住乡村”项目的实践探索等方面进行了较为深入的实地调查。在这两次长达20多天的实地调查中，我们为项目办相关工作人员十几年如一日地始终以饱满的热情和旺盛的精力投身于贫困山区农村扶贫工作的奉献精神所深深感动；对项目村那些虽然处于贫困生活之中但是却依然乐观向上、对生活充满激情并富有创造力的纯朴村民们心存敬意；更为多年来通过项目办所开展的各项扶贫项目，有效挖掘和利用了乡村多种资源和价值，促使贫困村村民逐步增强和提高了脱贫致富的发展能力以及激活乡村内源式动力而振奋。实地调查结束后，我们便即刻开始整理实地调查资料，研讨研究报告框架体系，着手撰写书稿。一方面，希望通过系统总结梳理云南省国际扶贫合作项目20多年来的成功经验和存在的问题，为进一步探索实施脱贫村从精准脱贫到乡村振兴工作提供咨询建议，并以此回报那些纯朴善良并对新时代美好生活需求满怀憧憬的村民们的热切期待；另一方面，也希望通过系统研究，从乡村价值传承与再造的视角，探索脱贫村从精准扶贫迈向乡村振兴的新机制、新路径，更好地服务于国家脱贫攻坚战略的有效推进以及“美丽乡村”建设。

由于精准扶贫与乡村振兴涉及面广，内容庞杂，特别是不同地区贫困村的经济社会发展水平差异很大，精准扶贫以及脱贫攻坚后走向乡村振兴的工作任务十分艰巨。因此，本书只是基于云南省扶贫办与乐施会合作开展的扶贫项目实践经验以及“留住乡村”项目的创新探索进行总结梳理分析，并从乡村价值传承与再造的视域，探索促进脱贫村从精准扶贫迈向乡村振兴的机制和路径。书中肯定存在许多不足之处，恳请各位专家学者及广大读者批评指正。仅以拙作抛砖引玉，期待相关的政府扶贫干部、社会组织、专家学者等社会各界共同投身到探索脱贫攻坚后精准扶贫与乡村振兴有机衔接的理论研究与实践中去，从而通过重塑村落共同体，挖掘利用脱贫村的多种功能和价值，让农业成为有奔头的产业，让农民成为有吸引力的职业，让农村成为安居乐业的美丽家园，成功地实现从精准扶贫迈向乡村振兴。

最后，要特别感谢乐施会云南办的冯明玲女士、张松先生、陆文波女士、王燕斌先生、陈学崇先生、谭光丽女士等，感谢保山、楚雄等市县扶贫系统的相关领导及工作人员，以及禄劝项目办曹兴福先生、武定县正心社工机构李俊先生和汉达康复协会的梅子女士等，他（她）们既为本研究的实地调查提供了极大的帮助和支持，又为书稿内容的修改完善提出了诸多宝贵的意见和建议。更要非常感谢那些典型扶贫合作项目村的村两委主要负责人以及参与调查访谈的各位热情善良的村民，正是与他们热烈而深入的交流，才使得我们掌握和收集了大量鲜活而生动的第一手案例资料以及探索创新性的实践经验。同时，还要十分感谢云南大学出版社编校人员的辛苦付出，使得该书可以及时顺利地出版。

鲁可荣

2019 年 4 月 28 日于浙江农林大学山区乡村发展研究所